KB141191

뿌리 깊은 論語

上冊

청계고전총서 001 ｜ 뿌리 깊은 **論語** 上冊

Copyright ⓒ 盧相福

[清溪古典叢書 001]

論語集註大全 懸吐 完譯

盧相福 譯註

뿌리 깊은 論語

上冊

뿌리깊은

論語

上

盧相福 譯主

發刊辭

學山 盧相福선생님은 6.25와 經濟開發途上國 時期에 '漢文이 솥에 들어가느냐'라는 笑背를 堪耐하며 학문을 하였고, 그후 오늘날 超尖端 時代에 이르기까지 經學研究와 人材養成에 始終 盡力하였다.

선생님은 1937년, 慶南 陜川郡 佳會面 將臺里 儒家에서 태어나 부산 동아대학교 국문학과를 졸업하고, 25세에 獨立運動家이자 우리나라 마지막 儒宗인 金榥(重齋, 1896~1978) 先生의 門下에 나아가 10년간 事師하였다. 상경 이후 민족문화추진회(현 한국고전번역원)에서 任昌淳, 李鎭泳, 鄭太鉉 등 학자에게 수업을 들었다.

1986년부터 2002년까지 韓國學中央研究院 古典專門委員으로 있으면서 李成茂 부원장의 권유로 淸溪書堂을 개설하고 2002년부터 현재에 이르도록 漢文講義를 계속하여 수백 명의 弟子를 배출하였다.

선생님은 四書三經 외에도 『古文眞寶』『通鑑節要』 등 여러 書冊을 강의하였는데, 說明이 簡潔하고 明瞭하였다. 강의 사이에 간혹 重齋 선생님 門下에서 보고 들은 것을 들려주기도 하였는데, 그것은 先學들의 思考體系와 時代相을 알 수 있는 逸話들이었다.

그동안 여러 번 제자들이 선생님의 번역서를 출간할 것을 종용했으나 내내 許諾하지 않다가 2018년에야 겨우 허락하였다. 이에 첫 번째로 『論語』를 선택하여 그간에 강의하신 녹음자료를 바탕으로 하고 여러 차례 校訂을 거쳐 『뿌리 깊은 論語』라는 題號로 책을 발간하게 되었다.

『뿌리 깊은 論語』는 스승이신 重齋 선생과 俛宇 郭鍾錫(1846~1919) 선생을 통하여 멀게는 退溪 선생과 淵源이 닿고, 나아가 孔子로에까지 이어지는 뿌리 깊은 儒敎哲學과 선비정신을 담아내고자 하였다.

또한 각 篇의 끝에 附錄한 선생님의 聲讀을 따라 하면 時空을 超越하여 孔子를 만날 수 있는 『뿌리 깊은 論語』임을 자부해 본다.

이 책을 발간하는 과정에서 探錄에 참여한 김순옥, 노상학, 류익진, 신관순, 윤태호, 장두영, 정경화, 정영희, 조해수 제위께 감사드린다. 出版企劃, 原文·飜譯文 校訂과 校勘에는 菊堂 김성일, 東雲 백기란, 小窓 김현국 등의 노고가 컸다. 특히 編輯과 出版을 맡아준 桐城 신철호에게 깊이 감사드린다.

끝으로 淸溪書堂의 敎材에 해당하는 四書三經을 비롯한 여러 古典 가운데 淸溪古典叢書라는 이름으로 『뿌리 깊은 論語』가 그 첫 번째로 발간된 것을 자축하고 이 작업이 계속 이어져 叢書가 完邃되기를 期待해 본다.

2023년 7월

淸溪古典叢書

發刊委員長 金松子

머리말

　이 책은 『論語』 20篇에 朱子集註를 懸吐하여 國譯한 것이다. 論語는 孔子의 言行과 그가 中國天下를 周遊하면서 弟子들과 問答한 내용들을 記錄한 冊으로 儒家思想을 대표하는 經典 중의 經典이다. 論語에는 원래 魯論語 齊論語 등이 있었으나 前漢 때에 이미 佚失되어 없어졌으며 지금 이 論語는 前漢의 安昌侯 張禹 등이 여러 가지 論語를 비교하여 約簡篇으로 定한 것이라고 傳해지고 있다.

　論語의 註釋書는 後漢의 鄭玄의 註釋이 다소 남아 있고 梁의 皇侃이 남긴 『論語義疏』가 十三經에 收錄되어 있다.

　論語의 朱子集註는 정확한 訓詁와 화려한 文體로 이루어져 있으며 특히 漢文의 古文文法이 가장 발달한 南宋時代의 先頭走者인 朱子의 力作品으로 文法上의 副詞處理가 때로는 面貌를 달리하는 경우가 朱子의 손에서 創設된 곳도 없지 않아서 朝鮮時代의 漢文文化에도 그 영향이 있었다고 思料된다. 때문에 朝鮮初期부터 國家的 事業으로 內閣本이 刊行되었지만 오로지 이 朱子本을 위주로 始終 변함이 없었던 것도 사실이다.

本人은 生業이 古典專門이라 한때 經書를 飜譯하자는 勸誘를 받기도 하였으나 無能으로 거절하였다. 그러나 이 책은 사실 黃昏의 免責用으로 그나마 吾黨의 菊堂, 桐城, 東雲, 南山氏들의 도움을 얻어 출간하게 되었으니 所謂 功半其人이다.

오래전에 漢文을 工夫한다고 內塘精舍에서 時間을 어정대던 시절 過分한 사랑을 주신 선생님의 은혜와 언제나 後援해 주시고 묵묵히 기다리시기만 하신 나의 先親任의 墓前에 塞責料量으로 어리버리 이 책을 펴내면서 無色을 금하지 못한다.

2023년 7월

烽山 下 寓居에서

盧相福 쓰다

凡例

○ 이 책은 『論語集註大全』(庚辰新刊內閣藏板, 學民文化社 影印本)을 底本으로 하여 번역 및 주해한 것이다.

○ 經文은 『論語諺解』(宣祖命撰/庚辰新刊內閣藏板)를 참고하여 懸吐하였다. 단 현대 맞춤법에 따라 고쳤고 현대말에 없는 吐는 뜻을 살리기 위해 그대로 두었다. '한대' 등 오랫동안 익숙하게 쓰여와서 입에 붙은 것도 그대로 두었다.

○ 經文의 원 뜻을 최대한 살리기 위하여 번역문은 '孔子께서 말씀하시기를 ~'로 시작하고 그대로 끝맺었으며 또한 문장부호를 사용하지 않음으로써 깊은 여운이 남도록 하였다.

○ 集註 부분은 이어받은 대로 吐를 달았고 약간의 보완을 하였다.

○ 集註 번역에서 經文의 글자나 句節을 해설하는 경우 대부분, 한두 음절의 경우 漢字를 그대로 쓰고, 句節을 설명하는 경우는 經文의 번역을 썼다.

○ 번역문에서 뜻과 의미를 분명히 하기 위해 필요한 경우 漢字를 썼다.

○ 譯註는 원문에 달았고 필요한 경우 출전을 밝히었으며, 자세한 내용은 해당 구절을 소개하여 공부하는 이가 쉽게 찾아볼 수 있도록 하였다.

○ 둘 이상의 음을 가지고 있으며 대표음이 아닌 음으로 읽어야 하는 한자의 경우에는 동일 절 내에 맨 처음 나오는 자에 한번 어깨 글자로 독음을 달아주었으며, 이름 등 고유명사는 번역문에 한번 더 알려주었다. 단, 見, 復 등 자주 쓰이는 글자 중 문리로 이해 가능한 부분은 생략하였다.

○ 책명은 『　　』, 편명은 「　　」로 묶어서 표기하였다.

目次 上冊

目次 下册

論語集註序說[1]

史記世家에 曰孔子의 名은 丘요 字는 仲尼니 其先은 宋人이라 父는 叔梁
紇이요 母는 顏氏니 以[2] 魯襄公二十二年庚戌之歲十一月庚子[3]에
生孔子於魯昌平鄉郰邑하다 爲兒嬉戲[4]에 常陳俎豆[5]하여 設禮容
이러시니 及長하여 爲委吏하사는 料量이 平하고 爲司職吏하사는 畜蕃息하
니라 適周하사 問禮於老子하시고 旣反而弟子益進이러라

―

『史記』「孔子世家」편에 기록되어 있기를 孔子의 이름은 丘요 字
는 仲尼이니, 그 先代는 宋나라 사람이다. 아버지는 叔梁紇이고
어머니는 顏氏이니, 魯나라 襄公 22년 庚戌年 11월 庚子日에 魯
나라 昌平鄉 郰邑에서 孔子를 낳았다. 어려서 嬉戲할 적에 항상
俎豆를 진설하고 禮의 모습을 베푸시더니, 어른이 되어 委吏가 되
시어서는 계산이 공평하였고 司職吏가 되시어서는 가축들이 번식하
였다. 周나라에 가서 老子에게 禮를 물으시고 이윽고 돌아오시니
제자가 더욱 많아졌다.

―

昭公6)二十五年甲申에孔子年이三十五러시니而昭公이奔齊라魯
亂하니於是에適齊하여爲高昭子家臣하여以通乎景公이러니公이欲
封以尼谿之田한대晏嬰이不可라하니公이惑之7)어늘孔子遂行하사
反乎魯하시다

—

昭公 25년 甲申年에 孔子의 나이 35세이시니 昭公이 齊나라로
도망가니 魯나라가 혼란해졌다. 이에 齊나라로 가서 高昭子의 家
臣이 되어 景公과 만나게 되었다. 景公이 尼谿의 전답을 봉해 주
고자 하였는데 晏嬰이 불가하다고 하니 景公이 의혹하거늘 孔子께
서 마침내 떠나서 魯나라로 돌아오시었다.

定公元年壬辰엔孔子年이四十三이러시니而季氏疆僭하고其臣陽
虎作亂專政故로孔子不仕而退하사脩詩書禮樂하시니弟子彌衆
이러라九年庚子엔孔子年이五十一이러시니公山不狃以費로畔季氏
하고召孔子어늘欲往而卒不行하시다定公이以孔子로爲中都宰하니
一年에四方이則之라遂爲司空하시고又爲大司寇하시다十年辛丑에
相定公하사會齊侯于夾谷하시니齊人이歸魯侵地하다十二年癸卯
에使仲由로爲季氏宰하여墮三都8)하고收其甲兵이러니孟氏不肯墮
成이어늘圍之不克하다十四年乙巳엔孔子年이五十六이러시니攝行
相事하사誅少正卯하시고與 聞國政三月에魯國이大治어늘齊人이

---

6) 昭公 : 魯나라 25대 임금. 24대 임금 襄公의 아들이고 26대 임금 定公의 형이다. 27대 임
금은 定公의 아들 哀公이다.

7) 公欲封 ~ 公惑之 : 齊나라 景公이 孔子의 대우를 말하면서, '季氏와 같이 대우는 못해 주
나 季氏와 孟氏의 중간으로 해줄 수 있다.'고 하였으나 끝내는 '내가 늙어 쓰지 못하겠다.'
고 한 일화를 지칭하는 말. 「微子」篇, 三章 참고.

8) 季孫氏의 費邑, 孟孫氏의 成邑, 叔孫氏의 邱邑을 말함

歸女樂以沮之하니季桓子受之하고郊에又不致膰俎⁹⁾於大夫어늘
孔子行하시다

——

定公 원년 壬辰年에 孔子의 나이 43세이시니 季氏가 강한 세력으
로 僭濫하고 그 신하 陽虎가 亂을 일으켜 政事를 마음대로 하므로
孔子께서는 벼슬하지 않고 물러나서 『詩』, 『書』, 『禮』, 『樂』을 보
수하시니 제자가 더욱 많아졌다. 9년 庚子年에 孔子 나이 51세이
시니 公山不狃가 費邑을 가지고 季氏를 배반하고 孔子를 부르거
늘 가고자 하였으나 끝내 가지 않으셨다. 定公이 孔子를 中都의
읍장으로 삼으니 일년만에 사방에서 본받게 되었다. 드디어 司空이
되고 또 大司寇가 되셨다. 10년 辛丑年에는 定公을 도와 夾谷에
서 齊侯를 만났더니 齊나라가 魯나라에 침략한 땅을 돌려주었다.
12년 癸卯年에 仲由로 하여금 季氏의 家臣이 되게 하여 三都를
허물고 그들의 무기를 회수하려 하였으나 孟氏가 成邑을 허물려고
하지 않거늘 포위하였으나 이기지 못하였다. 14년 乙巳年에 孔子
나이 56세이시니 정승의 일을 攝行하시어 少正卯를 죽이고 국정에
참여하여 들은 지 석달만에 魯나라가 크게 다스려졌다. 齊나라가
이를 방해하려고 여자로 구성된 악단을 보냈거늘 季桓子가 받아들
였고, 郊제사를 지낸 뒤에 또 膰肉이 大夫에게 이르지 않거늘 孔
子께서 떠나시었다.

---

9) 膰俎 : 膰肉을 담는 炙臺 또는 祭肉.

適衛하사主於子路妻兄顏濁鄒家하시다適陳過匡에匡人이以爲
陽虎라하여而拘之러니旣解에還衛하사主蘧伯玉家하사見南子하
시다去適宋에司馬桓魋^퇴欲殺之어늘又去適陳하사主司城貞子
家하시고居三歲而反于衛하시니靈公이不能用하다晉趙氏家臣
佛肹^필이以中牟로畔하여召孔子어늘孔子欲往이라가亦不果하시다
將西見趙簡子하여至河而反하사又主蘧伯玉家러시니靈公이問
陳이어늘不對而行하사復^부如陳하시다

―

衛나라로 가셔서 子路의 처형 顏濁鄒의 집에 머무르셨다. 陳나라
로 가는 길에 匡땅을 지나는데 匡땅 사람들이 陽虎라고 여겨 구금
하였다가 이윽고 풀려나셔서 衛나라로 돌아가서 蘧伯玉 집에 머무
르시며 南子를 만나시었다. 떠나서 宋나라로 가시는데 司馬 桓魋^환
^퇴가 죽이고자 하거늘 또 떠나서 陳나라로 가셔서 司成 貞子 집에
머무르시고 삼년을 계시다가 衛나라로 돌아가시니 靈公이 쓰지 못
하였다. 陳나라 趙氏 家臣 佛肹^{필힐}이 中牟邑으로 반란을 일으키
어 孔子를 부르거늘 孔子께서 가고자 하셨으나 역시 決行하지 않
으시었다. 장차 서쪽으로 가서 趙簡子를 만나려고 黃河에까지 갔
다가 되돌아와서 또 蘧伯玉 집에 머무르시니 靈公이 陣法을 묻거
늘 대답도 하지 않고 떠나셔서 다시 陳나라로 가시었다.

季桓子卒에遺言謂康子호되必召孔子라하더니其臣이止之한대康子
乃召冉求하다孔子如蔡及葉^섭이러시니楚昭王이將以書社地로封孔
子러니令尹子西不可라하여乃止하다又反乎衛하시니時에靈公은已
卒하고衛君輒이欲得孔子爲政이요而冉求爲季氏將하여與齊戰有

功하니康子乃召孔子러니而孔子歸魯하시니實哀公之十一年丁巳
요而孔子年이六十八矣라

—

季桓子가 죽으면서 康子에게 유언으로 이르기를 반드시 孔子를 초
빙하라 하였는데 그 신하들이 저지하자 康子는 이에 冉求를 불러왔
다. 孔子께서는 蔡나라로 가면서 葉 땅에 미치시니 楚나라 昭王이
장차 書社 땅을 가지고 孔子에게 封하려 하였는데 令尹 子西가
옳지 않다 하여 마침내 저지되었다. 또 衛나라로 돌아오시니 이때에
靈公은 이미 죽었고 衛나라 군주 輒이 孔子를 얻어 정치를 하려고
하였다. 冉求가 季氏의 장수가 되어 齊나라와의 전투에서 공을 세
우니 康子가 이에 孔子를 초빙하였다. 孔子께서 魯나라로 돌아오시
니 실로 哀公 십일년 丁巳年이요 孔子의 나이는 68세이시었다.

然이나魯終不能用孔子하고孔子도亦不求仕라乃叙書傳禮記하시
고刪詩正樂하시며序易象繫象說卦文言하시니弟子蓋三千焉이요
身通六藝者七十二人이러라十四年庚申에魯西狩獲麟하니孔子
作春秋하시니라

—

그러나 魯나라가 끝내 孔子를 등용하지 못하였고 孔子께서도 역시
벼슬을 원하지 않으시었다. 이에 『書傳』, 『禮記』를 서술하시고 詩를
다듬으시고 樂을 바로잡고 『周易』의 「象傳」, 「繫辭傳」, 「象傳」,
「說卦傳」, 「文言傳」을 차례로 지으시니 제자들이 거의 삼천명이고
六藝를 몸소 능통한 자가 72명이었다. 14년 庚申年에 魯나라 서쪽으
로 사냥을 나갔다가 麒麟을 잡으니 孔子께서 『春秋』를 지으시었다.

明年辛酉에子路死於衛하고十六年壬戌四月己丑10)에孔子卒하
시니年이七十三이라葬魯城北泗上하니弟子皆服心喪三年而去호
되惟子貢은盧於冢上하니凡六年이라孔子生鯉하시니字는伯魚니先
卒하고伯魚生伋하니字는子思니作中庸하시니라

—

이듬해 辛酉年(B.C. 479)에 子路가 衛나라에서 죽고 16년 壬戌年
4월 己丑日에 孔子께서 돌아가시니 나이 73세이시었다. 魯나라 都
城 북쪽 泗水 물가에 장사를 지내니 제자들이 모두 心喪 삼년을
입고 떠났으나 子貢만은 무덤 옆에 盧幕을 짓고 侍墓하니 모두
육년 동안이었다. 孔子께서는 鯉를 낳으시니 字는 伯魚인데 먼저
죽었고 伯魚가 伋을 낳으니 字는 子思이니 『中庸』을 지으셨다.

何氏曰魯論語는二十篇이요齊論語는別有問王知道하여凡二十
二篇이요其二十篇中章句도頗多於魯論이라古論은出孔氏壁中
하니分堯曰下章子張問하여以爲一篇하여有兩子張하니凡二十一
篇이요篇次도不與齊魯論同이니라

—

何氏가 말하였다. "『魯論語』는 이십 篇이요 『齊論語』는 별도로 「問
王」篇, 「知道」篇이 있어 모두 이십이 篇이요 그 이십 篇 중 章句
도 『魯論語』보다 자못 많다. 『古論語』는 孔氏(孔安國) 집 벽 속에
서 나왔으니 「堯曰」篇 아랫장 '子張問'을 나누어 한 篇을 만들어
서 두 「子張」篇이 있으니 모두 이십일 篇이며 篇의 차례도 『齊論
語』나 『魯論語』와 같지 않다."

---

10) 十六年壬戌四月己丑 : B.C. 479年 4월 11일

程子曰論語之書는成於有子曾子之門人故로其書獨二子를以
子로稱하니라

—

程子가 말하였다. "『論語』의 책은 有子, 曾子의 문인들에 의해 완
성된 까닭에 그 책에서 유독 이 두 분을 子로 칭했다."

程子曰讀論語에有讀了에全然無事者하며有讀了後에其中得一
兩句喜者하며有讀了後에知好之者하며有讀了後에直有不知手
之舞之足之蹈之者하니라

—

程子가 말하였다. "『論語』를 읽을 때 읽기를 마치고 전혀 아무일
없는 사람이 있으며 읽기를 마친 뒤에 그 가운데 한두 구절을 얻어
기뻐하는 이가 있고 읽기를 마친 뒤에 좋아할 줄 아는 자가 있고
읽기를 마친 뒤에 곧바로 본인도 모르는 사이에 손과 발이 저절로
춤추는 사람도 있다."

程子曰今人은不會讀書로다如讀論語에未讀時도是此等人이요讀
了後에도又只是此等人이면便是不曾讀이니라

—

程子가 말하였다. "오늘날 사람들은 책 읽을 줄 알지 못한다. 마치『論
語』를 읽음에 읽지 아니한 때에도 이러한 사람이며 읽기를 마친 뒤에
도 또 다만 이러한 사람이면 이는 곧 읽은 적이 없는 사람이다."

程子曰頤自十七八로讀論語하여當時已曉文義요讀之愈久에但
覺意味深長이러라

—

程子가 말하였다. "頤는 십칠팔 세부터 『論語』를 읽었는데 당시에
이미 글뜻은 알았고 읽기를 더 오래할수록 오직 의미심장함을 깨닫
게 되었다."

學而第一

此는爲書之首篇故로所記多務本之意니乃入道之門이요
積德之基니學者之先務也라凡十六章이라

—

이 편은 책을 이루는 머리편이기 때문에
기록한 것이 근본에 힘쓰라는 의미가 많으니,
곧 道에 들어가는 문이요 德을 쌓는 기틀이니
학자들이 먼저 힘써야 하는 것이다.
합해서 십육 章이다.

① 子曰學而時習之면 不亦說열乎아

孔子께서 말씀하시기를 배우고 때때로 익히면 역시 기쁘지 않겠느냐

學之爲言은效也라人性이皆善이로되而覺有先後하니後覺者必效
先覺之所爲라야乃可以明善1)而復其初2)也라習은鳥數삭飛也니
學之不已를如鳥數飛也라說은喜意也라旣學而又時時習之면則
所學者熟而中心喜說하여其進을自不能已矣라程子曰習은重習
也니時復思繹3)하여浹洽4)於中則說也니라又曰學者는將以行之
也니時習之면則所學者在我故로悅이니라謝氏曰時習者는無時而
不習이니坐如尸5)는坐時習也요立如齊는立時習也니라

—

學의 말됨은 본받는 것이다. 사람의 성품은 모두 착하지만 깨달음에
는 선후가 있는 것이니, 뒤에 깨닫는 자가 먼저 깨달은 사람의 소행
을 반드시 본받아야만 善을 밝혀서 그 처음을 회복할 수 있다. 習
은 새가 자주 나는 것이니, 배우기를 멈추지 않기를 새가 자주 나는

---

1) 明善 : 善의 소재를 밝힘. 善이 어디 있는지를 밝히는 것.

2) 復其初 : 사람은 누구나 처음 세상에 나올 때는 착하게 타고 나오지만 세상에 나와서 여러
가지 물정을 만나면 변하기 마련이다. 찬 바람을 쐬면 차갑게 느끼고 나쁜 바람을 쐬면 나쁘
게 변하여 처음을 상실한다. 많이 배워 처음 善의 소재를 밝히면 善한 本性을 회복할 수 있
다.

3) 思繹 : 계속 생각을 하여 잘못된 것을 찾아내는 것. 繹이란 길쌈을 할 때 실을 이은 마디가
생기는데, 이를 손으로 훑어보아 마디가 느껴지지 않도록 매끈하게 다듬는 것이다. 공부를 할
때 모르는 것이 있으면 길쌈할 때의 마디가 있는 것과 같으니 거슬러 생각하기를 열심히 하여
모르는 것이 없도록 하는 것을 말한다.

4) 浹洽 : 담가서 물이 가득 배게 하는 것.

5) 尸 : 尸童. 제사 지낼 때 神位 대신 앉던 아이.

것처럼 하는 것이다. 說은 기쁜 뜻이다. 이미 배우고 또 때때로 배운 것을 익히면 배운 바의 것이 익숙해지고 마음속이 기뻐서 그 나아감을 저절로 그만둘 수 없게 될 것이다. 程子가 말하였다. "익힌다는 것은 거듭 익히는 것이니, 수시로 다시 생각하고 매만져서 마음속에 가득 배이면 기쁜 것이다." 또 말하였다. "배운다는 것은 장차 그것을 행하려 해서이니 때때로 그것을 익히면 배운 바의 것이 나에게 있기 때문에 (저절로) 기쁘게 된다." 謝氏가 말하였다. "때때로 익힌다는 것은 어느 때고 익히지 아니함이 없는 것이니, 앉기를 尸童처럼 하는 것은 앉을 때의 익힘이요 서기를 齋戒하듯 하는 것은 설 때의 익힘이다."

有朋이自遠方來면不亦樂乎아

벗이 먼 지방으로부터 오면 역시 즐겁지 않겠느냐

朋은同類也라自遠方來면則近者를可知라程子曰以善及人[6]하여而信從者衆故로可樂이니라又曰說은在心이요樂은主發散이니在外니라

—

朋은 같은 類의 사람들이다. 먼 곳으로부터 온다면 가까운 곳의 사람을 알 수 있다. 程子가 말하였다. "나의 善을 가지고 다른 사람에게 그 善이 파급되도록 하여 믿고 따르는 사람이 많기 때문에 즐거워할 만한 것이다." 또 말하였다. "說은 마음속에 있고, 樂은 발산을 위주로 하니 밖에 있다."

---

6) 以善及人 : 及人으로 축약해서도 쓴다.

人不知而不慍이면 不亦君子乎아

남이 알아주지 아니해도 노여워하지 아니하면 역시 군자가 아니겠느냐

慍은 含怒意라 君子는 成德之名이라 尹氏曰學은 在己하고 知不知는 在人하니 何慍之有리오 程子曰雖樂於及人이나 不見是而無悶이라야 乃所謂君子니라 愚는 謂及人而樂者는 順而易하고 不知而不慍者는 逆而難故로 惟成德者야 能之니라 然이나 德之所以成은 亦由學之正習之熟說之深而不已焉耳니라 ○程子曰樂은 由說而後得이니 非樂이면 不足以語君子니라

—

慍은 노여운 뜻을 품고 있는 것이다. 君子는 德을 완성한 이의 명칭이다. 尹氏가 말하였다. "배움은 나에게 있고 알아주고 알아주지 아니하는 것은 남에게 있으니 무슨 노여움이 있겠느냐" 程子가 말하였다. "(나의 善이) 다른 사람에게 파급되는 것을 비록 즐거워하나 이것을 당하지 못해도 민망하게 여김이 없어야만 곧 이른바 군자이다." 나는 생각하건대, (나의 善이) 다른 사람에 파급되어 즐거워하는 것은 順理라서 쉽고 아무도 알아주지 않아도 내가 성내지 않는 것은 逆理라서 어렵다. 그렇기 때문에 德을 완성한 사람이라야만 그럴 수 있는 것이다. 그러나 德이 이루어지는 조건은 배우기를 바르게 하고 익히기를 익숙하게 하고 기뻐하기를 깊게 해서 그것을 그치지 아니하는 데 말미암을 뿐이다. ○ 程子가 말하였다. "樂은 說을 경유한 뒤에 얻어지는 것이니 樂의 경지가 아니면 군자라고 말할 수 없는 것이다."

②有子曰其爲人也孝弟요而好犯上者鮮矣니不好犯
上이요而好作亂者未之有也니라

有子가 말하기를 그 사람됨이 효성스럽고 공손하면서 윗사람을 침범하
기 좋아하는 사람은 드무니 윗사람 침범하기를 좋아하지 아니하고 亂
일으키기를 좋아하는 사람은 있지 않다

有子는孔子弟子니名은若이라善事父母爲孝요善事兄長爲弟라犯
上은謂干犯在上之人이라鮮은少也라作亂則爲悖逆爭鬪之事矣
라此는言人能孝弟則其心和順하여少好犯上이요必不好作亂也라
—

有子는 孔子 제자이니 이름은 若이다. 부모를 잘 섬기는 것이 孝가
되고 형이나 어른을 잘 섬기는 것이 弟가 된다. 犯上은 윗사람을 침
범하는 것을 말한다. 鮮은 적음이다. 亂 일으킴은 이치에 어긋나고 투
쟁하는 것이다. 이 글은 사람이 孝하고 공손할 수 있으면 그 마음이
온화하고 순해서 윗사람 침범하기를 좋아하는 자가 적고 반드시 亂
일으키기를 좋아하지 않음을 말한 것이다.

君子는務本이니本立而7)道生하나니孝弟也者는其8)爲
仁之本與인저

---

7) 而 : ~하면. 則과 같은 용도로 쓰인다.
8) 其 : 아마도. 其字로 시작된 구절 끝에 與, 哉, 乎 등 의문사가 오면 其는 豈와 같은 뜻으
로 쓰이며 '아마도, 어찌~아니리오'로 해석.

군자는 근본에 힘쓰는 것이니 근본이 확립되면 道는 생기는 것이니 孝와 弟는 아마도 仁을 행하는 근본일 것이다

務는 專力也라 本은 猶根也라 仁者[9]는 愛之理心之德[10]也라 爲仁은 猶曰行仁이라 與者는 疑辭니 謙退[11]하여 不敢質[12]言也라 言君子凡事를 專用力於根本이니 根本이 旣立則其道自生이니 若上文所謂孝弟는 乃是爲仁之本이니 學者務此면 則仁道도 自此而生也라 ○ 程子曰孝弟는 順德也故로 不好犯上이니 豈復有逆理亂常之事리오 德有本이니 本立則其道充大요 孝弟行於家而後에 仁愛及於物이니 所謂親親而仁民[13]也라 故로 爲仁은 以孝弟로 爲本이요 論性則以仁을 爲孝弟之本이라 或이 問孝弟는 爲仁之本이라하니 此是由孝弟면 可以至仁否아 曰非也라 謂行仁은 自孝弟始니 孝弟는 是仁之一事라 謂之行仁之本則可커니와 謂是仁之本則不可하니 蓋仁은 是性也요 孝弟는 是用也니 性中엔 只有箇仁義禮智[14]四者而已라 曷嘗有孝弟來[15]리오 然이나 仁主於愛하고 愛莫大於愛親故로 曰孝弟也者는 其爲仁之本與인저

—

務는 힘을 오로지 하는 것이다. 本은 뿌리와 같다. 仁은 사랑의 원

---

9) 者 : 사람, 것 등으로 문맥에 따라 해석함.

10) 愛之理心之德 : 仁은 겉으로 발현될 때 사랑으로 나타나며 마음에 쌓여 있는 德이다.

11) 退 : 한걸음 물러서는 것이 곧 양보이다. 나서면 양보가 아니다.

12) 質 : 확정짓다.

13) 親親而仁民 : 내 부모를 먼저 친애한 뒤에 백성을 사랑하고 백성을 사랑한 뒤에 微物을 사랑하는 사랑의 순서이다. 『孟子』, 「盡心章句上」 참고.

14) 仁義禮智 : 信을 말하지 않음은 仁義禮智를 실천함이 곧 信이기 때문이다.

15) 來 : 아무 뜻이 없는 어조사.

리이고 마음의 德이다. 爲仁은 仁을 행한다는 말과 같다. 與는 의문사이니 겸손하고 양보하는 마음으로 감히 말을 확정짓지 않는 것이다. 군자는 모든 일을 오로지 근본에 힘을 쓰니, 근본이 이미 확립되었으면 그 길은 저절로 생기는 것을 말하니, 윗글에서 이른바 孝와 弟는 곧 仁을 행하는 근본이니 학자가 여기에 힘을 쓰면 仁의 길도 이로 말미암아 생겨남과 같은 것이다. ○ 程子가 말하였다. "孝와 弟는 순한 德이기 때문에 윗사람 침범하기를 좋아하지 않으니, 그렇다면 어찌 다시 이치를 거스르고 綱常을 문란하게 하는 일이 있겠는가. 德은 근본이 있는 것이니 근본이 수립되면 그 방법은 확충·확대되고 孝와 弟가 집에서 행해진 뒤에 仁愛가 他物에까지 미치는 것이니 이른바 '親親而仁民(부모를 친애하고 나서 백성을 사랑함)'이다. 그러므로 仁을 행하는 것은 孝와 弟를 근본으로 여기는 것이고 성품으로 논한다면 仁을 孝弟의 근본으로 삼는 것이다." 어떤 사람이 묻기를 "'孝와 弟는 仁을 행하는 근본이다.'라고 하니 이것은 바로 孝와 弟를 말미암으면 仁에 이를 수가 있다는 것인가?" 하니 대답하기를 "아니다. 仁을 행하는 것은 孝와 弟로부터 시작함을 말하는 것이다. 孝와 弟는 仁의 일부분이다. 仁을 행하는 근본이라고 말한다면 옳거니와 이것이 仁의 근본이라고 말한다면 옳지 않다. 대체로 仁은 本性이고 孝弟는 그 응용이니, 性 속에는 단지 뚜렷이 仁義禮智 네 가지가 있을 뿐이니 어찌 일찍 孝弟가 있으리오 그러나 仁은 사랑을 위주로 하고 사랑은 부모를 사랑함보다 더 큰 것이 없기 때문에 孝弟는 아마도 仁을 행하는 근본이라고 말한 것이다."

③子曰巧言令色이鮮矣仁이니라

孔子께서 말씀하시기를 말을 교묘하게 하고 안색을 잘 꾸미는 사람치고 仁한 이가 드물다

巧는好요令은善也니好其言善其色하여致飾於外하고務以悅人이면則人欲肆而本心之德은亡矣라聖人은辭不迫切하니專言鮮則絶無를可知니學者所當深戒也라○程子曰知巧言令色之非仁이면則知仁矣니라

巧는 좋게 함이고 令은 잘함이니 말을 좋게 하고 안색을 잘해서 겉만을 수식하고 남을 기쁘게 하는 것으로 힘을 쓰면 사욕이 가득 차서 본심의 德은 없는 것이다. 聖人은 말씀이 박절하지 아니하니 오로지 적다라고 말함은 하나도 없는 것임을 알 수 있으니 학자들은 당연히 깊이 경계해야 할 것이다. ○ 程子가 말하였다. "巧言令色이 仁이 아님을 안다면 仁을 아는 것이다."

④曾子曰吾日三省吾身하노니爲人謀而不忠乎아與朋友交而不信乎아傳不習乎아니라

曾子께서 말씀하시기를 나는 날마다 세 번 내 몸을 반성하니 남을 위해서 계획을 하되 진심이 아니었는가 붕우와 더불어 사귀는 데 미덥지 않게 했는가 배운 것을 익히지 않았는가이니라

曾子는孔子弟子니名은參이요字는子輿라盡己之謂忠이요以實之
謂信이라傳은謂受之於師요習은謂熟之於己라曾子는以此三者로
日省其身하여有則改之하고無則加勉하여其自治誠切이如此하니
可謂得爲學之本矣요而三者之序則又以忠信으로爲傳習之本
也라○尹氏曰曾子는守約故로動必求諸身이라謝氏曰諸子之
學이皆出於聖人이나其後愈遠而愈失其眞이어늘獨曾子之學은專
用心於內故로傳之無弊하니觀於子思孟子에可見矣라惜乎라其
嘉言善行이不盡傳於世也어니와其幸存而未泯者를學者其可不
盡心乎아

—

曾子는 孔子 제자이니 이름은 參이고 字는 子輿이다. 자기를 다
하는 것(진심으로 최선을 다하는 것)을 忠이라 하고 진실로써 하는 것
을 信이라 말한다. 傳은 스승에게서 받은 것을 말하고 習은 자기에
게 익숙하게 하는 것을 말한다. 曾子는 이 세 가지를 가지고 날마
다 그 자신을 살펴서 잘못한 것이 있으면 고치고 없으면 더욱더 힘
써서 스스로 다스리기를 진실로 절실함이 이와 같으니 학문하는 근
본을 터득했다고 말할 수 있다. 세 가지의 차례는 忠과 信으로 배
운 것을 익히는 근본으로 삼는다. ○ 尹氏가 말하였다. "曾子는 요
점을 지키기 때문에 움직였다 하면 반드시 자신에게서 찾는다." 謝
氏가 말하였다. "여러 사람의 학문이 모두 聖人에게서 나왔으나 그
뒤가 더욱 멀어질수록 더욱 그 진실을 상실하거늘, 유독 曾子의 학
문은 오로지 내면에 마음을 쓰기 때문에 후세로 전해져도 폐단이
없으니 子思와 孟子에서 보아도 알 수 있다. 애석하구나. 그 아름
다운 말씀과 착한 행동이 후세에 다 전해지지 못하였거니와 다행히

보존되어서 민멸되지 아니한 것을 학자들이 어찌 마음을 다하지 아니할 수 있겠느냐"

---

⑤子曰道千乘之國하되 敬事而信하며 節用而愛人하며 使民以時니라

孔子께서 말씀하시기를 千乘의 나라를 다스리되 일을 조심스럽게 해서 믿게 하며 쓰임새를 절약해서 백성을 사랑하며 백성을 사역하되 때로써 할 것이니라

道는治也라千乘은諸侯之國이니其地可出兵車千乘者也라敬者는主一無適之謂라敬事而信者는敬其事而信於民也라時는謂農隙之時라言治國之要在此五者는亦務本之意也라○程子曰此言이至淺이나然이나當時諸侯果能此면亦足以治其國矣리라聖人은言雖至近이나上下皆通하니此三言者를若推其極이면堯舜之治도亦不過此라若常人之言은近則淺近而已矣니라楊氏曰上不敬則下慢하고不信則下疑하니下慢而疑면事不立矣라敬事而信은以身先之也라易曰節以制度하여不傷財不害民이라하니蓋侈用則傷財요傷財면必至於害民故로愛民에必先於節用이라然이나使之不以其時면則力本者不獲自盡하리니雖有愛人之心이나而人不被其澤矣리라然이나此는特論其所存而已요未及爲政也로되苟無是心이면則雖有政이나不行焉이리라胡氏曰凡此數者는又皆以敬爲主니라愚는謂五者反復相因하여各有次第하니讀者宜細推之니라

—

道는 다스림이다. 千乘은 제후의 나라이니 그 땅에서 兵車 천 대를 출동시킬 수 있다. 敬은 마음이 한군데에 위주로 하고 이리저리 가지 않음을 말한다. 조심스럽게 해서 믿게 함은 그 일을 조심해서 백성에게 믿음을 주는 것이다. 時는 농사 틈(農閑期)의 시기를 말한다. 나라를 다스리는 요점이 이 다섯 가지에 있음은 역시 근본에 힘쓰라는 말이다. ○ 程子가 말하였다. "이 말이 지극히 보잘것없으나 당시 諸侯들이 과연 이럴 수 있었다면 역시 충분히 그 나라를 다스릴 수 있었을 것이다. 聖人은 말씀이 비록 지극히 쉬우나 위아래(가장 높은 이치와 가장 낮은 이치)가 다 통하니 이 세 마디 말을 만약에 끝까지 미룬다면 堯舜의 태평성대 역시 여기에서 벗어나지 않을 것이다. 예컨대 보통 사람의 말은 쉬우면 淺近할 따름이다." 楊氏가 말하였다. "윗사람이 조심하지 아니하면 아랫사람이 거만해지고 윗사람이 미덥게 하지 않으면 아랫사람이 의심하게 되니 아랫사람이 거만해지고 의심을 하면 일[國事]은 성립되지 않을 것이다. 일을 조심해서 믿게 한다는 것은 자기 몸으로 솔선하는 것이다. 『周易』에서는 '절약을 하되 제도로써 하여 재물을 손상시키지 아니하고 백성을 해롭게 하지도 않는다.'고 하니, 대체로 쓰임새를 사치하게 하면 재물을 손상시키게 되고 재물을 손상시키면 반드시 백성을 해롭게 하는 데에까지 이르기 때문에 백성을 사랑하는 데는 반드시 절약을 우선으로 하는 것이다. 그러나 백성 부리기를 때로써 하지 아니하면 근본에 힘쓰는 자(농민)가 스스로 일에 다함을 획득하지 못할 것이니 비록 백성을 사랑하는 마음이 있다고 하더라도 백성들이 그 혜택을 입지 못할 것이다. 그러나 이 다섯 가지는 단지 마음먹는 것을 따졌을 뿐이고 정치조목이 되는 데는 미치지 못하지만 진실로 이 마음이 없으면 아무리 정치조목이 있다 하더라도 행해지지 못할 것이다." 胡氏가 말하였다. "무릇 이 몇 가지는 또 모두가 敬을 위주로 한 것이다." 나는 생각하건대, 이 다섯 가지는 반복되면서 서로 연결되어 각각 순서가 있으니 독자는 당연히 상세하게 미루어 봐야 할 것이다.

---

⑥子曰弟子入則孝하고出則弟하며謹而信하며汎愛衆하되而親仁이니行有餘力이어든則以學文이니라

孔子께서 말씀하시기를 제자가 들어가서는 효도하고 나와서는 공경하며 삼가고 미덥게 하며 넓게 대중을 사랑하되 仁한 사람을 가까이할 것이니 그렇게 행동하고 남은 힘이 있거든 곧 글을 배우는 데 쓸 것이니라

謹者는行之有常也요信者는言之有實也라汎은廣也요衆은謂衆人이라親은近也요仁은謂仁者라餘力은猶言暇日이라以는用也요文은謂詩書六藝之文이라○程子曰爲弟子之職하고力有餘則學文이니不脩其職而先文이면非爲己之學[16]也니라尹氏曰德行은本也요文藝는末也니窮其本末하여知所先後면可以入德矣리라洪氏曰未有餘力而學文이면則文滅其質하고有餘力而不學文이면則質勝而野니라愚는謂力行而不學文이면則無以考聖賢之成法하고識事理之當然하여而所行이或出於私意리니非但失之於野而已[17]니라

—

謹은 행동하기를 떳떳함이 있게 하는 것이고 信은 말하기를 진실함이 있게 하는 것이다. 汎은 넓음이고 衆은 대중을 말한다. 親은 가

---

16) 爲己之學 : 자기의 발전을 위한 학문. 爲人之學 : 남의 이목을 의식하고 명예를 얻기 위한 학문.
17) 非但~而已 : ~하고 말 뿐만 아니다

까이 하는 것이고 仁은 仁한 사람을 말한다. 餘力은 餘暇와 같은 말이다. 以는 씀[用]이고 文은 詩書六藝의 글이다. ○ 程子가 말하였다. "자기의 직분을 행하고 힘이 남음이 있으면 글을 배울 것이니 그 직분을 닦지 아니하고 글을 먼저 배우면 자기 발전을 위한 학문이 아니다." 尹氏가 말하였다. "덕행이 근본이고 글과 예능 등은 지엽적인 것이니 그 本과 末을 연구해서 먼저 하고 나중 할 것을 알면 德에 들어갈 수 있을 것이다." 洪氏가 말하였다. "남은 힘이 있지 아니한데 글부터 배우면 문채가 본바탕을 滅하게 되고 여력이 있는데 글을 배우지 않으면 바탕이 너무 지나쳐 촌스러워진다." 나는 생각하건대, 힘써 행동하기만 하고 글을 배우지 아니하면 성현들이 만들어 놓은 법을 상고할 수 없고 사리의 당연을 인식할 수 없어서 행동하는 것이 혹 사사로운 뜻에서 나오게 될 것이니, 촌스러운 데서 잘못되고 말 뿐만 아닐 것이다.

⑦子夏曰賢賢하되易色[18]하며事父母하되能竭其力하며事君하되能致其身하며與朋友交하되言而有信이면雖曰未學이라도吾必謂之學矣라하리라

子夏가 말하기를 어진 사람을 어질게 여기되 色과 바꾸며 부모를 섬기되 그 힘을 다할 수 있으며 임금을 섬기되 자기 몸을 맡길 수 있으며 붕우와 사귀되 말에 믿음이 있으면 비록 배우지 못했다고 하더라도 나는 반드시 배웠다고 말하리라

---

18) 色 : 女色을 좋아하는 마음.

子夏는孔子弟子니姓은卜이요名은商이다賢人之賢하되而易其好色
之心이면好善有誠也라致는猶委也니委致其身은謂不有其身也라
四者는皆人倫之大者요而行之를必盡其誠이면學求如是而已라故
로子夏言有能如是之人이면苟非生質之美면必其務學之至니雖
或以爲[19]未嘗爲學이라도我必謂之已學也라○游氏曰三代[20]之
學은皆所以明人倫也니能是四者면則於人倫에厚矣라學之爲道
何以加此리오子夏는以文學으로名이로되而其言이如此則古人之所
謂學者를可知矣라故로學而一篇은大抵皆在於務本이니라吳氏曰
子夏之言이其意善矣나然이나詞氣之間에抑揚이大過하니其流之
弊將或至於廢學이니必若上章夫子之言然後에爲無弊也니라

—

子夏는 孔子 제자이니 성은 卜이요 이름은 商이다. 남의 훌륭함을
훌륭하게 여기되 호색하는 마음과 바꾼다면 善을 좋아함에 진실이
있는 것이다. 致는 맡김과 같으니 그 몸을 맡긴다 함은 그 몸을 자
기가 소유하지 않는 것을 말한다. 네 가지는 모두 인륜의 큰 것이고
그리고 행하기를 반드시 진실을 다한다면 배워서 원하고 찾는 것이
이와 같을 뿐이다. 그러므로 子夏가 "이와 같을 수 있는 사람이 있
으면 진실로 나면서부터 바탕이 아름다운 사람이 아니면 반드시 학
문에 지극히 힘쓴 자일 것이니 비록 혹시 학문을 한 적이 없다고
말을 하더라도 나는 반드시 이미 배웠다라고 말할 것이다."라고 하
였다. ○ 游氏가 말하였다. "三代의 학문은 모두 인륜을 밝히는 조
건이니 이 네 가지를 할 수 있으면 인륜에 두터운 것이다. 학문의
도됨(목적)에 무엇을 가지고 이에 더하리오 子夏는 문학으로 이름이

---

19) 以爲 : 以爲는 曰과 같다.
20) 三代 : 夏·商·周, 왕천하가 이루어진 시대.

있는데도 그 말이 이와 같다면 옛날 사람의 소위 學者라고 하는 것을 알 수 있다. 그러므로 「學而」 일편은 대체적으로 모두 근본에 힘쓰는 데 있다." 吳氏가 말하였다. "子夏의 말이 그 뜻은 좋으나 그러나 말하는 분위기 속에서 抑揚이 너무 지나치니 그 末流에의 폐단이 어쩌면 학문을 폐지하는 데에까지 이르게 될 것이니 반드시 윗장 孔子의 말씀과 같이한 연후에야 폐단이 없게 될 것이다."

⑧子曰君子不重則不威니學則不固니라

孔子께서 말씀하시기를 군자가 중후하지 못하면 위엄스럽지 못하니 학문도 견고하지 못하다

重은厚重이요威는威嚴이요固는堅固也라輕乎外者는必不能堅乎內故로不厚重則無威嚴이요而所學도亦不堅固也라

—

重은 후중함이요 威는 위엄이요 固는 견고함이다. 외면에 경솔한 사람은 반드시 내면을 견고하게 하지 못하기 때문에 후중치 못하면 위엄도 없고 배우는 것도 역시 견고하지 못하다.

主忠信하며

忠과 信을 위주로 하며

人不忠信이면則事皆無實하여爲惡則易하고爲善則難故로學者必

以是爲主焉이라○程子曰人道는唯在忠信이니不誠則無物이요且
出入無時하여莫知其鄕者는人心也니若無忠信이면豈復有物乎아

—

사람이 忠信치 못하면 일마다 진실이 없어서 惡을 행하기는 쉽고
善을 행하기는 어렵기 때문에 학자들은 반드시 이것을 가지고 주요
하게 여기는 것이다. ○ 程子가 말하였다. "사람의 도리는 오직 忠
과 信에 있는 것이니 진실치 못하면 상대가 없고 또 (진실된 마음은)
드나듦이 일정한 때가 없어서 그 방향을 알 수 없는 것은 사람의 마
음이니 만약 忠과 信이 없으면 어찌 다시 상대가 있겠는가."

無友不如己者요
자기만 같지 못한 자를 벗하지 말고

無毋는通이니禁止辭也라友는所以輔仁이니不如己則無益而有損
이라

—

無와 毋는 통용이니 금지사이다. 벗은 나의 仁을 보충해 주는 까닭
에 자기만 같지 못하면 이익은 없고 손해만 있다.

過則勿憚改니라
허물이 있으면 고치기를 꺼려하지 말 것이니라

勿도亦禁止之辭라憚은畏難也라自治不勇이면則惡日長故로有過
則當速改요不可畏難而苟安也라程子曰學問之道는無他也라
知其不善則速改以從善而已니라○程子曰君子自脩之道도當
如是也니라游氏曰君子之道는以威重爲質하여而學以成之하고學
之道는必以忠信爲主하여而以勝己者로輔之나然이나或吝於改過
면則終無以入德이요而賢者도未必樂告以善道故로以過勿憚改
로終焉이니라

―

勿도 역시 금지사이다. 憚은 두렵고 어렵게 여기는 것이다. 스스로
를 다스리기에 용감하지 못하면 나쁜 버릇이 날마다 자라나기 때문
에 허물이 있으면 속히 고쳐야 하고 두렵고 어렵다고 여겨서 구차
스럽게 편해서는 안된다. 程子가 말하였다. "학문하는 길은 다름이
아니라 그것이 不善인 줄을 알면 속히 고쳐서 善을 따를 뿐이다."
○ 程子가 말하였다. "군자가 스스로를 수양하는 방법도 이와 같아
야 한다." 游氏가 말하였다. "군자의 道는 위엄스럽고 중후함으로
바탕을 삼아서 배움으로 완성시키고 배우는 道는 반드시 忠과 信
을 위주로 해서 자기보다 나은 사람으로 학문을 돕게 할 것이다. 그
러나 혹 허물을 고치는 데 인색하면 끝내 德에 들어갈 수 없을 것
이고, 훌륭한 사람도 좋은 도리를 가지고 즐겁게 고해줄 것을 기필
치 못하기 때문에 허물 고치기를 꺼려하지 말라는 것으로 끝을 맺
었다."

⑨曾子曰愼終追遠이면民德이歸厚矣리라

曾子께서 말씀하시기를 葬事를 잘 치루고 祭事를 잘 지내면 백성들의
德이 후한 데로 돌아갈 것이다

愼終者는 喪盡其禮요追遠者는 祭盡其誠이요民德歸厚는 謂下民
化之하여其德도亦歸於厚라蓋終者는人之所易忽也로되而能謹之
하며遠者는人之所易忘也로되而能追之하면厚之道也라故로以此
自爲則己之德이厚하고下民이化之則其德도亦歸於厚也라

—

愼終은 喪에서 그 禮를 극진히 하는 것이고 追遠은 제사에서 그 정성
을 다하는 것이고 백성들의 德이 후한 데로 돌아감은 아래 백성들이
감화되어서 그들의 德도 역시 후한 데로 돌아감을 말하는 것이다. 대
체로 '죽음[終]'은 사람들이 만홀히 하기 쉬우나 그런데도 삼가 할 수
있으며 '죽은 지 오래된 귀신[遠者]'은 사람이 잊어버리기 쉬우나 잘
추모할 수 있으면 후한 도리이다. 그러므로 이것을 가지고 스스로 행
하면 자기의 德이 두터워지고 아래 백성이 감화되면 그들의 德도 역
시 후한 데로 돌아갈 것이다.

⑩子禽이問於子貢曰夫子至於是邦也하시어必聞其
政하시나니求之與이抑與之與아
子禽이 子貢에게 물어 말하기를 선생님께서 어떤 나라에 이르시어 반
드시 그들의 정치를 들으시니 요구하신 것인가 아니면 그들이 들려준
것인가

子禽의 姓은陳이요名은亢이며子貢의姓은端木이요名은賜니皆孔子弟
子라或曰亢은子貢弟子라하니未知孰是라抑은反語辭라

—

子禽의 성은 陳이요 이름은 亢이며 子貢의 성은 端木이요 이름은 賜
이니 모두 孔子 제자이다. 어떤 사람이 말하였다. "亢은 子貢의 제자
라 하니 누가 옳은지 모르겠다." 抑은 반어사이다.

子貢이曰夫子는溫良恭儉讓以得之시니夫子之求之
也는其諸異乎人之求之與인저
子貢이 말하기를 선생님께서는 온화하고 양순하고 공손하고 검소하고
사양하시어 듣게 된 것이니 선생님의 요구는 다른 사람들의 요구와는
다를 것이다

溫은和厚也요良은易直也요恭은莊敬也요儉은節制也요讓은謙遜
也니五者는夫子之盛德光輝接於人者也라其諸는語辭也라人은
他人也라言夫子未嘗求之로되但其德容이如是故로時君이敬信
하여自以其政으로就而問之耳요非若他人의必求之而後에得也라
聖人過化存神之妙를未易窺測이나然이나即此而觀이면則其德盛
禮恭而不願乎外를亦可見矣니學者所當潛心而勉學也라○
謝氏曰學者觀於聖人威儀之間이亦可以進德矣라若子貢은亦
可謂善觀聖人矣요亦可謂善言德行矣로다今去聖人이千五百
年이로되以此五者로想見其形容이라도尙能使人興起온而況於親
炙21)之者乎아張敬夫曰夫子至是邦하사必聞其政이로되而未有

能委國而授之以政者하니蓋見聖人之儀刑[22]而樂告之者는秉
彝[23]好德之良心也요而私欲이害之라是以로終不能用耳니라

—

溫은 온화하고 후덕함이고 良은 평탄·정직이고 恭은 정중하고 공손
함이고 儉은 절제이고 讓은 겸손이니 다섯 가지는 孔子의 성대한 德
의 빛나는 모습이 다른 사람에게 느껴진 것이다. 其諸는 어조사이다.
人은 다른 사람이다. 孔子께서 요구한 적이 없으시되 단 그 덕스러운
모습이 이와 같기 때문에 당시의 군주들이 존경하고 미덥게 여겨 스
스로 그들의 정치를 가지고 孔子에게 나아가서 물었을 뿐이고 다른
사람들의 반드시 듣기를 원한 뒤에 듣는 것과는 같지 않다. 聖人이
지나가기만 하면 감화되고 마음만 먹으면 신비롭게 바뀌어지는 그런
묘리를 쉽게 엿보고 헤아릴 수 없으나 이런 곳에 나아가서 관찰해
보면 그 德이 성대하고 禮가 공손해서 외부에 대하여는 원하는 것이
없음을 역시 엿볼 수 있다. 학자들은 마땅히 마음을 가라앉히고 학문
에 힘써야 할 것이다. ○ 謝氏가 말하였다. "학자들이 聖人의 법에
알맞은 몸가짐의 모습을 관찰하면 역시 德에 나아갈 수 있다. 子貢
같은 사람은 역시 聖人을 잘 관찰한 사람이라고 말할 수 있고, 역시
덕스러운 행동을 잘 표현한다고 말할 수 있다. 지금 聖人과의 거리가
1,500년이나 되었는데 이 다섯 가지를 가지고 그 형용을 상상해 보더
라도 오히려 사람을 떨치고 일어나게 할 수 있거늘 하물며 직접 교
육받은 사람에 있어서랴." 張敬夫가 말하였다. "孔子가 어떤 나라에

---

21) 親炙 : 직접 교육을 받음.
22) 儀刑 : 법도에 맞는 거동.
23) 秉彝 : 나면서 타고난 떳떳한 常性. 彝=常.
　　秉彝好德 : 떳떳한 常性을 타고나서 德을 좋아함.

이르러서 반드시 그들의 정치를 듣기는 하지만 나라를 맡기고 그 정치를 맡겨준 사람은 있지 않았으니 그것은 聖人의 법도에 맞는 거동을 보고 즐겁게 고해 주는 것은 본심을 지니고 德을 좋아하는 양심 때문이며 사사로운 욕심이 (그 秉彝好德의 양심을) 해치는지라 이 때문에 끝내 쓰지 못할 뿐이다.”

---

⑪子曰父在에觀其志요父沒에觀其行이나三年을無改
於父之道라야可謂孝矣니라

孔子께서 말씀하시기를 아버지가 살아 계실 적에는 그 자식의 뜻을 관찰하고 아버지가 돌아가셨을 적에는 그 자식의 행동을 관찰하는 것이니 삼년 동안을 아버지의 道에 고침이 없어야 孝라 말할 수 있다

父在에子不得自專이나而志則可知요父沒然後에其行을可見故로觀此면足以知其人之善惡이나然이나又必能三年을無改於父之道라야乃見其孝요不然則所行이雖善이나亦不得爲孝矣리라○尹氏曰如其道인댄雖終身無改라도可也요如其非道인댄何待三年이리오然則三年無改者는孝子之心에有所不忍故也니라游氏曰三年無改는亦謂在所當改而可以未改者耳니라

—

아버지가 계실 적에는 자식이 스스로 마음대로 할 수 없으나 뜻은 알 수 있고 아버지가 돌아가신 연후에는 그 행동을 엿볼 수 있기 때문에 이것을 관찰하면 그 사람의 선악을 충분히 알 수 있다. 그러나 또 반드시 삼년 동안을 아버지의 道에서 고침이 없어야 겨우 그 孝

를 알 수 있고 그렇지 않으면 행동하는 것이 비록 괜찮다 하더라도 역시 孝는 될 수 없다. ○ 尹氏가 말하였다. "만약에 正道일진댄 죽도록 고침이 없더라도 괜찮은 것이고 만약에 정도가 아닐진댄 어찌 삼년을 기다리리오 그렇다면 삼년 동안 고침이 없다는 것은 효자의 마음에 차마하지 못하는 바의 연고가 있어서이다." 游氏가 말하였다. "'삼년 동안 고침이 없다.'는 것은 역시 당연히 고쳐야 할 입장이면서도 고치지 아니할 수도 있음을 말하는 것이다."

---

⑫有子曰禮之用이和爲貴하니先王之道斯爲美라小大由之니라

有子가 말하기를 禮의 응용이 和가 으뜸이니 선왕의 道가 이 점을 아름답게 여겼는지라 작은 禮와 큰 禮가 이것을 말미암았다

禮者는天理之節文이요人事之儀則也라和者는從容不迫之意라蓋禮之爲體雖嚴이나然이나皆出於自然之理故로其爲用이必從容而不迫이라야乃爲可貴니先王之道此其所以爲美라而小事大事無不由之也라

—

禮는 자연 이치에 맞는 절차와 양식이고 사람이 지켜야 할 일의 행동 법칙이다. 和는 차분하고 서두르지 않는다는 뜻이다. 대체로 禮의 본체됨은 비록 엄하지만 모두 자연의 이치에서 나온 것이므로 그 응용됨이 반드시 차분하고 급박하지 아니하여야 귀한 것이 될 수 있으니 선왕의 道는 이것을 아름답게 여긴 이유인지라 작은 일

[曲禮三千] 큰 일[經禮三百]이 모두 여기에서 말미암지 않은 것이
없다.

有所不行하니知和而和요不以禮節之면亦不可行也니라
행해서는 안되는 것이 있으니 和를 알아 和만 하고 禮로써 조절하지
않으면 역시 행해서는 안되는 것이다

承上文而言如此요而復有所不行者하니以其徒知和之爲貴로
而一於和하여不復以禮節之면則亦非復禮之本然矣니所以流
蕩忘反而亦不可行也라○程子曰禮勝則離故로禮之用은和爲
貴하니先王之道以斯爲美라而小大由之요樂勝則流故로有所不
行者는知和而和요不以禮節之면亦不可行이니라范氏曰凡禮之
體는主於敬이요而其用則以和爲貴니敬者는禮之所以立也요和
者는樂之所由生也라若有子는可謂達禮樂之本矣로다愚는謂嚴
而泰和而節은此理之自然이며禮之全體也니毫釐有差면則失其
中正하여而各倚於一偏이니其不可行은均矣니라

—

윗글을 이어서, 이와 같이 하고 다시 행하지 못할 바가 있음을 말한
것이니, 단지 和가 귀함이 되는 줄만 알아서 和에만 한결같이 하고
다시 禮를 가지고 조절하지 못하면 역시 이것은 다시 禮의 근본이
아닌 것이니 한없이 흘러가고 끝없이 흔들려서 되돌아올 줄 모르니
역시 행해서는 안된다. ○ 程子가 말하였다. "禮가 지나치면 거리
가 생기는 것이기에 禮의 응용은 和가 귀함이 되니 선왕의 道가

이것을 아름답게 여겼기에 크고 작은 것이 여기에 말미암았다. 음악이 지나치면 방탕해지기 때문에 '행하지 아니할 바가 있다.'는 것은 和만 알아서 和만 하고 禮를 가지고 조절하지 아니하면 역시 행해서는 안 되는 것이다." 范氏가 말하였다. "모든 예의 본체는 敬에 위주를 하고 그 응용은 和를 귀하게 여기니 敬은 禮가 성립되는 조건이고 和는 음악이 말미암아서 나오는 것이다(敬은 禮의 발판이고 和는 음악의 모체이다). 有子 같은 사람은 禮樂의 근본에 통달했다고 말할 수 있겠다." 나는 생각하건대, 엄숙하면서도 태연하고 온화하면서도 절도가 있음은 이것이 이치상의 자연스러움이며 禮의 전체이니 털끝만큼이라도 여기에서 차질이 있으면 中正을 상실해서 각각 한쪽으로 치우치는 것이니 그 행해서 안 되는 것은 똑같다.

---

⑬有子曰信近於義면言可復也며恭近於禮면遠恥辱
也며因不失其親이면亦可宗也니라
有子가 말하기를 약속이 의리에 가까우면 말을 실천할 수 있으며 공손이 예절에 가까우면 치욕을 멀게 하며 의지하되 그 친할 만한 사람을 잃지 아니하면 또한 宗主를 할 수 있다

信은約信也요義者는事之宜也라復은踐言也요恭은致敬也라禮는
節文也라因은猶依也요宗은猶主也라言約信而合其宜면則言必
可踐矣며致恭而中其節이면則能遠恥辱矣며所依者不失其可
親之人이면則亦可以宗而主之矣라此는言人之言行交際를皆
當謹之於始하여而慮其所終이요不然則因仍苟且之間에將有不

勝其自失之悔者矣리라

—

信은 약속이요 義는 일의 마땅함이다. 復은 말을 실천함이요 恭은
공경을 이룸이다. 禮는 절차와 양식이다. 因은 의지함과 같고 宗은
주인함과 같다. 약속을 하되 의리에 부합하면 그 말은 실천할 수 있
으며, 공손을 행하되 절차에 맞으면 치욕을 멀리할 수 있으며, 의지
하는 바의 사람이 그가 친할 만한 사람을 잃지 않으면 역시 높여서
주인할 수 있음을 말한 것이다. 이 글은 사람이 언행과 교제를 모두
처음에 삼가고 끝맺을 때를 염려하여야 하고 그렇지 못하면 이럭저럭
넘기며 구차하게 지내는 동안에 장차 스스로 실수한 후회를 이겨내지
못함이 있음을 말하는 것이다.

---

⑭**子曰君子食無求飽**하며**居無求安**하며**敏於事而愼**
於言이요**就有道而正焉**이면**可謂好學也已**니라

孔子께서 말씀하시기를 군자가 먹음에 배부르기를 구하지 아니하며 거처함
에 편하기를 구하지 아니하며 일에 민첩하고 말을 삼가고 道 있는 자에 나
아가 바로잡으면 학문을 좋아한다고 이를 만하니라

不求安飽者는**志有在而不暇及也**라**敏於事者**는**勉其所不足**이요
勤於言者는**不敢盡其所有餘也**라**然**이나**猶不敢自是**하고**而必就有**
道之人하여**以正其是非**면**則可謂好學矣**라**凡言道者**는**皆謂事物**
當然之理니**人之所共由者也**라○**尹氏曰君子之學**이**能是四者**면
可謂篤志力行者矣나**然**이나**不取正於有道**면**未免有差**리니**如楊墨**

이 學仁義而差者也라 其流至於無父無君하니 謂之好學이 可乎아

—

편안하고 배부르기를 구하지 아니하는 것은 뜻을 둔 곳이 있어서 미칠 겨를이 없어서이다. 일에 민첩함은 부족한 것에 힘쓰는 것이고 말을 삼가는 것은 감히 남음이 있는 것을 다하지 않은 것이다. 그러나 오히려 감히 스스로 옳다고 여기지 아니하고 반드시 道 있는 사람에게 나아가서 그 시비를 바로잡으면 학문을 좋아한다고 말할 수 있다. 일반적으로 道라고 말하는 것은 모두 사물의 당연한 이치를 말한 것이니 사람이 함께 공유하는 것이다. ○ 尹氏가 말하였다. "군자의 학문이 이 네 가지를 할 수 있으면 뜻을 돈독히 하고 힘써 행동하는 사람이라고 말할 수 있다. 그러나 道 있는 사람에게 바로잡음을 취하지 아니하면 차질이 있는 것을 면하지 못할 것이니 예를 들면 楊朱·墨翟[24]이 인의를 배웠음에도 차질이 있음과 같은 것이다. 그들의 末流가 아비도 없고 임금도 없는 데까지 이르렀으니 학문을 좋아한다고 말하는 것이 옳겠는가?"

⑮子貢이 曰貧而無諂하며 富而無驕하되 何如하니잇고 子曰可也나 未若貧而樂하며 富而好禮者也니라

子貢이 말하기를 가난하여도 아첨함이 없으며 부유하여도 교만함이 없으되 어떻습니까 孔子께서 말씀하시기를 괜찮으나 가난하면서 즐거워하며 부유하면서 禮를 좋아하는 것만 같지 못하다

24) 楊朱墨翟 : 戰國 시대 초기의 사상가. 楊朱는 극도의 개인주의[爲我說]를 주창하여 끝내는 은둔하니 그 폐단이 '無君'에 이르고, 墨翟은 兼愛說을 내세우며 모든 이를 사랑하여야 함을 강조하다가 끝내는 자기 부모를 길 가는 이처럼 대하는 '無父'의 폐단에 이르렀다.

諂은卑屈也요驕는矜肆也라常人은溺於貧富之中이면而不知所以自守故로必有二者之病이니無諂無驕면則知自守矣로되而未能超乎貧富之外也라凡曰可者는僅可而有所未盡之辭也라樂則心廣體胖하여而忘其貧이요好禮則安處善樂循理하여亦不自知其富矣라子貢貨殖이蓋先貧後富로되而嘗用力於自守者라故로以此로爲問이요而夫子答之如此는蓋許其所已能이요而勉其所未至也라

—

諂은 비굴함이고 驕는 자랑하고 거만함이다. 보통 사람은 貧富 속에 빠지면 스스로를 지킬 방법을 알지 못하기 때문에 반드시 두 가지 병폐가 있으니, 아첨이 없고 교만이 없으면 스스로 지킬 것은 안다고는 하나 貧富를 벗어나 초연하지는 못한 것이다. 일반적으로 可라고 말하는 것은 겨우 괜찮으면서도 미진한 바가 있는 말이다. 즐거워하면 마음은 한없이 너그럽고 몸은 쭉 펴져서 그 가난을 망각하는 것이고, 禮를 좋아하면 善에 처하는 것을 편안히 여기고 이치에 따르는 것을 즐겁게 여겨서 역시 스스로 그 부유함을 알지 못하는 것이다. 子貢은 재물을 불린 것이 대체로 먼저 가난했다가 뒤에 부자가 되었지만 일찍부터 스스로를 지키는 데 힘쓴 자이다. 그것 때문에 이것을 가지고 물음을 삼았고 孔子께서 이와 같이 대답하신 것은 대체로 그가 이미 능한 것은 인정해 주고 그가 이르지 못한 것에 힘쓰게 하신 것이다.

子貢이曰詩云如切如磋하며如琢如磨라하니其斯之謂與인저

子貢이 말하기를 詩에 이르기를 끊은 듯 쏜 듯하며 쪼은 듯 간 듯하다 하더니 아마도 이를 이름인 듯합니다

詩는 衛風淇奧之篇이라 言治骨角者旣切之요而復磋之하며治玉石者旣琢之요而復磨之는治之已精而益求其精也라子貢이自以無諂無驕로爲至矣라가聞夫子之言하고又知義理之無窮하여雖有得焉이나而未可遽自足也라故로引是詩以明之라

—

詩는 「衛風」 淇奧詩이다. 뼈나 뿔을 다루는 자가 이미 끊어 놓고 다시 연마를 하는 것이며, 옥석을 다루는 사람이 이미 쪼아서 만들어 놓고도 또다시 연마를 하는 것은 다루기를 이미 정밀히 했는데도 더욱더 정밀을 요구함을 말한 것이다. 子貢이 스스로 無諂無驕를 최고로 여겼다가 孔子의 말씀을 듣고는 또 의리가 무궁해서 비록 깨달음이 있다 하더라도 문득 스스로 만족해서는 안된다는 것을 알게 되었다. 그러므로 이 시를 인용해서 그 사실을 밝힌 것이다.

子曰賜也는始可與言詩已矣로다告諸往而知來者온여
孔子께서 말씀하시기를 賜는 비로소 더불어 詩를 말할 수 있겠도다 지난 것을 告해 주니 오는 것까지 아는구나

往者는其所已言者요來者는其所未言者라○愚는按此章問答이其淺深高下를固不待辨說而明矣나然이나不切則磋無所施요不琢則磨無所措故로學者雖[25)]不可安於小成하여而不求造道之

極致요亦不可騖於虛遠하여而不察切己之實病也니라

—

往은 이미 말한 것이고 來는 아직 말하지 않은 것이다. ○ 나는 고찰해 보건대, 이 장의 문답이 淺深高下의 수준을 진실로 분변해서 설명하는 것을 기다리지 않아도 분명하게 알겠지만 그러나 끊어서 만들지 않으면 연마가 시행될 곳이 없고 쪼아서 만들지 아니하면 갊이 措處될 곳이 없다. 그러므로 배우는 자는 작은 성공을 편하게 여겨서 道의 극치에 나아가는 것을 구하지 않아도 안되고 부질없이 원대한 곳으로 내달아서 자기에게 절실한 실지의 병폐를 살피지 않아도 역시 안될 것이다.

⑯子曰不患人之不己知요患不知人也니라

孔子께서 말씀하시기를 남이 자기를 알아주지 아니함을 걱정할 것이 아니고 남을 알지 못함을 걱정할 것이니라

尹氏曰君子는求在我者故로不患人之不己知요不知人이면則是非邪正을或不能辨故로以爲患也니라

—

尹氏가 말하였다. "군자는 나에게 있는 것을 찾는 사람이기 때문에 남이 자기를 알아주지 아니하는 것은 걱정할 것이 아니고, 남을 알지 못하면 옳고 그르고 간사하고 정직함을 혹시라도 분별하지 못할 수 있기 때문에 그것을 걱정으로 여기는 것이다."

---

25) 雖 : 없어도 무방한 글자.

爲政第二

凡二十四章이라

—

합해서 이십사 章이다.

①子曰爲政以德이譬如北辰^신이居其所어든而衆星이
共之니라

孔子께서 말씀하시기를 정치를 하되 德으로써 하는 것이 비교컨대 북
극성이 제자리에 있으면 모든 별들이 향하는 것과 같다

政之爲言은正也니所以正人之不正也요德之爲言은得也니
行道而有得於心也라北辰은北極이니天之樞也요居其所는不
動也라共은向也라言衆星이四面旋繞하여而歸向之也니爲政
以德이면則無爲而天下歸之니其象이如此라○程子曰爲政
以德然後에無爲니라范氏曰爲政以德이면則不動而化하고不
言而信하고無爲而成하나니所守者至簡而能御煩하고所處者
至靜而能制動하고所務者至寡而能服衆이니라

—

政의 말됨은 바로잡는 것이니, 사람의 부정을 바로잡는 수단이다.
德의 말됨은 얻는 것이니, 道를 행해서 내 마음에 얻음이 있는 것이
다. 北辰은 북극이니 하늘의 지도리요 제자리에 있음은 움직이지
않는 것이다. 共은 향하는 것이니, 모든 별들이 사방에 빙 둘리어서
그쪽으로 향하는 것을 말한다. 정치를 하되 德으로써 하면 하는 것
이 없어도 천하가 그에게 돌아가는 것이니, 그 형상이 이와 같다.
○ 程子가 말하였다. "정치를 하되 德으로써 한 연후에 無爲가 되
는 것이다." 范氏가 말하였다. "정치를 하되 德으로써 하면 부추기
지 아니해도 감화되고 말하지 아니해도 믿고, 하는 것이 없어도 이

루어지니, 지키는 바가 지극히 간략해도 많은 것을 다스릴 수 있고 대처하는 바가 지극히 조용해도 움직임을 통제할 수 있고 힘쓰는 바가 지극히 적어도 대중을 심복시킬 수 있는 것이다.”

②子曰詩三百에一言以蔽之하니曰思無邪니라
孔子께서 말씀하시기를 詩經 삼백 편에 한 말로써 덮을 수 있으니 생각에 간사함이 없음이다

詩는三百十一篇이니言三百者는擧大數也라蔽는猶蓋也라思無邪는魯頌駉篇之辭라凡詩之言善者는可以感發人之善心하고惡者는可以懲創人之逸志니其用은歸於使人得其情性之正而已라然이나其言이微婉하고且或各因一事而發이나求其直指全體면則未有若此之明且盡者라故로夫子言詩三百篇而惟此一言이면足以盡蓋其義라하시니其示人之意亦深切矣라○程子曰思無邪者는誠也니라范氏曰學者必務知要니知要則能守約이요守約則足以盡博矣니라經禮三百과曲禮三千을亦可以一言而蔽之하니曰毋不敬이니라

『詩經』은 삼백열한 편이니 삼백이라고 말한 것은 큰 숫자만 들은 것이다. 蔽는 덮음과 같다. 생각에 간사함이 없음은 「魯頌」 駉詩의 가사이다. 무릇 詩에서 善을 말한 것은 사람의 착한 마음을 감동시켜 일으킬 수 있고 惡을 말한 것은 사람의 태만한 뜻을 징계할 수 있으니, 그 쓰임은 사람으로 하여금 情과 性의 바름을 얻게 하는

데 돌아가게 할 뿐이다. 그러나 그 말이 미묘하며 완곡하고 또 혹 각각 한 가지 일로 인해서 밝혀졌으니 그 전체를 바로 지적한 것을 찾는다면 이 말처럼 분명하고도 극진한 것은 있지 않다. 그러므로 孔子께서 '『詩經』 삼백 편에서 오직 이 한마디 말이면 충분히 그 의미를 다 덮을 수 있다.'라고 말씀하셨으니, 그 사람들에게 제시해 주는 의미가 역시 깊고도 간절하다. ○ 程子가 말하였다. "생각에 간사함이 없음은 진실함이다." 范氏가 말하였다. "학자는 반드시 요점을 아는 데 힘써야 할 것이니 요점을 알면 요약을 지킬 수 있고 요약을 지키면 충분히 該博해질 수 있을 것이다. 經禮三百과 曲禮三千을 역시 한마디로 덮을 수 있으니 '敬하지 아니함이 없다'이다.

---

③子曰道之以政하고齊之以刑이면民免而無恥니라

孔子께서 말씀하시기를 인도하기를 정치로써 하고 가지런히 하기를 형벌로써 하면 백성들이 형벌은 면할 만하나 부끄러워함은 없다

道는猶引導니謂先之也요政은謂法制禁令也라齊는所以一之也니道之而不從者를有刑以一之也라免而無恥는謂苟免刑罰이로되而無所羞愧니蓋雖不敢爲惡이나而爲惡之心은未嘗亡^우也라

—

道는 引導와 같으니 솔선하는 것을 말한다. 政은 법과 제도, 禁令을 말한다. 齊는 하나되게 하는 조건이니 인도해서 따르지 않는 자를 형벌을 두어서 하나되게 하는 것이다. 免而無恥는 구차하게 형벌은 면하되 부끄러워하는 바는 없음을 말하니, 대체로 비록 감히

惡을 행하지는 못하나 惡을 하려는 마음은 일찍이 없은 적이 없는 것이다.

道之以德하고齊之以禮면有恥且格이니라

인도하기를 德으로써 하고 가지런히 하기를 禮로써 하면 부끄러워함도 있고 또 善에 이를 수도 있다

禮는謂制度品節1)也라格은至也라言躬行以率之면則民固有所觀感而興起矣요而其淺深厚薄之不一者를又有禮以一之면則民恥於不善이요而又有以至於善也라一說에格은正也니書曰格其非心이라○愚는謂政者는爲治之具요刑者는輔治之法이며德禮는則所以出治之本이요而德은又禮之本也니此其相爲終始라雖不可以偏廢나然이나政刑은能使民遠罪而已요德禮之效는則有以使民日遷善而不自知라故로治民者不可徒恃其末이요又當深探其本也니라

—

禮는 制度・品節을 말한다. 格은 이름[至]이다. 몸소 행해서 솔선하면 백성들이 진실로 보고 느끼는 바가 있어서 일깨워질 것이며, 얕고 깊고 두껍고 얇음이 한결같지 못한 것을 또 禮로써 하나되게 하면 백성이 不善을 부끄러워하고 또 善에 이를 수도 있음을 말한 것이다. 다른 說에는 格은 바로잡음이니 『書經』에 '임금의 그릇된 마음을 바로잡는다.'라고 하였다. ○ 나는 생각하건대, 政은 다스림을 행하는 도구

---

1) 品節 : 하나하나의 절차.

이고 刑은 다스림을 보완하는 방법이며 德과 禮는 다스림을 내는 근본이요 德은 또 禮의 근본이니, 이것들이 서로 처음과 끝이 되는지라 비록 어느 하나를 폐지할 수는 없지만, 그러나 政과 刑은 백성들로 하여금 죄에서 멀어지게 할 수 있을 뿐이고, 德과 禮의 효과는 백성들로 하여금 날마다 善으로 옮아가면서도 자신은 알지 못하는 것이다. 그러므로 백성을 다스리는 자가 단지 그 末만 믿어서는 안되고 또 마땅히 그 근본을 깊이 탐지해야 할 것이다.

---

④子曰吾十有五而志于學하고

孔子께서 말씀하시기를 나는 열다섯에 학문에 뜻을 두고

古者에十五而入大學이라心之所之를謂之志라此所謂學은卽大學之道也라志乎此則念念在此하여而爲之不厭矣라

—

옛날에 열다섯 살에 大學에 들어갔다. 마음이 가는 바를 志라 한다. 여기서 말한 學은 곧 『大學』의 道이다. 여기에 뜻을 두었다면 생각하고 생각하는 것이 여기에 있어서 그것 하기를 싫증 내지 않는 것이다.

三十而立하고

서른에 자립하고

有以自立則守之固하여而無所事志矣라

—

자립할 수 있으면 지킴이 견고해서 뜻을 두는 것에는 일삼을 것이
없다.

四十而不惑하고

마흔에 의혹하지 아니하고

於事物之所當然에皆無所疑면則知之明하여而無所事守矣라

—

사물의 당연한 바에 모두 의심되는 것이 없다면, 아는 것이 분명해
서 지키는 것에는 일삼을 것이 없다.

五十而知天命하고

쉰에 天命을 알고

天命은卽天道之流行而賦於物者니乃事物所以當然之故也라
知此則知極其精이니而不惑은又不足言矣라

—

天命은 곧 天道가 流行해서 만물에 부여된 것이니 곧 사물이 당
연히 그렇게 된 이유이다. 이것을 알면 아는 것이 정밀함을 끝까지
한 것이니 의혹하지 아니함은 또 말할 것도 못된다.

六十而耳順하고

예순에 귀가 순해지고

聲入心通하여無所違逆이니知之之至에不思而得也라

—

소리가 들어오면 마음에 통하여서 어기고 거슬리는 바가 없음이니 아
는 것이 지극하여 생각하지 않아도 아는 것이다.

七十而從心所欲하여不踰矩호라

일흔에 마음이 하고자 하는 바를 따라도 法을 넘지 아니하였노라

從은隨也라矩는法度之器니所以爲方者也라隨其心之所欲이라도
而自不過於法度니安而行之며不勉而中也라○程子曰孔子는生
而知者也니言亦由學而至는所以勉進後人也라立은能自立於斯
道也요不惑則無所疑矣요知天命은窮理盡性也요耳順은所聞皆
通也요從心所欲不踰矩는則不勉而中矣니라又曰孔子自言其進
德之序如此者는聖人은未必然이로되但爲學者立法하여使之盈科
而後進2)하고成章而後達耳니라胡氏曰聖人之敎亦多術이나然이
니其要는使人不失其本心而已니欲得此心者는惟志乎聖人所示
之學하여循其序而進焉이요至於一疵不存하여萬理明盡之後면則

---

2) 盈科而後進 : 『孟子』, 「離婁章句下」, '原泉混混 不舍晝夜 盈科而後進 放乎四海' 참
고.

其日用之間에本心이瑩然하여隨所意欲이라도莫非至理리니蓋心
卽體欲卽用體卽道用卽義요聲爲律而身爲度矣리라又曰聖人
言此는一以示學者로當優游涵泳3)하여不可躐等而進이요二以示
學者로當日就月將하여不可半途而廢也니라愚는謂聖人은生知安
行이니固無積累之漸이나然이나其心은未嘗自謂已至此也라是其
日用之間에必有獨覺其進이로되而人이不及知者故로因其近似
以自名하여欲學者4)로以是爲則칙而自勉이요非心實自聖이로되
而姑5)爲是退託也라後凡言謙辭之屬도意皆放此니라

―

從은 따르는 것이다. 矩는 각도를 재는 기구이니, 직각을 만드는 수
단이다. 마음이 하고자 하는 바를 따르더라도 저절로 법도에서 지나치
지 아니하니, 저절로 행해지는 것이며 노력하지 아니해도 적중되는 것
이다. ○ 程子가 말하였다. "孔子는 나면서부터 아는 사람이니, 말씀
으로는 역시 배움으로 말미암아서 이르렀다고 하는 것은 후인들을 노
력해서 앞으로 나아가게 하려는 이유에서이다. 立은 이 道에 자립할
수 있는 것이며 不惑은 의심되는 바가 없는 것이요, 知天命은 이치
를 궁구하고 본성을 다하는 것이다. 耳順은 들은 것은 다 아는 것이
고 從心所欲不踰矩는 노력하지 아니해도 적중되는 것이다." 또 말
하였다. "孔子께서 德에 나아가는 순서가 이와 같다고 스스로 말씀하
신 것은 聖人은 반드시 그런 것이 아니겠지만 단지 학자들을 위하여
방법을 수립해서 학자들로 하여금 구덩이를 채운 뒤에 나아가게 하고
문리를 성취한 뒤에 도달하게 한 것일 뿐이다." 胡氏가 말하였다.

---

3) 優游涵泳 : 공부를 넉넉히 하여 그 속에 푹 잠기는 것.

4) 欲+명사 : 欲 다음에 명사가 오면 使가 생략된 것(欲使+명사)으로 해석.

5) 姑 : 우선, 짐짓.

"聖人의 교육이 역시 방법이 많으나 그러나 그 요점은 사람들로 하여금 그 본심을 상실하지 않게 할 뿐이니, 이 본심을 깨닫고자 하는 사람은 오직 聖人이 제시해 준 바의 학문에 뜻을 두어서 그 순서에 따라 나아가고, 하나의 瑕疵도 존재하지 않아서 만 가지 이치가 다 분명해짐에 이른 뒤에는 그 일상생활 속에 본심이 환히 밝아서 뜻이 하고자 하는 바를 따라도 지극한 이치가 아님이 없을 것이니, 대체로 마음이 본체가 되고, 하고자 하는 것은 用이 되고, 본체는 바로 道이고 用은 바로 正義요, 소리를 내면 음률이 되고 몸을 움직이면 법도가 되는 것이다." 또 말하였다. "聖人이 이것을 말씀하신 것은 첫째는 학자들에게 마땅히 충분히 연습하여 몸에 배어 등수를 뛰어 넘어서 진보해서는 안된다는 것을 제시해 주고, 둘째는 학자들에게 마땅히 날마다 나아가고 달마다 잊지 말아서[6] 중도에 폐해서는 안됨을 보여 주려 함이다." 나는 생각하건대, 聖人은 나면서부터 아는 사람이고 저절로 행해지는 사람이니 본래 하나하나 쌓아올린 점진이야 없겠으나 그러나 그 마음은 스스로 이미 이런 경지에 이르렀다고 생각한 적은 없을 것이다. 이것은 聖人이 일상생활에서 반드시 그 진보를 혼자 깨달음이 있었을 것으로되 사람들이 미처 알지 못하기 때문에 근사한 것으로 인하여 스스로 이름을 지어, 학자들로 하여금 이것을 가지고 법칙을 삼아서 스스로 힘쓰게 하고자 한 것이지, 마음은 실제 스스로 聖人이라 여기지만 일부러 이렇게 사양하고 양보를 빙자한 것은 아니다. 뒤에 모든 겸사를 말한 등속들도 뜻은 모두 이와 같다.

---

6) 日就月將 : 여기서 將은 지닌다는 뜻이다.

⑤孟懿子問孝한대子曰無違니라

孟懿子가 孝를 물었는데 孔子께서 말씀하시기를 어김이 없는 것이다

孟懿子는魯大夫仲孫氏니名은何忌라無違는謂不背^패於理라

—

孟懿子는 魯나라 大夫 仲孫氏이니 이름은 何忌이다. 無違는 이치에 어긋나지 아니함을 말한다.

樊遲御러니子告之曰孟孫이問孝於我어늘我對曰無違
라호라

樊遲가 수레를 몰았더니 孔子께서 告하여 말씀하시기를 孟孫이 孝를 나에게 묻거늘 내 대답하기를 어김이 없음이라 하였다

樊遲는孔子弟子니名은須라御는爲孔子御車也라孟孫은卽仲孫[7]
也라夫子以懿子未達而不能問하니恐其失指하여而以從親之令
으로爲孝라故로語樊遲以發之라

—

樊遲는 孔子 제자이니 이름은 須이다. 御는 孔子를 위해 수레를 모는 것이다. 孟孫은 바로 仲孫이다. 孔子께서 孟懿子가 알지 못하면서 묻지도 못하니, 아마도 가르쳐 준 뜻을 오해하여 부모의 명

---

7) 仲孫 : 魯나라 三孫(孟孫, 叔孫, 季孫) 중 하나인 孟孫을 이름.

령을 따르는 것을 孝라고 여길까 두려워하신지라 그러므로 樊遲에게 말을 해서 물음을 誘發시키신 것이다.

樊遲曰何謂也잇고子曰生事之以禮하며死葬之以禮하며祭之以禮니라

樊遲가 말하기를 무엇을 말씀하신 것입니까 孔子께서 말씀하시기를 살아 있을 적에 섬기기를 禮로써 하며 죽어서 장사 지내기를 禮로써 하며 제사 지내기를 禮로써 함이다

生事葬祭는事親之始終이具矣라禮는卽理之節文也라人之事親을自始至終히一於禮而不苟면其尊親也至矣라是時에三家僭禮故로夫子以是警之나然이나語意渾然하여又若不專爲三家發者하니所以爲聖人之言也라○胡氏曰人之欲孝其親이心雖無窮이나而分則有限하니得爲而不爲와與不得爲而爲之는均於不孝니所謂以禮者는爲其所得爲者而已矣니라

살아 계실 적에 섬기고 葬事 지내고 祭事 지내는 것은 부모 섬김의 시작과 끝이 다 갖추어진 것이다. 禮는 즉 이치상의 절차와 양식이다. 사람이 부모 섬기는 것을 처음부터 끝까지 禮에 한결같이 하고 억지로 하지 않으면, 그 부모를 존경함이 최고인 것이다. 이 당시에 三家에서 禮를 분수에 맞지 않게 하였기 때문에 孔子께서 이 말을 가지고 깨우쳐 주셨으나 그러나 말뜻이 두루뭉술하여 또 마치 오로지 三家를 위해서 발언하지 아니한 듯하니 聖人의 말씀이 되는 조건이다. ○ 胡氏가

말하였다. "사람이 그 부모에게 孝하고자 함이 마음은 비록 끝이 없으나 분수에는 한계가 있으니, 할 수 있는데 하지 아니하는 것과 할 수 없는데 하는 것은 불효임에는 마찬가지이니 이른바 禮로써 함은 할 수 있는 것을 할 따름인 것이다."

---

⑥孟武伯이問孝한대子曰父母는唯其疾之憂시니라

孟武伯이 孝를 물었는데 孔子께서 말씀하시기를 부모는 오직 자식이 病들까 근심하신다

武伯은懿子之子니名은彘라言父母愛子之心은無所不至니唯恐其有疾病하여常以爲憂也니人子體此하여而以父母之心으로爲心이면則凡所以守其身者自不容於不謹矣리니豈不可以爲孝乎아舊說에人子能使父母로不以其陷於不義로爲憂하고而獨以其疾로爲憂라야乃可爲孝라하니亦通이라

―

武伯은 孟懿子의 아들이니 이름은 彘이다. 부모가 자식을 사랑하는 마음은 이르지 아니한 곳이 없으나 오직 그 자식이 病들까 두려워 항상 근심한다는 말이다. 사람의 자식이 이를 본받아서 부모의 마음을 가지고 (자기의) 마음으로 삼으면 무릇 자기 몸 지키기를 삼가지 않음은 저절로 용납하지 않을 것이니, 어찌 孝가 되지 않겠는가. 舊說에 "사람의 자식이 부모로 하여금 자신이 불의에 빠지는 것으로써 근심하지 않게 하고 단지 자신이 病들까 근심하게 하여야 孝가 될 수 있다."라고 하니 역시 말이 된다.

⑦子游問孝한대子曰今之孝者는是謂能養이니至於犬馬하여도皆能有養이니不敬이면何以別乎리오

子游가 孝를 물었는데 孔子께서 말씀하시기를 오늘날 孝는 잘 봉양하는 것을 말하니 개나 말에 있어서도 모두 길러줌이 있으니 공경하지 아니하면 무엇을 가지고 구별하리오

子游는孔子弟子니姓은言이요名은偃이라養은謂飲^임食^{사8)}供奉也라犬馬도待人而食하니亦若養然이라言人畜^휵犬馬에皆能有以養之니若能養其親而敬不至면則與養犬馬者로何異리오甚言不敬之罪는所以深警之也라○胡氏曰世俗事親에能養이면足矣라하여狃恩恃愛하여而不知其漸流於不敬하니則非小失也라子游는聖門高弟라未必至此니聖人이直恐其愛踰於敬故로以是로深警發之也니라

—

子游는 孔子 제자이니 성은 言이요 이름은 偃이다. 養은 마시게 하고 먹여 주고 이바지해 주고 받들어 주는 것을 말한다. 개나 말도 사람을 기다려서 먹으니 역시 봉양하는 것과 비슷하다. 사람이 개나 말을 키울 적에 모두 길러줌이 있으니, 만약 부모를 잘 봉양만 하고 공경에 이르지 못하면 개나 말을 기르는 것과 무엇이 다르냐고 말씀하신 것이다. 不敬의 죄를 심하게 말씀하신 것은 깊이 깨우치게 하려는 이유 때문이다. ○ 胡氏가 말하였다. "세상 풍속이 부모를

---

8) 飲食 : 마시게 할 임, 먹여 줄 사

섬길 적에 잘 봉양만 하면 충분하다고 여겨, 부모의 은혜에 버릇없이 親狎하고 그 사랑을 믿기만 하여 점점 不敬에 빠져드는 것을 알지 못하니 작은 실수가 아니다. 子游는 聖人의 문하에 높은 제자인지라 반드시 여기에 이르지는 아니했을 것이나 聖人이 단지 그 사랑이 敬을 넘을까 두려워했기 때문에 이 말을 가지고 깊이 깨우쳐서 일깨우신 것이다.”

---

⑧子夏問孝한대子曰色難이니有事어든弟子服其勞하고有酒食사어든先生饌이曾是以爲孝乎아

子夏가 孝를 물었는데 孔子께서 말씀하시기를 안색 짓기가 어려우니 일이 있거든 제자들이 그 수고를 대신하고 술이나 음식이 있거든 父兄을 드시게 함이 일찍이 이것을 孝라고 여기겠느냐

色難은謂事親之際에惟色爲難也라食는飯也라先生은父兄也라饌은飮食之也라曾은猶嘗也라蓋孝子之有深愛者는必有和氣요有和氣者는必有愉色이요有愉色者는必有婉容이라故로事親之際에惟色爲難耳요服勞奉養은未足爲孝也라舊說에承順父母之色이爲難이라하니亦通이라○程子曰告懿子는告衆人者也요告武伯者는以其人이多可憂之事요子游는能養而或失於敬하고子夏는能直義而或少溫潤之色하니各因其材之高下와與其所失而告之故로不同也니라

—

色難은 부모를 섬길 즈음에 오직 안색 짓기가 어려움을 말한 것이다.

食는 밥이다. 先生은 父兄이다. 饌은 마시고 먹게 하는 것이다. 曾은 일찍이[嘗]와 같다. 대체로 깊은 사랑을 가진 효자는 반드시 和氣가 있고, 和氣를 가진 사람은 반드시 기뻐하는 안색이 있고, 기뻐하는 안색이 있는 사람은 반드시 예쁜 모습이 있는 것이다. 그러므로 부모를 섬길 즈음에는 오직 안색 짓기가 어려울 뿐이고 수고를 대신하고 봉양하는 것만으로는 孝라 하기에 부족하다. 舊說에 "부모의 안색을 받들어 따르는 것이 어려움이 된다." 하니 역시 말이 된다. ○ 程子가 말하였다. "孟懿子에게 告하여 준 것은 대중에게 告하여 준 것이고, 孟武伯에게 告하여 준 것은 그 사람이 근심할 만한 일이 많기 때문이고, 子游는 봉양은 잘하지만 간혹 敬에 실수하고, 子夏는 정직하고 정의롭게 할 수 있어도 때로는 따뜻하고 부드러운 안색이 적으니 각각 그 인품의 높낮이와 그 실수하는 바에 따라서 告해 주었기 때문에 (대답이) 같지 않다."

---

⑨子曰吾與回로言終日에不違如愚러니退而省其私혼대亦足以發하나니回也不愚로다

孔子께서 말씀하시기를 내 回와 더불어 하루 종일 말할 적에 거역하지 아니함이 어리석은 듯하더니 물러가고 나서 그 사생활을 살펴보니 역시 충분히 밝혀내니 回는 어리석지 아니하도다

回는孔子弟子니姓은顏이요字는子淵이라不違者는意不相背하여有聽受而無問難也라私는謂燕居獨處요非進見請問之時라發은謂發明所言之理라愚는聞之師9)하니曰顏子는深潛純粹하여其

於聖人에 體段已具하여 其聞夫子之言에 黙識心融하고 觸處洞통
然하여 自有條理故로 終日言에 但見其不違如愚人而已러니 及退
하여 省其私하니 則見其日用動靜語黙之間에 皆足以發明夫子
之道하여 坦然由之而無疑라 然後에 知其不愚也라호라

―

回는 孔子 제자이니 성은 顔이요 字는 子淵이다. 不違는 뜻이 서로 어
긋나지 아니해서 듣고 받아들임은 있고 묻고 논란함은 없는 것이다. 私
는 집에서 편안하게 혼자 거처함이고 나와서 (어른을) 뵙고 묻기를 청하
는 때가 아님을 말한다. 發은 말한 바의 이치를 밝혀내는 것을 말한다.
나는 스승에게 들으니 "顔子는 (성품이) 깊게 잠기고 (타고난 기질이) 순
수해서 그 聖人의 인품을 이미 갖추어서 孔子의 말씀을 들었을 적에
말없이 인식하고 마음으로 이해하며 부딪히는 곳마다 환히 이해하여
나름대로 조리를 알기 때문에 하루종일 말할 적에도 단지 그 어기지
아니함이 마치 어리석은 사람 같아 보일 뿐이더니, 물러가는 데 미쳐서
그 사생활을 살펴보니 일상생활에 움직이거나 가만히 있거나 말하거나
말하지 아니하는 사이에 모두 충분히 孔子의 도를 밝혀내어 거리낌 없
이 행동하여 의심이 없는 것을 발견하였다. 그런 뒤에 그가 어리석지
않음을 알았다."고 하셨다.

⑩子曰視其所以하며
孔子께서 말씀하시기를 그 행하는 바를 보며

―

9) 師 : 朱子의 스승 李侗이다. 延平선생이라고도 한다.

以는爲也니爲善者는爲君子요爲惡者는爲小人이라

―

以는 행함이니, 善을 행하는 자는 군자가 되고 惡을 행하는 자는 소인이 된다.

觀其所由하며
그 연유한 바를 관찰하며

觀은比視爲詳矣라由는從也라事雖爲善이나而意之所從來者有未善焉이면則亦不得爲君子矣라或曰由는行也니謂所以行其所爲者也라

―

觀은 視에 비해 상세함이 된다. 由는 부터[從]이다. 행한 일은 비록 善이 되나 뜻이 유래한 곳이 善하지 못함이 있으면 역시 군자가 될 수 없다. 혹자는 "由는 행함이니, 그런 행위를 행하는 이유를 말한다"고 하였다.

察其所安이면
그 안주하는 바를 관찰하면

察則又加詳矣라安은所樂也라所由雖善이나而心之所樂者不在於是면則亦僞耳라豈能久而不變哉리오

—

察은 더욱더 상세한 것이다. 安은 즐겁게 여기는 것이다. 연유한 바
가 비록 善하더라도 마음으로 즐거워하는 것이 여기에 있지 아니하
면 역시 거짓일 뿐이다. 어찌 오래되어도 변하지 않을 수 있으리오

人焉廋哉리오人焉廋哉리오

사람이 어찌 숨기리오 사람이 어찌 숨기리오

焉은何也요廋는匿也라重言以深明之라○程子曰在己者能知言
窮理면則能以此로察人은如聖人也라

—

焉은 어찌이고 廋는 숨김이다. 거듭 말씀하여 깊이 밝히신 것이다.
○ 程子가 말하였다. "내가 지니고 있는 것이 말을 알고 사물의 이
치를 궁리할 수 있으면, 이것을 가지고 사람을 관찰하는 것은 聖人
과 비슷할 수 있을 것이다."

⑪子曰溫故而知新이면可以爲師矣니라

孔子께서 말씀하시기를 옛 것을 익혀 새로운 것을 알면 스승이 될 수
있을 것이다

溫은尋繹10)也라故者는舊所聞이요新者는今所得이라言學能時習

---

10) 尋繹 : 길쌈할 때 실을 훑어 매듭을 찾아 없애는 일. 자기가 배운 것을 하나하나 훑어 모르

舊聞하여而每有新得이면則所學在我요而其應不窮故로可以爲
人師라若夫11)記問之學12)則無得於心이요而所知有限이라故로
學記에譏其不足以爲人師라하니正與此意로互相發也라

—

溫은 실마리를 찾아내는 것이다. 故는 옛날 (스승으로부터) 들은 것
이고 新은 지금 터득한 것이다. 학문이 옛날 들은 것을 수시로 익
혀서 매번 새로운 것을 깨달을 수 있으면, 배운 것은 나에게 있고
그 응용은 끝이 없기 때문에 남의 스승이 될 만함을 말한 것이다.
만약 기억으로 가르치고 묻는 학문이면 마음에 깨달은 것이 없어
아는 것도 한계가 있다. 때문에 「學記」에 남의 스승이 될 수 없다
고 비웃었으니 바로 이 뜻과 더불어 서로 밝혀 놓은 것이다.

⑫子曰君子는不器니라
孔子께서 말씀하시기를 군자는 그릇 하지 않는다

器者는各適其用이요而不能相通이니成德之士는體無不具故로用
無不周요非特爲一才一藝而已라

—

器는 각각 그 쓰임새에 적당하고 서로 통용될 수 없으니, 德을 이
룬 선비는 골격이 갖추어지지 않음이 없기 때문에 쓰임도 두루하지
아니함이 없고, 단지 한 재능이나 한 기예가 되고 말 뿐만 아니다.

는 것을 찾아내서 익힘을 비유.

11) 若夫 : 만약에
12) 記問之學 : 그저 기억나는 대로 가르치고 묻기나 하는 학문.

⑬子貢이問君子한대子曰先行其言이요而後從之니라

子貢이 군자를 물었는데 孔子께서 말씀하시기를 먼저 그 말을 실행하고 뒤에 말하는 것이다

周氏曰先行其言者는行之於未言之前이요而後從之者는言之於旣行之後니라○范氏曰子貢之患은非言之艱이라而行之艱故로告之以此니라

周氏가 말하였다. "먼저 그 말을 실행함은 아직 말하기 전에 행동하는 것이고 뒤에 말함은 이미 행한 뒤에 말하는 것이다." ○ 范氏가 말하였다. "子貢의 병폐는 말하기가 어려운 것이 아니라 실행하는 것이 어렵기 때문에 이 말을 가지고 告해 주신 것이다."

⑭子曰君子는周而不比하고小人은比而不周니라

孔子께서 말씀하시기를 군자는 보편적이면서 편당하지 아니하고 소인은 편당하면서 보편적이지 못하다

周는普遍也요比는偏黨也니皆與人親厚之意로되但周公而比私爾라○君子小人의所爲不同이如陰陽晝夜하여每每相反이나然이나究其所以分이면則在公私之際毫釐之差耳라故로聖人이於周比和同驕泰之屬에常對擧而互言之하여欲學者로察乎兩間하여

而審其取舍之幾也니라

—

周는 보편이요 比는 편당이니, 모두 사람과 친하고 후하게 지낸다는 뜻이지만 단지 周는 公的이고 比는 私的일 뿐이다. ○ 군자와 소인의 소행이 같지 않음이 마치 陰陽과 晝夜 같아서 매번 서로 반대가 되나 그러나 그 나누어지는 조건을 연구해 보면 公과 私의 즈음에 털끝만큼의 차이가 있을 뿐이다. 그러므로 聖人이 周와 比, 和와 同, 驕와 泰의 등속에 항상 상대로 예를 들어 번갈아 말해서, 학자들로 하여금 두 가지 사이에서 관찰하여 취하고 버리는 幾微를 살피게 하고자 한 것이다.

⑮子曰學而不思則罔하고思而不學則殆니라

孔子께서 말씀하시기를 배우고 생각하지 아니하면 깨달음이 없고 생각하고 배우지 아니하면 위태롭다

不求諸심心故로昏而無得이요不習其事故로危而不安이라○程子曰博學審問愼思明辨篤行五者에廢其一이면非學也니라

—

마음에서 찾지 않기 때문에 캄캄해서 깨달음이 없고, 그 일을 익히지 않기 때문에 위태롭고 불안한 것이다. ○ 程子가 말하였다. "널리 배우고, 상세히 묻고, 조심스럽게 생각하고, 분명하게 구분하고, 돈독히 행동하는 다섯 가지에 하나라도 廢하면 학문이 아니다."

⑯子曰攻乎異端이면斯害也已니라

孔子께서 말씀하시기를 異端을 專攻으로 다스리면 이에 해로울 뿐이
니라

范氏曰攻은專治也라故로治木石金玉之工曰攻이라異端은非聖
人之道而別爲一端이니如楊墨이是也라其率天下하여至於無父
無君하니專治而欲精之면爲害甚矣니라○程子曰佛氏之言이比
之楊墨에尤爲近理하여所以其害爲尤甚하니學者當如淫聲美
色以遠之요不爾則駸駸然入於其中矣리라

—

范氏가 말하였다. "攻은 오로지 다루는 것이다. 그러므로 木石과
金玉을 다루는 工人을 攻이라 한다. 異端은 聖人의 道가 아니면
서 별도로 一端이 된 것이니, 楊朱·墨翟 같은 이가 이런 경우이
다. 그들이 온천하를 몰아서 아버지도 없고 임금도 없는 데까지 이
르게 하려 하니, 오로지 다스려서 그것을 정밀하게 알고자 하면 害
됨이 심한 것이다." ○ 程子가 말하였다. "佛氏의 말이 楊朱·墨
翟과 비교하면 더욱 이치에 가까워서 그 害됨도 더욱 심하니, 학자
들은 마땅히 음탕한 음악, 아름다운 여색처럼 멀리해야 한다. 이렇
지 아니하면 차츰차츰 그 속으로 빠져 들어가게 될 것이다."

⑰子曰由야誨女知之乎인저知之爲知之요不知爲不

知是知也니라

孔子께서 말씀하시기를 由야 너에게 아는 것을 가르쳐 주겠다 아는 것
은 안다고 하고 알지 못하는 것은 알지 못한다고 함이 이것이 아는 것
이다

由는孔子弟子니姓은仲이요字는子路라子路好勇하여蓋有强其所
不知하여以爲知者故로夫子告之曰我敎女以知之之道乎인저但
所知者則以爲知하고所不知者則以爲不知니如此則雖或不能
盡知라도而無自欺之蔽요亦不害其爲知矣어니와況由此而求之
면又有可知之理乎인저

由는 孔子 제자이니 성은 仲이고 字는 子路이다. 子路는 용맹을
좋아해서 대체로 알지 못하는 것에도 억지로 안다고 여김이 있기
때문에 孔子께서 告하기를 '내가 너에게 아는 도리를 가르쳐 주겠
다. 단지 아는 것이면 안다고 말을 하고 알지 못하는 것이면 알지
못한다고 하라.'고 말씀하셨으니 이와 같이 하면 비록 혹시 다 알지
는 못하더라도 스스로 속이는 폐단은 없을 것이고 역시 아는 데도
방해되지 않겠거니와, 하물며 이로 말미암아 (앎을) 찾는다면 또 알
수 있는 이치도 있을 것이다.

⑱子張이學干祿한대

子張이 祿을 구하는 것을 배우려 하였는데

子張은孔子弟子니姓은顓孫이요名은師라干은求也라祿은仕者之奉也라

—

子張은 孔子 제자이니 성은 顓孫이요 이름은 師이다. 干은 구함이다. 祿은 벼슬하는 사람의 봉급이다.

子曰多聞闕疑요愼言其餘則寡尤며多見闕殆요愼行其餘則寡悔니言寡尤하며行寡悔면祿在其中矣니라

孔子께서 말씀하시기를 많이 들어서 의심나는 것을 빼고 그 나머지를 삼가 말하면 허물이 적으며 많이 보아서 위태로운 것을 빼고 그 나머지를 삼가 행하면 뉘우침이 적나니 말에 허물이 적으며 행동에 뉘우침이 적으면 祿은 그 속에 있는 것이다

呂氏曰疑者는所未信이요殆者는所未安이니라程子曰尤는罪自外至者也요悔는理自內出者也니라愚는謂多聞見者는學之博이요闕疑殆者는擇之精이요謹言行者는守之約이라凡言在其中者는皆不求而自至之辭니言此하여以救子張之失而進之也니라○程子曰脩天爵이면則人爵至니君子言行能謹이得祿之道也어늘子張이學干祿故로告之以此하여使定其心而不爲利祿動이니若顔閔則無此問矣리라或이疑如此라도亦有不得祿者한대孔子蓋曰耕也에餒在其中이라하시소니惟理可爲者면爲之而已矣니라

—

呂氏가 말하였다. "의심은 믿지 못하는 것이고 위태로움은 안전하지 못한 것이다." 程子가 말하였다. "尤는 죄가 외부로부터 이른 것이요 悔

는 이치가 내부에서 나온 것이다." 나는 생각하건대, 듣고 본 것이 많음은 배움의 넓음이고, 의심나거나 위태로운 것을 빼 놓음은 선택의 정밀함이고, 말이나 행동을 삼감은 지키기를 요약하는 것이다. 일반적으로 그 속에 있다고 말하는 것은 대개 구하지 아니해도 저절로 이른다는 말이니, 이것을 말씀하시어 子張의 단점을 구제하여 진보하게 하신 것이다. ○ 程子가 말하였다. "하늘이 내려준 벼슬(仁義禮智)을 잘 닦으면 인간이 만든 벼슬은 이르는 것이니, 군자가 언행을 삼갈 수 있음이 祿을 얻는 길이거늘 子張이 祿 구하는 것을 배우려 하기 때문에 이 말을 가지고 告해 주어서 그 마음을 안정시켜 利祿에 동요되지 않게 하신 것이다. 顔子, 閔子 같은 이라면 이와 같은 물음은 없었을 것이다. 어떤 사람이 의심하기를 '이와 같이 하더라도 역시 祿을 얻지 못하는 경우가 있다.'라고 하니 孔子께서 '대개 농사를 지어도 굶주림이 그 속에 있다.'고 말씀하셨으니 이치상 해야 할 것이면 해야 할 따름인 것이다."

⑲哀公이問曰何爲則民服이니잇고孔子對曰擧直錯諸枉則民服하고擧枉錯諸直則民不服이니이다

哀公이 물어 말하기를 어떻게 하면 백성이 심복하겠습니까 孔子께서 대답하여 말씀하시기를 정직한 사람을 쓰고 여러 굽은 사람을 버리면 백성이 심복하고 굽은 사람을 쓰고 여러 정직한 사람을 버리면 백성이 심복하지 않을 것입니다

哀公은魯君이니名은蔣이라凡君問에皆稱孔子對曰者는尊君也라錯는捨置也라諸는衆也라程子曰擧錯得義면則人心服이니라○謝

氏曰好直而惡[。]枉은天下之至情也니順之則服하고逆之則去는
必然之理也나然이나或無道以照[13)之면則以直爲枉하고以枉爲
直者多矣라是以로君子는大居敬而貴窮理也니라

―

哀公은 魯나라 임금이니 이름은 蔣이다. 일반적으로 임금이 물을
적에 모두 '孔子對曰'로 칭한 것은 임금을 존대해서이다. 錯는 버
리는 것이다. 諸는 여럿이다. 程子가 말하였다. "쓰고 버림이 정의
에 맞으면 인심이 심복한다." ○ 謝氏가 말하였다. "곧음을 좋아하
고 굽음을 미워하는 것은 천하의 지극한 情인 것이니 이를 따르면
심복하고 거스르면 떠나는 것은 필연의 이치이나, 혹 道를 가지고
비추어 보지 않으면 곧음을 굽음이라고 하고 굽음을 곧음이라고 여
기는 이가 많을 것이다. 이 때문에 군자는 敬에 거하는 것을 크게
여기고 이치를 궁구하는 것을 으뜸으로 여긴다."

⑳季康子問使民敬忠以勸[14)하되如之何리잇고子曰臨
之以莊則敬하고孝慈則忠하고擧善而敎不能則勸이니라
季康子가 묻기를 백성들로 하여금 공경 충성하게 하고 권장되게 하려
면 어떻게 하면 됩니까 孔子께서 말씀하시기를 임하기를 엄숙으로써
하면 공경할 것이고 효도하고 자애롭게 하면 충성할 것이고 善한 사람
을 쓰고 능치 못한 사람을 가르치면 권장될 것이다

---

13) 照 : 비교해서 보다.
14) 勸 : 善에 권장되는 것.

季康子는 魯大夫季孫氏니 名은 肥라 莊은 謂容貌端嚴也니 臨民以莊이면 則民敬於己하고 孝於親慈於衆이면 則民忠於己하고 善者를 擧之하고 而不能者를 敎之면 則民有所勸하여 而樂於爲善이라 ○張敬夫曰此皆在我所當爲요 非爲欲使民으로 敬忠以勸而爲之也니 然이나 能如是면 則其應이 蓋有不期然而然者矣리라

—

季康子는 魯나라 대부 季孫氏이니 이름은 肥이다. 莊은 용모가 단정·엄숙함을 말함이니 백성에게 장엄으로 임하면 백성이 자기를 공경할 것이고, 부모에게 孝하고 대중을 자애하면 백성이 자신에게 충성할 것이고, 善한 자를 등용하고 능하지 못한 자를 교육시키면 백성들이 권장되는 바가 있어서 善 행하기를 즐거워할 것이다. ○ 張敬夫가 말하였다. "이런 것들은 모두 내 쪽에서 당연히 해야할 바이고 백성들로 하여금 공경과 충성을 권장한다고 해서 되는 것은 아니다. 그러나 이와 같이 할 수 있으면 그 반응은 대체로 그렇게 되기를 기대하지 않아도 그렇게 됨이 있을 것이다."

㉑ 或이 謂孔子曰子는 奚不爲政이시니잇고

어떤 사람이 孔子께 일러 말하기를 선생님은 어찌 정치를 하지 아니하십니까

定公初年에 孔子不仕故로 或人이 疑其不爲政也라

—

定公 초년에 孔子께서 벼슬하지 않으셨기 때문에 어떤 사람이 정

치를 하지 않는 것으로 의심한 것이다.

子曰書云孝乎인저 惟孝하며 友于兄弟하여 施於有政이라
하니 是亦爲政이니 奚其爲爲政이리오

孔子께서 말씀하시기를 書經에서 孝를 말했을 것이다 오직 효도하며
형제간에 우애 있게 해서 정치가 베풀어진다 하였으니 이 역시 정치를
하는 것이니 어찌해야만 그 정치하는 것이 되리오

書는周書君陳篇이라 書云孝乎者는言書之言孝如此也라善兄弟
曰友라書에言君陳이能孝於親友於兄弟하고又能推廣此心하여以
爲一家之政이라하니孔子引之하여言如此則是亦爲政矣니何必居
位라야乃爲爲政乎아蓋孔子之不仕有難以語或人者故로託此
以告之니要之컨대至理도亦不外是라

—

書는 「周書」 君陳篇이다. 書云孝乎는 『書經』에서 孝를 말하는 것
이 이와 같음을 말한 것이다. 형제에게 잘 하는 것을 友라고 한다. 『書
經』에 '君陳이 부모에게 효도하고 형제에게 우애 있게 하였으며 또 이
마음을 미루고 넓혀서 한 집안의 政事를 하였다.'고 말하였으니, 孔子
께서 인용하여 말씀하시기를 "이와 같이 한다면 이 또한 정치를 하는
것이니 어찌 꼭 벼슬자리에 있어야만 곧 정치를 하는 것이 되겠느냐"라
고 하셨다. 대체로 孔子께서 벼슬하지 않은 것을 或人에게 말하기가
어려움이 있기 때문에 이 말을 빙자하여 告했으나 요컨대 (벼슬하는) 지
극한 이치도 역시 여기서 벗어나지 않는다.

㉒子曰人而無信이면不知其可也케라大車無輗하며小車無軏이면其何以行之哉리오

孔子께서 말씀하시기를 사람이면서 신의가 없다면 그 가능한 것을 알지 못하겠더라 큰 수레에 끌채가 없으며 작은 수레에 멍에가 없다면그 무엇을 가지고 行하리오

大車는謂平地任載之車라輗는轅端橫木이니縛輗以駕牛者라小車는謂田車兵車乘車라軏은轅端上曲鉤이니衡以駕馬者라車無此二者면則不可以行이니人而無信도亦猶是也라

—

大車는 평지에서 짐을 싣는 수레를 말한다. 輗는 끌채 끝에 가로지르는 나무이니 輗에다 묶어서 소에 멍에한 것이다. 小車는 사냥용, 전쟁용, 승용 수레를 말한다. 軏은 끌채 끝의 갈고리이니 가로질러 말에 멍에한 것이다. 수레에 이 두 가지가 없으면 갈 수 없으니 사람이면서 신의가 없는 것도 역시 이와 같다.

㉓子張이問十世를可知也잇가

子張이 묻기를 十世를 알 수 있습니까

陸氏曰也는一作乎라○王者易姓受命이爲一世라子張이問自此以後로十世之事를可前知乎이까

—

陸氏가 말하였다. "也는 어떤 곳에는 乎로 쓰여 있다." ○ 王天下한 자가 姓을 바꾸어서 天命을 받는 것이 一世가 된다. 子張이 "지금 이후로부터 十世 뒤의 일을 앞서 알 수 있겠습니까?"라고 물었다.

子曰殷因於夏禮하니所損益을可知也며周因於殷禮하니所損益을可知也니其或繼周者면雖百世라도可知也니라

孔子께서 말씀하시기를 殷나라는 夏나라의 禮를 따랐으니 덜어내고 보태진 것을 알 수 있고 周나라는 殷나라의 禮를 따랐으니 덜어내고 보태진 것을 알 수 있으니 혹 周나라를 계승할 자가 있다면 비록 百世라도 알 수 있을 것이다

馬氏曰所因은謂三綱五常이요所損益은謂文質三通이라愚는按三綱은謂君爲臣綱父爲子綱夫爲妻綱이요五常은謂仁義禮智信이요文質은謂夏尚忠商尚質周尚文이요三統은謂夏正[15]建寅[16]하니爲人統이요商正建丑하니爲地統이요周正建子하니爲天統이라三綱五常은禮之大體니三代相繼하여皆因之而不能變이요其所損益은不過文章制度일새小過不及之間하니而其已然之迹을今皆可

---

15) 夏正 : 夏나라 달력

16) 建寅 : 建寅之月. 북두칠성의 자루[斗柄]가 초저녁에 寅方을 가리키는 달을 정월로 삼음. 建丑은 丑方을, 建子는 子方을 가리키는 달을 정월로 삼음.

見이면則自今以往으로或有繼周而王者면雖百世之遠이라도所因
所革이亦不過此리니豈但十世而已乎아聖人所以知來者蓋如
此요非若後世讖緯術數17)之學也니라○胡氏曰子張之問은蓋欲
知來요而聖人은言其旣往者以明之也라夫自脩身으로以至於爲
天下히不可一日而無禮며天叙天秩은人所共由리禮之本也니商
不能改乎夏며周不能改乎商이니所謂天地之常經也요若乃制
度文爲는或太過則當損하고或不足則當益하여益之損之를與時
宜之로되而所因者不壞는是古今之通義也니因往推來면雖百世
之遠이라도不過如此而已矣니라

―

馬氏가 말하였다. "따른 것은 三綱五常이고, 덜어내고 보태진 것은
文質 三統을 말한다." 나는 고찰하건대, 三綱은 임금은 신하의 벼리
가 되고, 아버지는 자식의 벼리가 되고, 남편은 아내의 벼리가 됨을
말하고 五常은 仁, 義, 禮, 智, 信이다. 文質은 夏나라는 忠을 숭
상하고 商나라는 바탕을 숭상하고 周나라는 樣式을 최고로 여겼다.
三統은 夏나라의 달력은 (북두칠성의 자루가 초저녁에) 寅方에 세워진
달을 정월로 삼으니 人統이 되고, 商나라 달력은 丑方에 세워진 달
을 정월로 삼으니 地統이 되고, 周나라 달력은 子方에 세워진 달로
정월을 삼으니 天統이 됨을 말한다. 三綱五常은 禮의 큰 본체이니
三代가 서로 계승하여 모두 그대로 계속되어 변할 수가 없고 그 손
익된 것은 文章(문화, 법률)과 제도에 불과하기 때문에 지나치거나 미
치지 못한 차이가 적으니, 이미 그렇게 된 자취를 지금 모두 엿볼 수
있다면 지금 이후로 혹시라도 周나라를 이어 王天下할 자가 있다면

---

17) 讖緯術數 : 관상학, 점성술 등 治亂興亡의 미래를 예언하고 음양오행 등의 방법으로 운명
을 추측하는 것

비록 百世의 먼 것이라도 따르는 것과 바꾸는 것들이 역시 이에 지나지 않을 것이니, 어찌 단지 十世뿐이겠는가. 聖人이 장래를 알 수 있는 까닭은 대체로 이와 같고 후세 讖緯術數의 학문과는 같지 않다. ○ 胡氏가 말하였다. "子張의 물음은 대체로 장래를 알고자 함이요 聖人은 이미 지나간 것을 말해서 장래를 밝힌 것이다. 내 몸을 닦는 것으로부터 천하를 다스리는 데 이르기까지 하루도 禮가 없어서는 안되며 하늘이 낸 질서는 사람이 함께 경유하는 것이라 禮의 근본이니 商나라가 夏나라의 것을 고칠 수 없으며 周나라가 商나라의 것을 고칠 수 없으니 이른바 천지간의 떳떳한 법인 것이다. 예컨대 制度나 文章 같은 것은 혹시 너무 지나치면 마땅히 덜고 혹시 부족하면 마땅히 보태서, 보태고 더는 것을 때에 따라 적절히 하겠지만, 그대로 계속되어야 할 것은 파괴하지 않는 것, 이것이 고금의 공통된 의리이다. 지나간 것으로 인해서 미래를 미루어 본다면 비록 百世의 먼 것이라 할지라도 이와 같은 데 불과할 따름이다."

㉔子曰非其鬼而祭之諂也요

孔子께서 말씀하시기를 그 귀신이 아닌데 제사 지내는 것은 아첨이요

非其鬼는 謂非其所當祭之鬼라 諂은 求媚也라

그 귀신이 아님은 당연히 제사 지내야할 바의 귀신이 아님을 말한다. 諂은 잘 보이기를 요구함이다.

見義不爲無勇也니라

의리를 보고 행하지 못함은 용기가 없는 것이다

知而不爲是無勇也라

—

알면서 행하지 못함은 바로 용기가 없는 것이다.

[爲政 第二]

八佾第三

凡二十六章이니通前篇末二章하여

皆論禮樂之事라

—

합해서 이십육 章이니 前篇 끝의 두 章을 합하여

모두 禮樂의 일을 논하였다.

①孔子謂季氏하시되八佾로舞於庭하니是可忍也온孰不可忍也리오

孔子께서 季氏를 이르시되 여덟 줄로 뜰에서 춤을 추니 이를 차마 하거늘 무엇을 차마 못하리오

季氏는魯大夫季孫氏也라佾은舞列也니天子八諸侯六大夫四士二요每佾人數는如其佾數라或曰每佾八人이라하니未詳孰是라季氏는以大夫로而僭用天子之禮樂하니孔子言其此事도尙忍爲之면則何事를不可忍爲리오或曰忍은容忍也니蓋深疾之之辭라○范氏曰樂舞之數는自上而下호되降殺^쇄以兩而已라故로兩之間에不可以毫髮僭差也라孔子爲政에先正禮樂이면則季氏之罪는不容誅矣리라謝氏曰君子於其所不當爲에不敢須臾處는不忍故也니而季氏忍此矣면則雖弑¹⁾父與君이라도亦何所憚而不爲乎아

—

季氏는 魯나라 대부 季孫氏이다. 佾은 춤추는 列이니 天子는 여덟 줄, 諸侯는 여섯 줄, 大夫는 네 줄, 士는 두 줄이요, 매 줄마다 사람의 수는 그 줄의 수와 같다. 어떤 사람이 말하기를, "매 줄마다 여덟 사람이다."라고 하니 무엇이 옳은지 확실하지 않다. 季氏는 大夫로서 天子의 禮樂을 도적질하여 쓰니, 孔子께서 "그가 이런 일도 오히려 차마 한다면 어떤 일을 차마 할 수 없으리오."라고 말씀하셨다. 어떤 사람이 말하기를 "忍은 용납해 참는 것이다."라고 하니 대체로

---

1) 弑 : 아랫사람이 윗사람을 죽이는 것.

매우 그를 미워하는 말이다. ○ 范氏가 말하였다. "樂舞의 (줄의) 숫자는 위에서부터 내려오되 내려가면서 둘씩 작아질 뿐이다. 그러므로 둘 사이에는 터럭만큼도 참람하게 차이가 나서는 안된다. 孔子께서 정치를 하여 먼저 禮樂을 바로잡는다면 季氏의 죄는 죽어도 용서받지 못할 것이다." 謝氏가 말하였다. "군자가 마땅히 해서는 안되는 것에 감히 잠깐이라도 처하지 않는 것은 차마 못하기 때문이니, 季氏가 이것을 차마 한다면 비록 아비와 임금을 죽이는 것이라 할지라도 역시 무엇을 꺼려서 하지 못하겠는가."

---

②三家者以雍徹이러니子曰相維辟公이어늘天子穆穆[2]을奚取於三家之堂고

三家가 雍을 연주하면서 撤床을 하였더니 孔子께서 말씀하시기를 돕는 이는 諸侯들이거늘 天子께서 穆穆하다 함을 무엇을 三家의 집에서 취할 것인고

三家[3]는魯大夫孟孫叔孫季孫之家也라雍은周頌篇名이라徹은祭畢而收其俎也라天子宗廟之祭則歌雍以徹이러니是時에三家僭而用之라相은助也라辟公은諸侯也라穆穆은深遠之意[4]니天子之容也라此雍詩之辭를孔子引之하여言三家之堂에非有此事어늘亦何取於此義而歌之乎오하여譏其無知妄作하여以取僭竊之罪라○程子曰周公之功이固大矣나皆臣子之分의所當爲니魯安得

獨用天子禮樂哉리오成王之賜와伯禽之受皆非也라其因襲之
弊遂使季氏로僭八佾하고三家로僭雍徹이라故로仲尼譏之시니라

─

三家는 魯나라 大夫 孟孫, 叔孫, 季孫의 집안이다. 雍은 『詩經』
「周頌」 편명이다. 徹은 제사가 끝나고 나서 그릇을 거두는 것이다.
天子 宗廟의 제사에는 雍을 노래하면서 撤床을 하였더니, 이 당시
에 三家가 도적질해서 사용하였다. 相은 도움이다. 辟公은 諸侯이
다. 穆穆은 깊고 멀다는 의미이니, 天子의 얼굴 모습이다. 이 雍詩
의 가사를 孔子께서 인용하여 말씀하시기를 "三家의 집안에 이런
일이 있지 아니하거늘 역시 무엇을 이 의미에서 취하여 이 노래를
하는고" 하며 그 無知하고 제멋대로 행동하여 도적질하는 죄를 취
한 것을 비웃으셨다. ○ 程子가 말하였다. "周公의 공이 진실로 크
나 모두 신하로서, 자식으로서의 분수상 당연히 해야 할 일이니 魯
나라가 어찌 유독 天子의 禮樂을 쓸 수 있으리오 成王의 내려줌
과 伯禽의 받음이 모두 잘못이다. 그 인습의 폐단이 드디어 季氏로
하여금 八佾을 도적질하게 하고 三家로 하여금 참람하게 雍으로
撤床하게 하였다. 그러므로 孔子께서 비웃으신 것이다."

_____

③子曰人而不仁이면如禮에何며人而不仁이면如樂에
何오
孔子께서 말씀하시기를 사람이면서 仁하지 못하면 禮에 어떻게 하며
사람이면서 仁하지 못하면 樂에 어떻게 하리오

_____

游氏曰人而不仁이면則人心亡⁺矣니其如禮樂에何哉리오言雖欲用之나而禮樂이不爲之用也니라○程子曰仁者는天下之正理니失正理면則無序而不和니라李氏曰禮樂은待人而後行이니苟非其人이면則雖玉帛交錯하고鐘鼓5)鏗鏘이라도亦將如之何哉리오然이나記者序此於八佾雍徹之後하니疑其爲僭禮樂者發也니라

—

游氏가 말하였다. "사람이면서 仁하지 못하면 人心이 없는 것이니 그 禮樂에 어떻게 하겠느냐. 비록 禮樂을 쓰고자 하나 禮樂이 쓰임이 되지 못할 것임을 말한 것이다." ○ 程子가 말하였다. "仁은 천하의 바른 이치이니 바른 이치를 상실하면 순서도 없고 조화롭지도 못하다." 李氏가 말하였다. "禮樂은 사람을 기다린 뒤에 행하여지니 진실로 정당한 사람이 아니면 아무리 玉과 幣帛이 왕래하고 종과 북을 연주한다 하더라도 역시 장차 어떻게 하리오 그러나 (논어를) 편집한 자가 이 글을 「八佾」과 「雍徹」의 뒤에 순서를 해 놓았으니, 아마도 禮樂을 도적질한 자들을 위해 발언한 듯하다."

④ 林放이問禮之本한대
林放이 禮의 근본을 물었는데

林放은魯人이라見世之爲禮者專事繁文하고而疑其本之不在是也故로以爲問이라

—

5) 鐘鼓 : 음악의 통칭.

林放은 魯나라 사람이다. 세상에서 禮를 행하는 자들이 오로지 번거로운 양식에만 일삼는 것을 보고 그 근본이 여기에 있지 않을 것이라고 의심하였기 때문에 물음을 삼았다.

子曰大哉라問이여
孔子께서 말씀하시기를 크도다 물음이여

孔子以時方逐末이어늘而放이獨有志於本故로大其問이니蓋得其本이면則禮之全體는無不在其中矣라

—

孔子께서 당시에는 바야흐로 양식만 쫓거늘 林放이 유독 근본에 뜻을 두고 있다고 여겼기 때문에 그 물음이 대단하다 하셨으니 대체로 그 근본을 터득하면 禮의 전체는 그 속에 있지 아니함이 없을 것이다.

禮與其奢也론寧儉이오喪이與其易°也론寧戚6)이니라
禮가 사치한 것보다는 차라리 검소한 것이 낫고 喪이 잘 다스려지는 것보다는 차라리 슬퍼하는 것이 나으니라

易는治也니孟子曰易其田疇라在喪에禮則節文習熟而無哀痛慘怛7)之實者也요戚則一於哀而文不足耳라禮貴得中이니奢易

---

6) 與其~寧~ : ~하는 것보다 차라리 ~가 낫다.

則過於文하고儉戚則不及而質이니二者皆未合禮나然이나凡物之理必先有質而後에有文이면則質은乃禮之本也라○范氏曰夫祭에與其敬不足而禮有餘也론不若禮不足而敬有餘也요喪에與其哀不足而禮有餘也론不若禮不足而哀有餘也니禮失之奢와喪失之易는皆不能反本而隨其末故也라禮奢而備는不若儉而不備之愈也요喪易而文은不若戚而不文之愈也라儉者는物之質이요戚者는心之誠이라故로爲禮之本이니라楊氏曰禮는始諸飮食故로汙尊而抔飮이러니爲之簠簋籩豆罍爵8)之飾은所以文之也면則其本은儉而已요喪엔不可以徑情而直行9)이니爲之衰麻10)哭踊11)之數는所以節之也면則其本은戚而已라周衰에世方以文滅質이어늘而林放이獨能問禮之本故로夫子大之요而告之以此니라

—

易는 다스림이니 『孟子』에서도 '밭이랑을 잘 다스린다.'고 하였다. 喪에 있어서 禮대로만 하면 절차와 양식은 잘 익혀져서 익숙하겠지만 애통·측달의 진실은 없을 것이고, 슬퍼하기만 하면 슬픔에만 한결같아 양식이 부족할 뿐이다. 禮는 中道를 얻음을 귀하게 여기니 사치스럽고 잘 다스려지기만 한다면 양식에만 지나친 것이고, 검소하고 슬퍼하기만 하면 (禮에) 미치지 못해서 질박한 것이니, 두 가지는

7) 慘怛 : 진실에서 우러난 슬픔

8) •簠簋 : 제사 때 主穀을 담는 그릇. •籩豆 : 제사 때 쓰는 그릇. 대로 만든 籩과 나무로 만든 豆를 아울러 이르는 말. •罍爵 : 술잔.

9) 徑情直行 : 마음 가는 대로 직행함. 즉 부모가 죽으면 따라 죽는 등 순간적인 마음만을 따라 행동함.

10) 衰麻 : 齊衰緦麻. 亡子와의 관계에 따른 喪期의 명칭.

11) 哭踊 : 울고 뛰는 것.

모두 禮에는 부합되지 못한다. 그러나 모든 사물의 이치는 반드시 먼저 바탕이 있은 뒤에 양식이 있으니 바탕은 곧 禮의 근본이다. ○ 范氏가 말하였다. "제사에서 敬은 부족하면서 禮가 남음이 있는 것보다는 차라리 禮는 부족해도 敬이 남음이 있는 것만 같지 못하고, 喪에서 슬픔이 부족하고 禮가 남음이 있는 것보다는 차라리 禮는 부족해도 슬픔이 남음이 있는 것만 같지 못하다. 禮가 사치스러움으로 잘못됨과 喪이 잘 다스려짐으로 잘못됨은 모두 근본을 반성하지 못하고 그 말단만 따르기 때문이다. 禮가 사치하여 잘 갖추어지는 것은 차라리 검소하면서 갖추어지지 못한 것의 나음만 같지 못하고, 喪이 잘 다스려져 양식화된 것은 차라리 슬퍼서 양식화되지 못한 것의 나음만 같지 못하다. 검소함은 사물의 바탕이요, 슬픔은 마음의 진실이다. 때문에 禮의 근본이 된다." 楊氏가 말하였다 "禮는 음식에서 시작된 것이기 때문에 웅덩이나 술통에서 손으로 움켜 마시다가 簠簋, 籩豆, 罍爵의 꾸밈을 한 것이 양식화하려는 이유에서라면 그 근본은 검소함이고, 喪은 감정대로 바로 행해서는 안되기에 衰麻^{최마}와 哭하며 뛰는 횟수를 정함이 알맞게 조절하려는 이유에서라면 그 근본은 슬픔일 뿐이다. 周나라가 쇠하여 세상에서는 바야흐로 양식 때문에 바탕이 없어졌거늘 林放만이 홀로 禮의 근본을 물을 수 있었기 때문에 孔子께서 크게 여기시고 이 말을 告하셨다."

⑤子曰夷狄之有君이不如諸夏¹²⁾之亡^무也니라
孔子께서 말씀하시기를 夷狄의 君이 있음이 諸夏의 없는 것보다 낫다

---

12) 諸夏 : 여러 諸侯 나라.

吳氏曰亡는古無字로通用이라程子曰夷狄의且有君長이不如諸
夏之僭亂하여反無上下之分也니라○尹氏曰孔子傷時之亂而
歎之也시니無는非實無也라雖有之라도不能盡其道爾니라

吳氏가 말하였다. "亡는 옛날 無字와 통용이다." 程子가 말하였다.
"夷狄의 우선 君長이 있는 것이 諸夏의 어그러지고 문란하여 도리
어 상하 구분 없는 것보다 낫다." ○ 尹氏가 말하였다. "孔子께서
시대의 문란함에 마음 상하여 한탄하신 것이니 없다는 것은 실제
없는 것이 아니라 비록 있다 하더라도 그 도리를 다할 수 없는 것
이다."

---

⑥季氏旅於泰山이러니子謂冉有曰女不能救與아對
曰不能이로소이다子曰嗚呼라曾謂泰山이不如林放乎아

季氏가 泰山에 旅祭를 지냈더니 孔子께서 冉有에게 일러 말씀하시기
를 네가 구제할 수 없겠느냐 대답하여 말하기를 능치 못합니다 孔子께
서 말씀하시기를 아 일찍이 泰山이 林放만 같지 못하다고 하겠느냐

旅는祭名이요泰山은山名이니在魯地라禮에諸侯祭封內山川이니季
氏祭之는僭也라冉有는孔子弟子니名은求니時에爲季氏宰라救는謂
救其陷於僭竊之罪라嗚呼는歎辭라言神不享非禮하여欲季氏[13]로
知其無益而自止요又進林放하여以屬冉有也라○范氏曰冉有從
季氏하니夫子豈不知其不可告也리오然而聖人은不輕絶人하고盡

---

13) 欲季氏 : 欲字 다음에 명사가 있으면 그 사이에는 대부분 使字가 생략된 것으로 본다.

己之心하니安知冉有之不能救와季氏之不可諫也리오旣不能正
則美林放하여以明泰山之不可誣하니是亦敎誨之道也니라

—

旅는 제사 명칭이요 泰山은 산 이름이니 魯나라 땅에 있다. 禮에
제후가 봉해진 구역 내 산천에 제사 지내는 것이니 季氏가 제사 지
내는 것은 僭濫이다. 冉有는 孔子 제자이니 이름은 求이니 당시
季氏의 家臣이 되었다. 救는 僭濫히 도적질하는 죄에 빠짐을 구제
함을 말한다. 嗚呼는 탄식하는 말이다. 귀신은 禮가 아니면 흠향하
지 않음을 말씀하시어 季氏로 하여금 무익함을 알아서 스스로 그치
게 하고자 하심이요 또 林放을 내세워 冉有를 격려하시었다. ○
范氏가 말하였다. "冉有는 季氏를 따르니 孔子께서 어찌 그가 告
하지 못할 것임을 알지 못하셨으리오 그러나 聖人은 가볍게 사람
을 끊지 않고 자기의 마음을 다하시니, 冉有가 구제할 수 없음과
季氏에게 간할 수 없음을 어찌 모두 알리오 이미 바로잡을 수 없
게 되어서는 林放을 칭찬하여 泰山의 귀신을 속일 수 없음을 밝히
셨으니 이 또한 교육하는 방법이다."

---

⑦子曰君子無所爭이나必也射乎인저揖讓而升하여下
而飮하나니其爭也君子니라
孔子께서 말씀하시기를 군자는 다투는 것이 없으나 반드시 활쏘기일
것이다 揖하고 辭讓하며 올라가고 내려와서 마시게 하나니 그러한 다
툼이 군자답다

揖讓而升者는大射之禮14)에耦進하여三揖而後升堂也요下而飮은謂射畢揖降하여以俟衆耦皆降하여勝者乃揖하면不勝者升하여取觶立飮也라言君子恭遜하여不與人爭이나惟於射而後有爭이라然이나其爭也雍容揖遜하니乃如此則其爭也君子요而非若小人之爭也라

—

揖하고 辭讓하며 올라감은 大射禮에 짝지어 나와서 세 번 揖한 뒤에 堂에 오르는 것이다. 내려와서 마시게 함은 활쏘기를 마치고 揖하고 내려와 여러 짝이 모두 내려오기를 기다렸다가 이긴 자가 揖하면 이기지 못한 자는 올라가서 술잔을 잡고 서서 마심을 이른다. 군자는 공손하여 남과 다투지 아니하나 오직 활쏘기에는 다툼이 있다. 그러나 그 다툼은 和氣 있는 모습으로 揖하고 사양하니, 이와 같다면 그 다툼은 군자다운 것이요 소인의 다툼과 같지 않다는 말이다.

⑧子夏問曰巧笑倩兮며美目盼兮여素以爲絢兮라하니何謂也잇고

子夏가 묻기를 아리따운 웃음의 볼우물이며 아름다운 눈동자의 흑백분명함이여 바탕이 文彩가 된다 하니 무엇을 말한 것입니까

此는逸詩15)也라倩은好口輔也요盼은目黑白分也라素는粉地16)니

---

14) 大射禮 : 나라에서 행하는 활 쏘기 대회. 지방에서 행하는 것은 鄕射禮.

15) 逸詩 : 『詩經』에 빠져 있는 詩.

16) 粉地 : 분을 바른 천 등.

畫之質也요絢은采色이니畫之飾也라言人有此倩盻之美質하고而
又加以華采之飾이如有素地而加采色也라子夏는疑其反謂以
素爲飾故로問之라

—

이 詩는 빠져 있는 詩이다. 倩은 좋은 볼우물이요 盻은 눈이 흑백이
분명함이다. 素는 粉地이니 그림 그리는 바탕이요 絢은 채색이니 그
림의 修飾이다. 사람이 이런 倩盻의 아름다운 바탕이 있고 또 華采
의 修飾을 더하는 것이 마치 흰 바탕에 채색을 더함이 있는 것과 같
음을 말한 것이다. 子夏는 의심하기를, 반대로 바탕을 가지고 修飾으
로 여긴다고 생각하였기 때문에 물은 것이다.

子曰繪事後素니라
孔子께서 말씀하시기를 그림 그리는 일은 바탕의 뒤에 있다

繪事는繪畫之事也요後素는後於素也라考工記17)에曰繪畫之事
는後素功이라하니謂先以粉地爲質而後에施五采니猶人有美質然
後에可加文飾이라

—

繪事는 그림 그리는 일이다. 後素는 바탕이 있은 뒤에 이루어지는
일이다. 「考工記」에 '그림 그리는 일은 바탕 뒤의 알이라 하니, 먼저
粉地로 바탕을 삼은 뒤에 다섯 가지 채색을 칠함이니 사람이 아름다
운 바탕을 소유한 뒤에 文飾을 더할 수 있음과 같음을 말한 것이다.

---

17) 考工記 : 『周禮』 「冬官」의 한 내용. 都城의 건설, 악기, 병기, 농기구 등에 관한 기록.

日禮後乎인저子曰起予者는商也로다始可與言詩已矣
로다

말하기를 禮는 뒤이겠습니다 孔子께서 말씀하시기를 나를 일으키는 자
는 商이로다 비로소 함께 詩를 말할 수 있겠도다

禮必以忠信으로爲質이猶繪事에必以粉素로爲先이라起는猶發也
니起予는言能起發我之志意라謝氏曰子貢은因論學而知詩하고
子夏는因論詩而知學故로皆可與言詩니라○楊氏曰甘[18]受和白
受采요忠信之人이라야可以學禮니苟無其質이면禮不虛行이니此
繪事後素之說也니라孔子曰繪事後素라하시고而子夏曰禮後乎
인저하니可謂能繼其志矣로다非得之言意之表者면能之乎아商賜
에可與言詩者以此니若夫玩心於章句之末이면則其爲詩也固
而已矣라所謂起予則亦相長[19]之義也니라

—

禮는 반드시 忠과 信으로 바탕을 삼음이 그림 그리는 일에 반드시
粉素(粉地)를 가지고 우선으로 삼음과 같다. 起는 일으킴과 같으니,
起予는 나의 의지를 일으킬 수 있음을 말한다. 謝氏가 말하였다.
"子貢은 학문을 논함으로 인하여 시를 알았고 子夏는 시를 논함으
로 인하여 학문을 알았다. 그러므로 모두 '함께 詩를 말할 수 있겠

---

18) 甘 : 여기서 甘은 달다는 뜻이 아니고 맛의 바탕을 이른다. 冬至날 子時에 솟는 물을 甘
   水라 하는데 단물을 칭하는 것이 아니라 아무 맛이 없는 깨끗한 물을 말하는 것이다.

19) 相長 :『禮記』「學記」의 敎學相長(가르치는 사람이나 배우는 사람 모두 서로 자란다.)을
   인용한 말.

다.'고 하신 것이다." ○ 楊氏가 말하였다. "甘은 調味를 받을 수 있고 흰색은 색채를 받을 수 있으며 忠信한 사람이라야 禮를 배울 수 있으니, 진실로 그 바탕이 없으면 禮는 헛되이 행해지지 아니하니 이것이 繪事後素의 설명이다. 孔子께서 '그림 그리는 일은 바탕의 뒤에 있다.'라고 하시고 子夏는 '禮는 뒤이겠습니다.' 하니 그 뜻을 잘 계승했다고 말할 수 있다. 말 뜻의 밖까지 터득한 자가 아니면 가능하겠는가. 商(子夏)과 賜(子貢)에게 '함께 시를 말할 수 있겠다.'고 하신 것은 이 때문이니, 만약에 章句의 지엽적인 것에만 마음을 몰두한다면 그 詩 다루는 것은 고루할 따름이다. 이른바 '나를 일으킨다.'는 것은 역시 서로 자란다는 의미이다."

---

⑨子曰夏禮를吾能言之나杞不足徵也며殷禮를吾能言之나宋不足徵也는文獻이不足故也니足則吾能徵之矣로리라

孔子께서 말씀하시기를 夏나라의 禮를 내가 말할 수 있으나 杞나라에 증거가 부족하며 殷나라의 禮를 내가 말할 수 있으나 宋나라에 증거가 부족함은 文獻이 부족하기 때문이니 충분하다면 내 말을 증명할 수 있을 것이다

杞는夏之後요宋은殷之後라徵은證也라文은典籍也요獻은賢也[20]라言二代之禮를我能言之나而二國에不足取以爲證은以其文獻이不足故也니文獻이若足則我能取之하여以證吾言矣리라

---

20) '文'은 국가의 典籍을 말하고 '獻'은 賢人들의 문집을 말한다.

杞나라는 夏나라의 후예이고 宋나라는 殷나라의 후예이다. 徵은 증거함이다. 文은 典籍이고 獻은 賢人이다. 二代의 禮를 내가 말할 수 있으나 두 나라에서 취하여 증거삼을 만한 것이 부족한 것은 그 文獻이 부족하기 때문이니 文獻이 만일 충분하다면 내가 그것을 취하여 내 말을 증명할 수 있을 것임을 말씀하신 것이다.

---

⑩子曰禘自旣灌[21]而往者는吾不欲觀之矣로라

孔子께서 말씀하시기를 禘祭에서 이미 降神한 이후부터는 나는 보고싶지 아니하다

趙伯循이曰禘는王者之大祭也라王者旣[22]立始祖之廟하고又推始祖所自出之帝하여祀之於始祖之廟호되而以始祖로配之也라成王이以周公을有大勳勞라하여賜魯重祭[23]라故로得禘於周公之廟하니以文王으로爲所出之帝하여而周公을配之라然이나非禮矣라灌者는方祭之始에用鬱鬯之酒하여灌地以降神也라魯之君臣이當此之時하여誠意未散하여猶有可觀이요自此以後면則浸以懈怠하여而無足觀矣라蓋魯祭非禮라孔子本不欲觀이요至此하여而失禮之中에又失禮焉이라故로發此歎也라○謝氏曰夫子嘗曰我欲觀夏道라是故로之杞而不足證也요我欲觀商道라是故로之宋而

---

21) 灌 : 사람이 죽으면 魂은 위로 올라가고 魄은 땅으로 내려가기 때문에 香을 피워서 魂을 부르고 鬱鬯酒를 茅沙에 부어서 魄을 부르는 것, 즉 降神하는 행위를 말한다.

22) 旣 : 처음부터. 이미, 비로소 등 여러 의미로 새김.

23) 重祭 : 天子의 大祭. 여기서는 禘祭를 이름.

不足證也라하시고又曰我觀周道하니幽厲[24]傷之라吾舍魯요何適
矣리오魯之郊禘非禮也요周公[25]도其衰矣라考之杞宋에已如彼하
고考之當今에又如此하니孔子所以深歎也시니라

—

趙伯循이 말하였다. "禘祭는 王天下한 자의 큰 제사이다. 왕천하한
자가 처음에 시조의 묘당을 세우고 또 시조가 부터 나온 바의 사람
을 임금으로 추존하여 시조의 묘당에서 제사 지내되 시조와 함께 배
향한다. 成王이 周公을 큰 공로가 있다 하여 魯나라에 중요한 제사
를 내려주었다. 그러므로 周公의 묘당에서 禘祭를 지낼 수 있게 되었
으니 文王을 나온 바의 임금으로 삼아 周公을 배향하였다. 그러나 잘
못된 禮이다." 灌은 바야흐로 제사의 처음에 鬱鬯酒를 사용하여 땅에
부어 神을 임하게 하는 것이다. 魯나라의 군신들이 이때를 당해서는
아직 성의가 흩어지지 않아 오히려 볼만한 것이 있었고 이로부터 이
후로는 점점 懈怠하여 볼만한 것이 없었다. 대체로 魯나라 禘祭는
잘못된 禮인지라 孔子께서는 본디 보고 싶어 하지 아니하셨고 이에
이르러서는 실례한 가운데 또 실례인지라 그러므로 이 탄식을 발하
신 것이다. ○ 謝氏가 말하였다. "孔子께서 일찍이 말씀하시기를 '내
가 夏나라의 道를 보고자 한지라 이 때문에 杞나라에 갔으나 증거가
부족하였고 내가 商나라의 道를 보고자 한지라 이 때문에 宋나라에
갔으나 충분히 증거가 부족하였다.' 하시고 또 '내가 周나라의 道를

---

24) 幽厲 : 幽王과 厲王. 厲王(周 10代王)은 國人暴動으로 왕위에서 쫓겨나 周나라의 衰落
   을 가져왔다. 幽王(周 12代王)은 애첩인 褒姒를 웃기려고, 거짓으로 봉화를 올려 각지의 제
   후들을 모이게 함으로써 실제 犬戎이 침략했을 때 제후들이 모이지 않아 결국 驪山 기슭에
   서 죽임을 당하였다. 그 후 아들 平王은 수도를 洛陽으로 옮기었고 이때부터 周나라 왕실은
   힘을 잃었다.

25) 周公 : 周公의 道를 이름.

보니 幽王과 厲王이 손상시켰는지라 내가 魯나라를 버리고 어디로
가리오. 魯나라의 郊祭와 禘祭는 잘못된 禮이고 周公도 쇠하였다.'고
하셨다. 杞나라와 宋나라에 고증함에 이미 저와 같고 오늘날을 당하
여 고증함에 또 이와 같으니 孔子께서 깊이 탄식하신 이유이다."

---

⑪或이問禘之說한대子曰不知也로라知其說者之於天
下也애其如示諸斯乎인저하시고指其掌하시다

어떤 사람이 禘祭의 내용을 물었는데 孔子께서 말씀하시기를 알지 못
하노라 그 내용을 아는 자는 天下에 대하여 아마도 이것을 봄과 같을
것이다 하시고 그 손바닥을 가리키시었다

先王報本追遠之意는莫深於禘하니非仁孝誠敬之至면不足以
與애此니非或人之所及也요而不王不禘之法은又魯之所當諱者
故로以不知로答之라示는與視同이라指其掌은弟子記夫子言此而
自指其掌이니言其明且易히也라蓋知禘之說이면則理無不明하고
誠無不格26)하여而治天下不難矣라聖人이於此에豈眞有所不
知也哉리오

—

先王의 근본에 보답하고 조상을 추모하는 뜻은 禘祭보다 더 깊은
것이 없으니 仁孝와 誠敬이 지극한 이가 아니면 여기에 참여할 수
없으니 或人이 언급할 바 아니고 그리고 왕천하 하지 않으면 禘祭를
지내지 못하는 법은 또 魯나라에서는 마땅히 숨겨야 할 것이기 때

---

26) 格 : 이르다. 至와 뜻이 같다.

문에 '알지 못한다.'로 대답하셨다. 示는 보여줌과 같다. 指其掌은 제자가 孔子께서 이것을 말씀하시며 스스로 당신 손바닥을 가리키신 것을 기록한 것이니 분명하고 쉬움을 말한 것이다. 대체로 禘祭의 내용을 안다면 이치에 밝지 아니함이 없고 성의가 이르지 아니함이 없어서 천하를 다스림은 어렵지 않을 것이다. 聖人이 여기[禘祭]에 어찌 참으로 알지 못할 것이 있었으리오

⑫祭如在하시며祭神如神在러시다

제사 지내실 적에 옆에 있는 듯하시며 神을 제사 지내실 적에 神이 옆에 있는 듯하시었다

程子曰祭는祭先祖也요祭神은祭外神也라祭先에主於孝요祭神에主於敬이니라愚는謂此는門人이記孔子祭祀之誠意니라

—

程子가 말하였다. "祭는 선조를 제사 지냄이요 祭神은 外神을 제사 지냄이다. 선조를 제사 지냄은 孝에 위주하고 外神을 제사 지냄은 敬에 위주한 것이다." 나는 생각하건대, 이 글은 門人이 孔子께서 제사 지내실 때의 정성스러운 뜻을 기록한 것이다.

子曰吾不與에祭면如不祭니라

孔子께서 말씀하시기를 내가 제사에 참예하지 못하면 제사 지내지 아니한 듯하다

又記孔子之言하여以明之라言己當祭之時하여或有故不得與하여而使他人攝之면則不得致其如在之誠[27]故로雖已祭로되而此心缺然하여如未嘗祭也라○范氏曰君子之祭에七日戒三日齊하여必見所祭者는誠之至也라是故로郊則天神格하고廟則人鬼享은皆由己以致之也라有其誠則有其神이요無其誠則無其神이니可不謹乎아吾不與祭면如不祭는誠爲實이요禮爲虛也니라

—

또 孔子의 말씀을 기록하여 밝혔다. 자신이 제사 지낼 때를 당하여 혹 어떤 연고가 있어 참예할 수 없어서 타인으로 하여금 대신하게 하면 如在之誠을 이룰 수 없기 때문에 비록 이미 제사를 지냈으되 이 마음이 모자란 듯 서운하여 제사를 지낸 적이 없는 듯함을 말한 것이다. ○ 范氏가 말하였다. "군자가 제사 지낼 적에 7일 동안 조심하고 3일 동안 재계하여 반드시 제사의 당사자를 만나려 하는 것은 정성의 지극이다. 이 때문에 郊祭를 지내면 天神이 이르고 廟祭를 지내면 사람의 귀신이 흠향하는 것은 모두 자신으로 말미암아 이루어지는 것이다. 그 정성이 있으면 그 귀신이 있고 그 정성이 없으면 그 귀신도 없으니 삼가지 않아서 되겠느냐? '내가 제사에 참예하지 못하면 제사 지내지 아니한 듯하다.'는 것은 정성이 진실이 되고 禮는 허망함이 된다는 것이다."

⑬王孫賈問曰與其媚於奧론寧媚於竈라하니何謂也잇고
王孫賈가 묻기를 아랫목 귀신에 아첨하기보다는 차라리 부엌 귀신에

---

27) 如在之誠 : 귀신이 옆에 계신 듯 여기는 정성.

王孫賈는衛大夫라媚는親順也라室西南隅爲奧라竈者는五祀之
一이니夏所祭也라凡祭五祀[28]에皆先設主하여而祭於其所하고然
後에迎尸而祭於奧를略如祭宗廟之儀라如祀竈則設主於竈陘
하고祭畢而更設饌於奧하여以迎尸也라故로時俗之語에因以奧有
常尊이나而非祭之主요竈雖卑賤이나而當時用事니喩自結於君
이不如阿附權臣也라賈는衛之權臣故로以此로諷孔子라

—

王孫賈는 衛나라의 大夫이다. 媚는 친하고 따르는 것이다. 방의
서남쪽 모퉁이가 奧가 된다. 竈는 五祀 중 하나이니 여름에 제사
지낸다. 무릇 五祀를 지낼 적에 모두 먼저 主壇을 설치하여 그곳
에서 제사 지내고 그런 뒤에 尸童을 맞이하여 奧에서 제사 지내기
를 대략 종묘제사의 의식과 같이 한다. 예컨대 부엌에서 제사 지내
면 부엌의 뜰에 主壇을 설치하고 제사를 마치면 다시 아랫목에 제
수를 진설하여 尸童을 맞이한다. 그러므로 당시 풍속의 말에 그로
인하여 奧는 항상 높은 입장에 있으나 제사의 주체는 아니며 竈는
비록 낮고 천하나 때가 되면 일을 주도하게 되니 스스로 임금에게
친분을 맺는 것이 權臣에게 아부함만 같지 못함을 비유한 것이다.
王孫賈는 衛나라의 權臣이기 때문에 이 말을 가지고 孔子를 諷
諫하였다.

---

28) 五祀 : 尸, 竈, 門, 行, 中霤에 지내는 제사. 『禮記』 「月令」편에 봄에는 尸, 여름에는
竈, 가을에는 門, 겨울에는 行에 제사를 지낸다고 기록되어 있다. 嚴陵 方氏는 中央은 中
霤에 제사 지낸다고 註에서 밝혔다.

子曰不然하다獲罪於天이면無所禱也니라

孔子께서 말씀하시기를 그렇지 아니하다 죄를 하늘에 얻으면 빌 곳이 없다

天은卽理也니其尊無對하여非奧竈之可比也라逆理則獲罪於天矣니豈媚於奧竈하여所能禱而免乎아言但當順理요非特不當媚竈라亦不可媚於奧也라○謝氏曰聖人之言은遜而不迫하여使王孫賈而知此意면不爲無益이요使其不知라도亦非所以取禍니라

—

天은 바로 이치이니 그 높음이 상대가 없어서 아랫목이나 부엌에 비교할 수 있는 것이 아니다. 이치를 어기면 하늘에 죄를 얻는 것이니 어찌 아랫목이나 부엌에 아첨하여 빌어서 면할 수 있는 것이겠느냐 단지 당연히 이치에 따라야 하고 부엌에 아첨함이 부당할 뿐만 아니라 아랫목에 아첨함도 불가함을 말씀하신 것이다. ○ 謝氏가 말하였다. "聖人의 말씀은 공손하고 박절하지 아니하여 가사 王孫賈가 이 뜻을 알았다면 유익함이 없지 아니할 것이요 가령 알지 못했다고 하더라도 禍를 취하는 조건은 아닐 것이다."

⑭子曰周監於二代하니郁郁乎文哉라吾從周하리라

孔子께서 말씀하시기를 周나라가 二代를 보았으니 왕성한 문화인지라 나는 周나라를 따르리라

監은視也라二代는夏商也라言其視二代之禮而損益之라郁郁은
文盛貌라○尹氏曰三代之禮至周大備하니夫子美其文而從之
니라

—

監은 봄[視]이다. 二代는 夏나라와 商나라이다. 周나라가 二代의
禮를 보아 덜고 더함을 말씀하신 것이다. 郁郁은 문화가 성대한 모
습이다. ○ 尹氏가 말하였다. "三代의 禮가 周나라에 이르러 크게
갖추어지니 孔子께서 그 문화를 아름답다고 여겨서 따르신 것이다."

⑮子入大태廟하시어每事를問하신대或이曰孰謂鄹人之
子를知禮乎오入大廟하여每事를問이온여子聞之하시고曰
是禮也니라

孔子께서 太廟에 들어가셔서 일마다 물으셨는데 어떤 이가 말하기를
누가 鄹人의 아들이 禮를 안다고 말하는고 太廟에 들어가서 일마다 묻
는구나 孔子께서 들으시고 말씀하시기를 이것이 禮이다

大廟는魯周公廟라此는蓋孔子始仕之時에入而助祭也라鄹는魯
邑名이니孔子父叔梁紇이嘗爲其邑大夫라孔子自少로以知禮로
聞故로或人이因此而譏之孔子라言是禮者는敬謹之至라야乃所
以爲禮也라○尹氏曰禮者는敬而已矣니雖知라도亦問은謹之至
也라其爲敬이莫大於此어늘謂之不知禮者豈足以知孔子哉리오

—

大廟는 魯나라 周公의 사당이다. 이는 아마도 孔子께서 처음 벼슬했

을 때에 들어가서 제사를 도우신 것인 듯하다. 鄹는 魯나라 邑의 명칭이니 孔子의 아버지 叔梁紇이 일찍이 그 邑의 大夫가 되었다. 孔子는 젊었을 때로부터 禮를 안다고 소문이 났기 때문에 어떤 사람이 이로 인해서 공자를 비웃은 것이다. '이것이 禮이다.'라고 말씀하신 것은 공경과 삼감의 지극이라야 곧 禮가 되는 까닭이다. ○ 尹氏가 말하였다. '禮는 공경함일 뿐이니 비록 알더라도 역시 묻는 것은 삼감의 지극인 것이다. 그 敬을 행함이 이보다 더 큰 것이 없거늘 이를 일러 禮를 알지 못한다고 하는 자가 어찌 孔子를 알 수 있으리오.'

⑯子曰射不主皮는爲力不同科니古之道也니라

孔子께서 말씀하시기를 활을 쏠 때 관통을 위주로 하지 않는 것은 힘이 동등하지 않아서이니 옛날의 道이다

射不主皮는鄉射禮文이요爲力不同科는孔子解禮之意如此也라皮는革也니布侯29)而棲革於其中하여以爲的이니所謂鵠也라科는等也라古者에射以觀德이니但主於中이요而不主於貫革은蓋以人之力이有强弱不同等也일새라記에曰武王이克商하고散軍郊射호되而貫革之射息이라하니正謂此也라周衰禮廢하여列國兵爭하니復尚貫革故로孔子歎之라○楊氏曰中은可以學而能이요力은不可以强而至니聖人이言古之道는所以正今之失이니라

—

활을 쏠 때 관통을 위주로 하지 않음은 「鄉射禮」의 글이고, 힘이

---

29) 布侯 : 표적을 붙이기 위해 펴 놓은 천.

동등하지 않아서이니는 孔子께서 禮의 뜻을 이와 같이 해석한 것이다. 皮는 가죽이니, 侯를 펴 놓고 그 가운데에 가죽을 붙여서 표적으로 만든 것이니 소위 鵠이다. 科는 등급이다. 옛날에 활쏘기로 德을 관찰하였으니, 단지 적중을 위주로 하고, 표적을 관통하는 것을 위주로 하지 않는 것은 사람의 힘에 강약의 등급이 같지 않음이 있기 때문이다. 「樂記」에 이르기를 '武王이 商나라를 이기고 군대를 해산시키면서 교외에서 활쏘기를 할 적에 표적을 관통시키는 활쏘기가 멈추었다.'라고 하니 바로 이것을 말함이다. 周나라가 쇠퇴하고 禮도 피폐해져 列國들이 무력을 다투니 다시 표적을 관통함을 숭상하므로 孔子께서 한탄하신 것이다. ○ 楊氏가 말하였다. "的中은 배워서 할 수 있는 것이요, 힘은 억지로 이를 수 없는 것이니 聖人께서 옛날의 道라고 말씀하신 것은 지금의 잘못을 바로잡으려는 이유에서이다."

---

⑰子貢이欲去告ᵏ朔之餼羊한대

子貢이 告朔祭의 희생양을 제거하고자 하였는데

告朔之禮는古者에天子常以季冬에頒來歲十二月之朔于諸侯면諸侯受而藏之祖廟라가月朔이면則以特羊으로告廟하여請而行之라餼는生牲也라魯自文公으로始不視朔이로되而有司猶供此羊故로子貢이欲去之라

—

告朔의 禮는 옛날에 천자가 항상 마지막 겨울(12월)에 다음해 열두

달의 달력을 제후에게 나누어 주면, 제후가 받아서 조상의 묘당에 간수하였다가 매월 초하루에 한 마리의 희생양을 가지고 묘당에 告하여 청하고 달력을 시행하는 것이다. 餼는 살아있는 희생이다. 魯나라가 文公 때부터 비로소 告朔의 禮를 보이지 않았는데도 有司는 오히려 이 羊을 제공하기 때문에 子貢이 그것을 제거하고자 한 것이다.

子曰賜也아爾愛其羊가我愛其禮하노라

孔子께서 말씀하시기를 賜야 너는 그 양을 아끼느냐 나는 그 禮를 아낀다

愛는猶惜也라子貢은蓋惜其無實而妄費니然이나禮雖廢나羊存이면猶得以識^지之하여而可復焉이요若併去其羊이면則此禮遂亡矣리니孔子所以惜之라○楊氏曰告朔은諸侯所以禀命於君親이니禮之大者라魯不視朔矣나然이나羊存則告朔之名이未泯하여而其實因可擧니此夫子所以惜之也시니라

—

愛는 아낌과 같다. 子貢은 사실은 없으면서 쓸데없이 낭비하는 것을 아까워하였다. 그러나 禮는 비록 없어졌더라도 羊이라도 있으면 오히려 기억할 수 있어서 회복될 수 있거니와 만약 그 羊마저 함께 제거한다면 이 禮는 드디어 없어질 것이니, 孔子께서 애석하게 여기신 이유이다. ○ 楊氏가 말하였다. "告朔은 제후가 天子와 조상에게 명을 아뢰는 것이니, 禮의 큰 것이다. 魯나라에서 告朔의 禮를 보이지 않

으나 그러나 羊이라도 있으면 告朔의 이름은 없어지지 않아서 그 사실이 이로 인해서 거행될 수 있으니, 이것이 孔子께서 아깝게 여기신 이유이다."

⑱子曰事君盡禮를人이以爲諂也라하나다
孔子께서 말씀하시기를 임금을 섬김에 禮를 다하는 것을 사람들은 아첨이라고 하는구나

黃氏曰孔子는於事君之禮에非有所加也니如是而後盡爾라時人은不能하고反以爲諂故로孔子言之하여以明禮之當然也니라○ 程子曰聖人事君盡禮를當時以爲諂이라하니若他人言之면必曰我事君盡禮를小人이以爲諂이로되而孔子之言은止於如此하니聖人道大德宏을此亦可見이니라

—

黃氏가 말하였다. "孔子는 임금을 섬기는 禮에 더할 것이 있지 않으니, 이와 같이 한 뒤에야 (禮를) 다하는 것이다. 당시의 사람들은 하지도 못하면서 도리어 아첨으로 여기기 때문에 孔子께서 그것을 말씀하여 禮의 당연함을 밝히신 것이다." ○ 程子가 말하였다. "聖人이 임금을 섬김에 禮를 다하는 것을 당시에는 아첨한다고 말을 하니, 만약 다른 사람이 말했다면 반드시 '내가 임금을 섬김에 禮를 다하는 것을 소인들은 아첨이라고 말을 하는구나.'라고 하였겠지만, 그러나 孔子의 말씀은 이와 같음에 그치셨으니 聖人의 道가 크고 德이 넓음을 이런 데에서도 역시 엿볼 수 있다."

⑲定公이問君使臣하며臣事君하되如之何잇고孔子對
曰君使臣以禮하며臣事君以忠이니이다

定公이 묻기를 임금이 신하를 부리며 신하가 임금을 섬기되 어찌해야
합니까 孔子께서 대답하여 말씀하시기를 임금이 신하를 부리되 禮로써
하며 신하가 임금을 섬기되 忠으로써 할지니이다

定公은魯君이니名은宋이라二者는皆理之當然이니各欲自盡而已
라○呂氏曰使臣호되不患其不忠이요患禮之不至하며事君호되不
患其無禮요患忠之不足이니라尹氏曰君臣은以義合者也故로君
使臣以禮면則臣事君以忠이니라

—

定公은 魯나라 임금이니 이름은 宋이다. 두 가지는 모두 이치상 당연
한 것이니, 각각 스스로 극진히 하고자 할 뿐이다. ○ 呂氏가 말하였
다. "신하를 부리되 신하가 충성하지 않을까를 걱정할 것이 아니고
예우가 지극하지 못함을 걱정할 것이며, 임금을 섬기되 임금이 무례
할까를 걱정할 것이 아니고 충성이 부족할까를 걱정해야 할 것이다."
尹氏가 말하였다. "임금과 신하는 의리로써 부합된 것이기 때문에 임
금이 신하를 부리되 禮로써 하면, 신하가 임금을 섬기되 忠으로써 하
는 것이다."

---

⑳子曰關雎는樂而不淫하고哀而不傷이니라

孔子께서 말씀하시기를 關雎는 즐거워하되 지나치지 아니하고 슬퍼하되 傷하지 아니하니라

關雎는 周南國風이니 詩之首篇也라 淫者는 樂之過而失其正者也요 傷者는 哀之過而害於和者也라 關雎之詩에 言后妃之德이 宜配君子어늘 求之未得則不能無寤寐反側之憂요 求而得之則宜其有琴瑟鐘鼓之樂이니 蓋其憂雖深이라도 而不害於和하고 其樂雖盛이라도 而不失其正故로 夫子稱之如此하여 欲學者로 玩其辭審其音하여 而有以識其性情之正也라

關雎는 「周南」國風이니 『詩經』의 머리편이다. 淫은 즐거움이 지나쳐서 正道를 상실하는 것이고, 傷은 슬픔이 지나쳐서 조화에 방해되는 것이다. 關雎의 詩에 后妃의 德이 마땅히 군자와 짝이 되어야 하거늘 찾아서 얻지 못하면 자나깨나 엎치락뒤치락하는 근심이 없을 수 없으며, 찾아서 얻었으면 마땅히 琴瑟鐘鼓의 즐거움이 있을 것이라고 말하니, 대개 그 근심이 아무리 깊더라도 和平에는 방해되지 않고 그 즐거움이 아무리 성하더라도 그 正道는 상실하지 않기 때문에 孔子께서 이와 같이 칭찬하여 학자들로 하여금 그 가사를 읽어 보고 그 음정을 살피어서 性情의 바름을 인식할 수 있게 하고자 하시었다.

㉑哀公이 問社於宰我하신대 宰我對曰夏后氏는 以松이요 殷人은 以柏이요 周人은 以栗이니 曰使民戰栗이니이다

哀公이 宰我에게 社稷을 물으셨는데 宰我가 대답하여 말하기를 夏나

라는 소나무를 심었고 殷나라는 잣나무를 심었고 周나라는 밤나무를 심었으니 백성들로 하여금 전율케 하려 함입니다

宰我는孔子弟子니名은予라三代之社不同者는古者立社에各樹 其土之所宜木하여以爲主也라戰栗은恐懼貌라宰我又言周所以 用栗之意如此하니豈30)以古者에戮人於社故로附會31)其說與아

—

宰我는 孔子 제자이니 이름은 予이다. 三代의 社稷壇이 같지 않은 것은 옛날에 社稷壇을 세울 때 각각 그 토질에 적절한 나무를 심어서 主木으로 삼은 것이다. 戰栗은 두려워하는 모습이다. 宰我가 또 周나라가 밤나무를 사용한 이유의 뜻이 이와 같다고 말하였으니, 아마도 옛날에 社稷에서 사람을 처형하였기 때문에 그 설명을 附會한 것인가.

子聞之하시고曰成事라不說하며遂事라不諫하며旣往이라不咎로다

孔子께서 들으시고 말씀하시기를 이루어진 일이라 설명하지 못하고 다 된 일이라 諫하지 못하며 이미 지나간지라 허물하지 못하겠다

遂事는謂事雖未成이나而勢不能已者라孔子以宰我所對非立 社之本意요又啓時君殺伐之心이로되而其言이已出이라不可復救

---

30) 豈 : 아마도.

31) 附會 : 근거가 없고 이치에 맞지 않는 것을 억지로 끌어대어 자신에게 유리하도록 설명함.

故로歷言此以深責之하여欲使謹其後也라○尹氏曰古者에各以
所宜木으로名其社는非取義於木也어늘宰我不知而妄對故로夫
子責之시니라

—

遂事는 일이 비록 아직 완성되지 않았으나 형세상으로 그치게 할 수
없는 것을 말한다. 孔子께서 宰我의 대답이 社稷을 세운 본뜻도 아
니고 또 당시 임금의 살벌한 마음을 열어주었는데도 그 말이 이미
나와 버려 다시 구제할 수 없다고 여겼기 때문에 이 말들을 차례차
례 말해서 깊이 꾸짖어 이후로는 조심하게 하고자 하셨다. ○ 尹氏가
말하였다. "옛날에 각각 토질에 맞는 나무로써 그 社稷을 이름한 것
은 나무에서 뜻을 취한 것이 아니거늘 宰我가 알지도 못하면서 함부
로 대답하였기 때문에 孔子께서 꾸짖으신 것이다."

㉒子曰管仲之器小哉라
孔子께서 말씀하시기를 관중의 그릇이 작도다

管仲은齊大夫니名은夷吾요相桓公霸諸侯라器小는言其不知聖
賢大學之道故로局量褊淺하고規模卑狹하여不能正身脩德하여以
致主於王道라

—

管仲은 齊나라 大夫이니 이름은 夷吾이고 桓公이 霸諸侯하는 것
을 도왔다. 器小는 聖賢·大學의 道를 알지 못하기 때문에 局量이
좁고 얕으며 규모가 낮고 협소하여, 자기 몸을 바로잡고 德을 닦아

서 군주를 왕도에 이르게 하지 못하였음을 말씀하신 것이다.

或이曰管仲은儉乎잇가曰管氏有三歸하며官事를不攝하니焉得儉이리오

어떤 사람이 말하되 管仲은 검소했습니까 말씀하시기를 管氏는 三歸를 두었으며 官의 일을 겸하지 아니하였으니 어찌 검소하다고 하리오

或人은蓋疑器小之爲儉이라三歸는臺名이니事見說苑[32]이라攝은兼也니家臣은不能具官이요一人이常兼數事어늘管仲이不然하니皆言其侈라

혹자는 그릇이 작다는 것이 검소함이 되는가를 의심한 것이다. 三歸는 臺의 명칭이니 이 일은 『說苑』에 나타난다. 攝은 겸하는 것이니 家臣은 관부를 갖출 수 없어서 한 사람이 항상 여러 가지 일을 겸하였거늘 管仲은 그렇게 하지 않았으니 모두 그 사치함을 말한 것이다.

然則管仲은知禮乎잇가曰邦君이아樹塞門이어늘管氏亦樹塞門하며邦君이아爲兩君之好에有反坫이어늘管氏亦有反坫하니管氏而知禮면孰不知禮리오

그렇다면 관중은 禮를 알았습니까 말씀하시기를 나라 임금이라야 가리

---

32) 說苑 : 劉向이 엮은 이야기 모음집. 주로 爲政者에게 諫言하기 위한 일화를 모아놓았다.

개 門을 세울 수 있거늘 管氏 역시 가리개 門을 세웠으며 나라 임금이라야 두 나라 임금의 좋은 모임에 反坫을 두거늘 管氏 역시 反坫을 두었으니 管氏가 禮를 안다면 누가 禮를 알지 못하리오

或人은又疑不儉이면爲知禮라屛을謂之樹塞이니猶蔽也니設屛於門하여以蔽內外也라好는謂好會라坫은在兩楹之間이니獻酬飮畢이면則反爵於其上이라此皆諸侯之禮어늘而管仲이僭之하니不知禮也라○愚는謂孔子譏管仲之器小는其旨深矣어늘或人이不知而疑其儉故로斥其奢하여以明其非儉이요或이又疑其知禮故로又斥其僭하여以明其不知禮니蓋雖不復明言小器之所以然이라도而其所以小者를於此에亦可見矣라故로程子曰奢而犯禮면其器之小를可知니蓋器大則自知禮而無此失矣라하니此言을當深味也니라蘇氏曰自脩身正家로以及於國이면則其本深하고其及者遠이라是謂大器니揚雄所謂大器는猶規矩準繩33)이니先自治而後治人者是也라管仲은三歸反坫하고桓公은內嬖六人而霸天下하니其本이固已淺矣라管仲死桓公薨하니天下는不復宗齊니라楊氏曰夫子大管仲之功而小其器하니蓋非王佐之才면雖能合諸侯正天下라도其器는不足稱也요道學不明이면而王霸之略이混爲一途故로聞管仲之器小면則疑其爲儉하고以不儉으로告之면則又疑其知禮하니蓋世方以詭遇34)로爲功이요而不知爲之範35)하니則不悟其小宜矣로다

---

33) 規矩準繩 : 목수가 사용하는 연장으로 規는 직각자, 矩는 원을 그리는 컴퍼스, 準은 수평기, 繩은 먹줄.

34) 詭遇 : 사냥할 때 부정한 방법으로 말을 몰아 짐승을 만나게 하는 것.

35) 爲之範 : 爲之範我馳驅의 준말. 법대로 말을 모는 것을 의미.

혹자는 또 검소하지 않으면 禮를 아는 것이 되는가 하고 의심하였다. 가리개를 樹塞이라고 말하니 가리는 것과 같은 것이니, 문에 가리개를 설치해서 안팎을 가리는 것이다. 好는 좋은 모임을 말한다. 坫은 두 기둥 사이에 있는 것이니, 잔을 드려서 마시기를 마치면 그 위에 잔을 되돌려 놓는 것이다. 이것은 모두 諸侯의 禮이거늘 管仲이 그것을 도둑질했으니, 禮를 알지 못함이다. ○ 나는 생각하건대, 孔子께서 管仲의 그릇이 작다고 비웃은 것은 그 뜻이 깊거늘, 혹자는 알지 못하고 그가 검소한 것인지 의심하기 때문에 그의 사치함을 지적하여 검소한 것이 아님을 밝히셨고, 혹자는 또 그가 禮를 아는가 하고 의심하기 때문에 또 僭濫한 것을 지적해서 禮를 알지 못함을 밝히셨으니, 비록 다시 그릇이 작은 이유를 분명히 말씀하시지 않더라도, 그 작은 이유를 여기에서 또한 엿볼 수 있다. 그러므로 程子가 사치하고 禮를 범하면 그 그릇이 작은 것을 알 수 있으니, 대개 그릇이 크면 저절로 禮를 알아서 이런 실수는 없었을 것이다 하니 이 말을 마땅히 깊이 음미해야 할 것이다. 蘇氏가 말하였다. "자기 몸을 닦고 집안을 바르게 하는 것으로부터 나라에까지 미치게 하면 그 근본이 깊고 그 파급이 원대하다. 이것을 큰 그릇이라고 말하는 것이니 揚雄이 이른바 '큰 그릇은 規矩準繩과 같으니 먼저 스스로를 다스린 이후 남을 다스린다.'는 것이 이것이다. 管仲은 三歸臺와 反坫이 있고, 桓公은 안으로 여섯 여자를 사랑하면서 覇天下하였으니 그들의 근본이 진실로 이미 미천하였다. 管仲이 죽고, 桓公도 죽으니 천하가 다시는 齊나라를 종주로 여기지 않은 것이다." 楊氏가 말하였다. "孔子께서 管仲의 공은 크다고 하면서 그릇은 작다고 하시니 대체로 王天下를 돕는 인품이 아니면, 비록 諸侯를 규합하여 천하를 바로잡을 수 있다 하더라도 그 그릇은 칭찬할 만한 것이 못되고, 道學이 밝지 못하면 왕도와 패도의 개념이 섞여서 한 길이 되므로, 管仲이 그릇이 작다는 말을 들으면 그것이 검소함이 되는가 의심하고, 검소하지 않다는 것을 알려주면 또 그것이 禮를 아는 것인가 하고 의심하니, 세상은 詭遇를 功으로 여기고 법대로 하는 것은 알지 못하니 그릇이 작다 함을 깨닫지 못하는 것이 마땅하다."

㉓子語魯大^태師樂曰樂은其可知也니始作에翕如也하여從之에純如也하며皦如也하며繹如也하여以成이니라

孔子께서 魯나라 太師 樂에게 말씀하시기를 음악은 알아야 하는 것이니 처음 시작할 때는 합주하듯 하여 계속 연주될 때에 조화롭게 하며 환하게 하며 서로 연속되듯 하여 완성되게 하는 것이다

語는告也라大師는樂官名이라時에音樂이廢缺故로孔子敎之라翕은合也요從은放也요純은和也요皦는明也요繹은相續不絶也라成은樂之一終也라○謝氏曰五音[36]六律[37]이不具면不足以言樂이니翕如는言其合也니五音이合矣요淸濁高下如五味之相濟而後에和故로曰純如니合而和矣요欲其無相奪倫故로曰皦如라然이나豈宮自宮而商自商乎리오不相反而相連호되如貫珠可也라故로曰

---

36) 五音 : 동아시아 전통 음악에 사용되는 다섯 가지 음계. 宮, 商, 角, 徵, 羽를 이름

37) 六律 : 동아시아 전통 음악에 사용되는 음 이름. 六律과 六呂 합해서 十二律呂이나 보통 六律로 불리기도 한다. 六律 : 黃鐘 太簇 姑洗 蕤賓 夷則 無射, 六呂 : 大呂 夾鐘 仲呂 林鐘 南呂 應鐘

繹如也以成이니라

—

語는 알림[告]이다. 大師^{태사}는 樂官의 명칭이다. 당시에 음악이 못쓰게 되고 이지러졌기 때문에 孔子께서 가르치신 것이다. 翕은 합하는 것이고, 從은 풀어 놓는 것이고, 純은 섞임이며, 皦는 분명함이고, 繹은 서로 연속되어 끊어지지 않는 것이다. 成은 음악의 한 장을 마치는 것이다. ○ 謝氏가 말하였다. "五音六律이 갖추어지지 않으면 음악이라고 말할 수 없으니, 翕如는 합해짐을 말한 것이니 五音이 합해지는 것이고 淸濁高下가 마치 다섯 가지 맛이 서로 섞인 뒤에 조화되기 때문에 純如라 말하니 합주를 하면서도 조화된 것이요, 서로 질서를 빼앗음이 없게 하려 하기 때문에 皦如라고 말한 것이다. 그러나 어찌 宮은 宮대로 商은 商대로이리오. 서로 어긋나지 아니하고 서로 연속되어서 마치 구슬을 꿴 듯이 해야 옳기 때문에 '연속되듯 하여 한 장이 이루어진다.'라고 하신 것이다."

──────────────────────

㉔儀封人이請見^현曰君子之至於斯也에吾未嘗不得見也로라從者見之한대出曰二三子는何患於喪乎리오天下之無道也久矣라天將以夫子로爲木鐸이시리라

儀邑의 封人이 뵙기를 청하여 말하기를 군자가 이곳에 이를 적에 내가 만나뵙지 못한 적이 없었다 從者가 뵙게 해주었는데 나와서 하는 말이 그대들은 어찌 벼슬 잃음을 걱정하리오 천하에 道 없음이 오래된지라 하늘이 장차 선생님을 목탁으로 삼을 것이다

──────────────────────

儀는 衛邑이요 封人은 掌封疆之官이니 蓋賢而隱於下位者也라 君子는 謂當時賢者니 至此면 皆得見之는 自言其平日不見絶於賢者하여 而求以自通也라 見之는 謂通使得見이라 喪은 謂失位去國이니 禮에 曰喪欲速貧이 是也라 木鐸은 金口木舌이니 施政敎時에 所振以警衆者也라 言亂極當治니 天必將使夫子로 得位設敎요 不久失位也라 封人이 一見夫子하고 而遽以是稱之하니 其得於觀感之間者深矣라 或曰木鐸은 所以徇于道路니 言天使夫子失位하고 周流四方하여 以行其敎를 如木鐸之徇于道路也라

―

儀는 衛나라 邑이요, 封人은 봉해준 국경을 관장하는 관원이니, 대체로 훌륭한 사람으로 낮은 벼슬자리에 숨어 있는 자이다. 君子는 당시의 현자를 말하니 이곳에 이르면 모두 만나볼 수 있었던 것은 그가 평소에 현자에게 거절당하지 않아서 요구를 하면 저절로 통하였음을 스스로 말한 것이다. 見之는 서로 통하여 만나볼 수 있게 됨을 말함이다. 喪은 벼슬을 잃고 나라를 떠나는 것을 말하니 『禮記』에 '벼슬을 잃으면 빨리 가난하고자 한다.'라고 한 것이 이것이다. 木鐸은 쇠로 입을 만들고 나무로 혀를 만든 것이니 정사와 교육을 베풀 때에 흔들어서 대중을 깨우치는 것이다. 亂이 극에 달하면 治世를 당하는 것이니, 하늘이 반드시 장차 孔子로 하여금 지위를 얻어 교화를 베풀게 할 것이요 오랫동안 벼슬을 잃지 않게 할 것임을 말한 것이다. 封人이 한 번 孔子를 뵙고 갑자기 이런 말로 칭송하니, 그 보고 느끼는 사이에 터득한 것이 깊다. 혹자는 '목탁은 도로를 따라 다니는 것이니, 하늘이 孔子로 하여금 벼슬을 잃게 하고 사방을 두루 돌아다니게 해서, 그 교화를 행하게 함이 마치 목탁이 도로를 따라 다님과 같게 하였다.'라고 하였다.

㉕子謂韶하시되盡美矣요又盡善也라하시고謂武하시되盡
美矣요未盡善也라하시다

孔子께서 韶樂을 이르시되 지극히 아름답고 또 지극히 좋다 하시고 武樂을
이르시되 지극히 아름다우나 지극히 좋지는 못하다 하시었다

韶는舜樂이요武는武王樂이라美者는聲容之盛이요善者는美之實也
라舜紹堯致治와武王伐紂救民이其功은一也故로其樂이皆盡美
나然이나舜之德은性之也요又以揖遜而有天下요武王之德은反之
也요又以征誅而得天下故로其實은有不同者라○程子曰成湯이
放桀하고惟有慙德이라하시니武王도亦然故로未盡善이요堯舜湯武
其揆는一也니征伐은非其所欲이라所遇之時然爾니라

—

韶는 舜임금의 음악이고, 武는 武王의 음악이다. 美는 소리 맵시의 성
대한 것이요, 善은 美의 알맹이다. 舜임금이 堯임금을 이어서 태평을
이룬 것과 武王이 紂를 정벌하여 백성을 구제한 것이 그 공은 같으므로
그 음악이 모두 지극히 아름다우나 舜임금의 德은 성품대로이며 또한
사양과 양보로 천하를 소유했고, 武王의 德은 되돌려 찾은 것이고 또한
정벌하고 죽어서 천하를 얻었기 때문에 그 실상은 같지 않음이 있는 것
이다. ○ 程子가 말하였다. "湯王이 桀을 추방시키고 '오직 부끄러운 덕
이 있다.'라고 하셨으니 武王도 역시 그러하기 때문에 盡善하지는 못함
이고, 堯임금·舜임금·湯王·武王의 그 헤아림은 한가지이니, 정벌은
그들이 하고자 한 것이 아니고 만난 바의 시대가 그러했을 뿐이다."

㉖子曰居上不寬하며爲禮不敬하며臨喪不哀면吾何以
觀之哉리오

孔子께서 말씀하시기를 윗자리에 처해서 너그럽지 아니하며 禮를 행하
면서 공경하지 아니하며 喪에 임하여 슬퍼하지 아니하면 내가 무엇을
가지고 관찰하리오

居上에主於愛人故로以寬爲本이요爲禮에以敬爲本이요臨喪에以
哀爲本이니旣無其本이면則以何者로而觀其所行之得失哉리오
—

윗자리에 처해서는 사람을 사랑함을 위주로 하기 때문에 너그러움
을 근본으로 삼고, 禮를 행할 때는 공경함을 근본으로 삼고, 喪에
임해서는 슬픔을 근본으로 삼는 것이니, 이미 그 근본이 없으면 무
엇으로써 그 행동하는 바의 잘잘못을 관찰하리오

[八佾 第三]

里仁第四

凡二十六章이라

—

합해서 이십육 章이다.

① 子曰里仁이 爲美하니 擇不處仁이면 焉得知리오

孔子께서 말씀하시기를 마을의 仁厚함이 아름다움이 되니 선택하되
仁厚한 곳에 처하지 아니하면 어찌 지혜롭다 하겠는가

里有仁厚之俗이 爲美니 擇里而不居於是焉이면 則失其是非之
本心이니 而不得爲知矣라

—

마을에 인후한 풍속이 있는 것이 아름다움이 되니, 마을을 선택하되
이러한 곳에 처하지 않으면 是非의 본심을 상실하게 되니 지혜라고
할 수 없을 것이다.

② 子曰不仁者는 不可以久處約이며 不可以長處樂이니
仁者는 安仁하고 知者는 利仁이니라

孔子께서 말씀하시기를 仁하지 아니한 사람은 오랫동안 곤궁함에 처할
수 없으며 길이 즐거움에 처할 수 없으니 仁한 사람은 仁을 편안히 여
기고 지혜로운 사람은 仁을 이롭게 여긴다

約은 窮困也라 利는 猶貪也니 蓋深知篤好하여 而必欲得之也라 不仁
之人은 失其本心하여 久約必濫이요 久樂必淫이라 惟仁者는 則安其
仁而無適不然이요 知者는 則利於仁而不易所守하니 蓋雖深淺之
不同이나 然이나 皆非外物所能奪矣라 ○謝氏曰仁者는 心無內外

遠近精粗之間하여非有所存而自不亡하고非有所理而自不亂하여如目視而耳聽하고手持而足行也요知者는謂之有所見則可커니와謂之有所得則未可요有所存이라아斯不亡하고有所理라아斯不亂이니未能無意也라安仁則一이요利仁則二라安仁者는非顔閔以上의去聖人爲不遠이면不知此味也요諸子는雖有卓越之才라도謂之見道不惑則可커니와然이나未免於利之也니라

—

約은 곤궁함이다. 利는 탐함과 같으니 대체로 깊이 알고 철저하게 좋아해서 반드시 그것을 얻고자 하는 것이다. 不仁한 사람은 그 본심을 잃어서 오랫동안 가난하면 반드시 넘치고, 오랫동안 즐거우면 반드시 음란해진다. 오직 仁한 사람만이 그 仁을 편안히 여겨 어디를 가도 그렇게 여기지 아니함이 없고, 지혜로운 사람은 仁을 이롭게 여겨서 지키는 바를 바꾸지 않으니 대체로 깊고 얕음은 같지 않더라도, 그러나 모두 外物이 (그 마음을) 빼앗을 수는 없다. ○ 謝氏가 말하였다. "仁한 사람은 마음에 안과 밖, 멀고 가까움, 정밀하고 거칢의 간격이 없어 마음에 두고 있지 않아도 저절로 없어지지 아니하고, 다스리는 바가 있지 않아도 저절로 문란해지지 않아서 마치 눈으로 보고 귀로 듣는 것과 같고 손으로 잡고 발로 걷는 것과 같다. 지혜로운 사람은 보는 바가 있다고 말한다면 옳거니와 마음에 깨달은 바가 있다고 말하면 옳지 않으니, 마음에 두는 바가 있어야 이에 없어지지 않고, 다스리는 바가 있어야만 이에 문란해지지 않으니 유의함이 없을 수는 없다. 安仁은 한 덩어리요 利仁은 거리가 있는 것이다. 仁을 편안히 여기는 사람은 顔子, 閔子 이상의 聖人과의 거리가 멀지 않은 사람이 아니면 이 맛을 알지 못하고, 여러

제자들이 비록 탁월한 재주가 있다 하더라도 道를 봄에는 의혹하지 아니한다고 말한다면 옳거니와 그러나 仁을 이롭게 여기는 데서 면하지는 못한다."

③子曰惟仁者야能好人하며能惡_ዶ人이니라

孔子께서 말씀하시기를 오직 仁者라야 사람을 좋아할 수 있으며 사람을 미워할 수 있느니라

惟之爲言은獨也라蓋無私心然後에好惡當於理니程子所謂得其公正이是也라○游氏曰好善而惡_ዶ惡은天下之同情이나然이나人이每失其正者면心有所繫하여而不能自克也요惟仁者는無私心이니所以能好惡也니라

—

惟의 말됨은 홀로이다. 대체로 사심이 없는 연후에 좋아하고 미워함이 원리에 합당한 것이니, 程子가 이른바 '公正을 얻었다.'는 것이 이것이다. ○ 游氏가 말하였다. "善을 좋아하고 惡을 미워하는 것은 천하에 동등한 실정이지만 그러나 사람이 매번 그 바름을 상실하면 마음에 얽매임이 생겨서 스스로 이겨낼 수 없고, 오직 仁한 사람은 사심이 없는지라 좋아하고 미워할 수 있는 이유이다."

④子曰苟志於仁矣면無惡也니라

孔子께서 말씀하시기를 진실로 仁에 뜻을 두면 惡한 일은 없게 된다

苟는誠也라志者는心之所之也라其心이誠在於仁이면則必無爲惡之事矣라○楊氏曰苟志於仁이면未必無過擧也로되然而爲惡則無矣니라

—

苟는 진실로이다. 志는 마음이 가는 곳이다. 그 마음이 진실로 仁에 있으면 반드시 惡을 행하는 일은 없을 것이다. ○ 楊氏가 말하였다. "진실로 仁에 뜻을 두었다면 반드시 지나친 일이 없는 것은 아니겠지만 그러나 惡을 행하는 일은 없을 것이다."

⑤子曰富與貴是人之所欲也나不以其道로得之어든不處也하며貧與賤이是人之所惡也나不以其道로得之라도不去也니라

孔子께서 말씀하시기를 富와 貴 이것은 사람이 하고자 하는 것이나 正道로써 얻은 것이 아니면 처하지 아니하며 貧과 賤 이것은 사람이 싫어하는 것이나 正道로써 얻은 것이 아닐지라도 떠나지 않아야 한다

不以其道得之는謂不當得而得之라然이나於富貴則不處하고於貧賤則不去하니君子之審富貴而安貧賤也如此라

—

正道로써 얻은 것이 아님은 얻어서는 안되는 것을 얻음을 말한다. 그러나 富貴라면 처하지 아니하고 貧賤이라면 떠나지 아니하는 것이니, 군자가 富貴는 자세히 살피고 貧賤은 편안히 여김이 이와 같은 것이다.

君子去仁이면惡乎成名이리오

군자가 仁을 떠나면 어디에서 이름을 이루리오

言君子所以爲君子는以其仁也니若貪富貴而厭貧賤이면則是
自離其仁하여而無君子之實矣니何所에成其名乎리오

—

군자가 군자 되는 이유는 그 仁 때문이니 만약에 富貴를 탐하고
貧賤을 싫어한다면 이것은 스스로 仁에서 떠나 군자 되는 실체를
없애는 것이니 '어디에서 이름을 이루리오'라고 말씀하신 것이다.

君子無終食之間을違仁이니造次에必於是하며顚沛에必
於是니라

군자는 밥 한 끼 먹는 시간에도 仁에서 떠남이 없어야 하니 잠깐 동안
에도 반드시 이에 하며 넘어질 때도 반드시 이에 하는 것이다

終食者는一飯之頃이라造次는急遽苟且之時요顚沛는傾覆流離
之際라蓋君子之不去乎仁을如此요不但富貴貧賤取舍之間而
已也라○言君子爲仁호되自富貴貧賤取舍之間으로以至於終食
造次顚沛之頃이無時無處而不用其力也라然이나取舍之分이明
然後에存養之功이密이니存養之功이密이면則其取舍之分은益明
矣리라

終食은 밥 한 끼 먹는 시간이다. 造次는 급하고 구차한 때이고, 顚沛는 넘어지고 흩어지는 즈음이다. 대체로 군자가 仁에서 떠나지 아니함이 이와 같고 단지 富貴와 貧賤을 취하고 버리는 사이일 뿐만 아닌 것이다. ○ 군자가 仁을 행하되 富貴와 貧賤을 취하고 버리는 사이로부터 밥 한 끼 먹는 시간과 造次, 顚沛의 시간에 이르기까지 어느 때 어느 곳이든 그 힘을 쓰지 아니함이 없음을 말씀하신 것이다. 그러나 취하고 버리는 구분이 명확한 연후에 본심을 보존하고 본성을 기르는 공부가 정밀해지는 것이니 본심을 보존하고 본성을 기르는 공부가 정밀해지면 취하고 버리는 구분이 더욱 더 명확해질 것이다.

⑥子曰我未見好仁者와惡오不仁者케라好仁者는無以尙之요惡不仁者는其爲仁矣不使不仁者로加乎其身이니라

孔子께서 말씀하시기를 나는 仁을 좋아하는 사람과 不仁을 미워하는 사람을 보지 못하였다 仁을 좋아하는 사람은 더할 것이 없고 不仁을 미워하는 자는 그 仁을 하는 방법이 不仁한 것으로 하여금 그 몸에 더해지지 못하게 한다

夫子自言호되未見好仁者와惡不仁者라하니蓋好仁者는眞知仁之可好故로天下之物이無以加之요惡不仁者는眞知不仁之可惡故로其所以爲仁者必能絶去不仁之事하여而不使少有及於其

身이니 此皆成德之事故로難得而見之也라

—

孔子께서 스스로 말씀하시되 "仁을 좋아하는 사람과 不仁을 미워하는 사람을 보지 못하였다."고 하시니, 대체로 仁을 좋아하는 사람은 참으로 仁이 좋아할 만한 것임을 알기 때문에 천하의 어떤 물건도 그 仁에 더해질 수 없고, 不仁을 미워하는 사람은 참으로 不仁이 미워할 만한 것임을 알기 때문에 仁을 행하는 방법이 반드시 不仁한 일을 남김없이 제거해서 조금도 자신에게 미치지 못하게 하는 것이니, 이것은 모두 德을 이룬 사람의 일이기 때문에 그런 사람을 보기 어렵다는 것이다.

有能一日에用其力於仁矣乎아我未見力不足者케라
누구든지 하루에 그 힘을 仁에 쓸 수 있는 자가 있는가 나는 힘이 부족한 자를 보지 못하였다

言好仁惡不仁者는雖不可見이나然이나或有人果能一旦에奮然用力於仁이면則我又未見其力이有不足者라蓋爲仁在己하니欲之則是니而志之所至엔氣必至焉故로仁雖難能이나而至之는亦易이也라

—

仁을 좋아하고 不仁을 미워하는 자는 비록 볼 수 없으나 그러나 혹시라도 어떤 사람이 과연 하루아침에 떨치고 일어나서 仁에 힘을 쓸 수 있는 자가 있다면 나는 또 그 힘이 부족한 자가 있다는 것을

보지 못하였다는 말씀이다. 대개 仁을 행하는 것은 자기에게 있으니 하고자 하면 바로 되는 것이니, 뜻이 이르는 곳에는 氣가 반드시 이르는 것이기 때문에 仁은 비록 능하기는 어려우나 이르기에는 역시 쉬운 것이다.

蓋有之矣어늘我未之見也로다
아마도 있을 터인데 내가 보지 못하였나 보다

蓋는疑辭라有之는謂有用力而力不足者라蓋人之氣質이不同故로疑亦容或有此昏弱之甚하여欲進而不能者로되但我偶未之見耳라蓋不敢終以爲易°요而又歎人之莫肯1)用力於仁也라○此章은言仁之成德이雖難其人이나然이나學者苟能實用其力이면則亦無不可至之理로되但用力而不至者를今亦未見其人焉이니此夫子所以反覆而歎息之也라

—

蓋는 의문사이다. 有之는 힘을 써서 힘이 부족한 사람이 있음을 말하는 것이다. 대체로 사람의 기질이 같지 않기 때문에 아마도 역시 혹시라도 이렇게 어둡고 약함이 심하여 나아가고자 해도 능하지 못하는 사람이 있겠지만, 단지 나는 우연히도 그를 못보았을 뿐일 것이다. 대체로 감히 끝내 쉽다고 여기지 못하겠고 또 사람들이 仁에 힘을 쓰려 하지 않는 것을 탄식한 것이다. ○ 이 장은 仁의 德을 이루는 것이 비록 그런 사람은 어려우나 그러나 배우는 자가 진실로 그

---

1) 莫肯~ : ~하려 하지 아니하다.

힘을 실제로 쓸 수 있으면 또한 이를 수 없는 이치는 없는 것이다. 단지 힘을 쓰는데도 이르지 못하는 자를 지금 또한 그러한 사람을 보지 못하였다고 말씀하신 것이니, 이것이 孔子께서 반복해서 탄식하신 이유인 것이다.

⑦子曰人之過也各於其黨이니觀過에斯知仁矣니라

孔子께서 말씀하시기를 사람의 허물은 각각 그 종류대로 하니 허물을 보면 이에 仁을 안다

黨은類也라程子曰人之過也各於其類니君子는常失於厚하고小人은常失於薄하며君子는過於愛하고小人은過於忍이니라尹氏曰於此觀之면則人之仁不仁을可知矣니라○吳氏曰後漢吳祐²⁾謂掾以親故로受汙辱之名하니所謂觀過知仁이是也라愚는按此亦但言人雖有過라도猶可卽此而知其厚薄이요非謂必俟其有過而後에賢否를可知也니라

黨은 종류이다. 程子가 말하였다. "사람의 허물은 각각 그 종류대로 하는 것이니 군자는 항상 후하게 하려다 실수하고, 소인은 항상 야박하게 하려다 실수하며, 군자는 사랑이 지나치며, 소인은 인색이 지나친 것이다." 尹氏가 말하였다. "이런 것에서 관찰해 보면 사람

---

2) 吳祐 : 후한 때의 재상. 吳祐가 膠東의 재상으로 있을 때, 지방의 향관 嗇夫인 孫性이 사사롭게 세금을 더 거두어 이로써 옷을 사서 부친에게 보냈는데, 부친이 받아 보고 화를 내며 자수하라고 하였다. 孫性이 자수를 하자 吳祐가 전후 사정을 듣고는 觀過知仁이라 하며 용서해 주고 또한 옷을 그에게 돌려주었다.

이 仁한지 仁하지 못한지를 알 수 있다." ○ 吳氏가 말하였다. "後漢 때에 吳祐가 말하기를 '부모의 연고로 인연하여 汚辱의 이름을 받았다.' 하였으니 이것이 이른바 허물을 보면 仁을 안다는 것이다." 나는 고찰하건대, 이 말은 역시 다만 사람이 비록 허물이 있더라도 오히려 이 허물에 나아가서 그 厚薄을 알 수 있음을 말하였을 뿐이요, 반드시 허물 있기를 기다린 후에 賢否를 알 수 있다고 말한 것은 아니다.

---

⑧子曰朝聞道면夕死라도可矣니라
孔子께서 말씀하시기를 아침에 道를 들으면 저녁에 죽더라도 괜찮겠다

道者는事物當然之理니苟得聞之면則生順死安하여無復遺恨矣라朝夕은所以甚言其時之近이라○程子曰言人不可以不知道니苟得聞道면雖死라도可也[3]니라又曰皆實理也어늘人知而信者爲難이요死生이亦大矣어니非誠有所得이면豈以夕死로爲可乎아

道는 사물의 당연한 이치이니 진실로 이치를 들을 수 있으면 순리에 살고 안락에 죽어서 다시는 남은 한이 없을 것이다. 朝夕은 그 시기의 가까움을 심하게 말한 것이다. ○ 程子가 말하였다. "사람이 道를 몰라서는 안되니, 진실로 道를 들을 수 있다면 비록 죽더라도 괜찮다는 말이다." 또 말하였다. "모두 실제의 이치이니 사람이 이것을 알고 믿는 것이 어렵고 죽고 삶이 또한 큰 것이니 진실

---

3) 『漢文大系』에 따르면, 道가 사라진 세상에 아침에 道가 있다는 소식을 들으면 저녁에 죽어도 여한이 없겠다며 세상에 道가 없음을 한탄하여 한 말이다.

로 깨달은 바가 있지 않다면 어찌 저녁에 죽는 것으로 괜찮다고 할
수 있겠는가."

---

⑨子曰士志於道而恥惡衣惡食者는未足與議也니라
孔子께서 말씀하시기를 선비가 도에 뜻을 두되 험한 옷과 험한 음식을
부끄러워하는 사람은 더불어 의논할 것도 못된다

心欲求道로되而以口體之奉이不若人으로爲恥면其識趣之卑陋
甚矣라何足與議於道哉리오○程子曰志於道而心役乎外면何
足與議也리오

—

마음은 道를 찾고자 하면서도 입과 몸의 봉양이 남과 같지 못한 것
을 부끄러워한다면 그 지식과 취향의 비루함이 심하니 어찌 족히
더불어 道를 의논할 수 있겠는가. ○ 程子가 말하였다. "道에 뜻을
두고서 마음이 外物의 부림을 받는다면 어찌 足히 더불어 의논할
수 있겠는가."

---

⑩子曰君子之於天下也에無適也하며無莫也하여義之
與比니라
孔子께서 말씀하시기를 군자가 천하에 대하여 오로지 주장함도 없으며
하려 하지 않음도 없어서 의리에 따라서 좇을 것이니라

適은專主也니春秋傳에曰吾誰適從이是也라莫은不肯也라比는從
也라○謝氏曰適은可也요莫은不可也니無可無不可하여苟無道以
主之면不幾於猖狂自恣乎아此佛老之學이니所以自謂心無所
住로되而能應變하여而卒得罪於聖人也라聖人之學은不然하여於
無可無不可之間에有義存焉하니然則君子之心이果有所倚乎아
—

適은 오로지 주장하는 것이니, 『春秋傳』에 이르기를 '내가 누구를
오로지 따르리오'한 것이 이것이다. 莫은 하려 하지 않음이다. 比는
따름이다. ○ 謝氏가 말하였다. "適은 可함이요 莫은 不可함이니,
可한 것도 없고 不可한 것도 없어서 진실로 道로써 주장하는 것이
없으면 미쳐 날뛰고 스스로 방자함에 가깝지 않겠는가. 이는 불교나
노자의 학문이니, 스스로 여기기를 마음속에 얽매이는 바가 없어 모
든 변화에 응할 수 있다고 하여 마침내 聖人에게 죄를 얻는 이유이
다. 聖人의 학문은 그렇지 않아서 可함도 없고 不可함도 없는 가
운데 오직 의리가 존재하니 그렇다면 군자의 마음이 과연 치우친
바가 있겠는가."

⑪子曰君子는懷德하고小人은懷土하며君子는懷刑하고
小人은懷惠니라
孔子께서 말씀하시기를 군자는 德을 생각하고 소인은 편안한 곳을 생
각하며 군자는 法을 생각하고 소인은 혜택을 생각한다

懷는思念也니懷德은謂存其固有之善이요懷土는謂溺其所處之

安이라懷刑은謂畏法이요懷惠는謂貪利라君子小人趣向不同은公私之間而已矣라○尹氏曰樂善惡오不善이라所以爲君子요苟安務得이라所以爲小人이니라

—

懷는 생각함이니 懷德은 그 고유의 善을 보존함을 말하고, 懷土는 처한 바의 안락에 빠짐을 말한다. 懷刑은 법을 두려워함을 말하고, 懷惠는 이익을 탐함을 말한다. 군자와 소인의 취향이 같지 않은 것은 公私의 사이일 따름이다. ○ 尹氏가 말하였다. "善을 즐거워하고 不善을 미워하는지라 군자가 되는 이유이고, 억지로 편안하고 얻기를 힘쓰는지라 소인이 되는 이유이다."

⑫子曰放於利而行이면多怨이니라

孔子께서 말씀하시기를 이익에 의지해서 행동하면 원망이 많은 것이다

孔氏曰放은依也라多怨은謂多取怨이라○程子曰欲利於己면必害於人故로多怨이니라

—

孔氏가 말하였다. "放은 의지함이다. 多怨은 원망을 취함이 많다는 말이다." 程子가 말하였다. "자기에게 이익 되고자 하면 반드시 남에게 해가 되기 때문에 원망이 많은 것이다."

⑬子曰能以禮讓이면爲國乎에何有며不能以禮讓으로爲國이면如禮에何리오

孔子께서 말씀하시기를 禮로써 사양할 수 있으면 나라를 다스리는 데 무엇이 있을 것이며 禮로써 사양하여 나라를 다스리지 못 하면 禮는 어떻게 하리오

讓者는禮之實也라何有는言不難也라言有禮之實以爲國이면則何難之有며不然則其禮文이雖具나亦且無如之何矣어늘而況於爲國乎아

—

讓은 禮의 실체이다. 何有는 어렵지 않다는 말이다. 禮의 실체를 지니고 나라를 다스릴 수 있으면 무슨 어려움이 있을 것이며, 그렇지 않으면 禮文이 비록 갖추어져 있다 하더라도 역시 어찌할 수 없는 것이거늘 하물며 나라를 다스림에 있어서이겠는가 라는 말이다.

⑭子曰不患無位요患所以立하며不患莫己知요求爲可知也니라

孔子께서 말씀하시기를 지위가 없음을 걱정하지 말고 지위에 설 것을 걱정하며 자기를 알아주지 않음을 걱정하지 말고 알려지게 되기를 찾을 것이니라

所以立은謂所以立乎其位者라可知는謂可以見知之實이라○程子曰君子는求其在己者而已矣니라

—

所以立은 그 지위에 설 조건을 말한다. 可知는 알려짐을 당할 만함

의 실체를 말한다. ○ 程子가 말하였다. "군자는 자신에게 있는 것을
구할 따름이다."

---

⑮ 子曰參乎아吾道는一以貫之니라曾子曰唯라

孔子께서 말씀하시기를 參아 우리 道는 하나로써 관통된다 曾子께서
대답하시기를 예

參乎者는呼曾子之名而告之라貫은通也라唯者는應之速而無疑
者也라聖人之心은渾然一理하여而泛應曲當4)이로되用各不同하니
曾子於其用處에蓋已隨事精察而力行之로되但未知其體之一
爾러니夫子知其眞積力久5)에將有所得이라是以로呼而告之하니
曾子果能黙契其指6)하여卽應之速而無疑也라

—

參乎는 曾子의 이름을 불러서 고해준 것이다. 貫은 통함이다. 唯는
대답하기를 속히 하고 의심이 없는 것이다. 聖人의 마음은 이치와
혼연일체가 되어서 모든 곳에 다 응하고 굽이굽이 해당하지만 응용
은 각각 같지 않으니, 曾子는 그 응용되는 곳에 이미 일마다 정밀
하게 관찰하여 힘써 행동하였으나, 단지 그 본체가 하나임을 알지
못하였을 뿐이었다. 孔子께서는 그가 진실을 쌓고 힘쓴 지가 오래
되면 장차 깨달음이 있을 줄 아셨다. 이 때문에 불러서 말씀해 주셨
는데 曾子는 과연 그 뜻을 말없이 이해할 수 있어서 곧바로 대답하

---

4) 泛應曲當 : 모든 것에 응하고 굽이굽이 해당이 되는 것, 어떤 일을 만나도 이치대로 다 되는 것
5) 眞積力久 : 진실이 쌓이고 힘쓴 지가 오래되다.
6) 黙契其指 : 그 뜻을 말없이 이해하다.

기를 속히 하고 의심이 없었던 것이다.

子出커시늘門人이問曰何謂也잇고曾子曰夫子之道는忠
恕而已矣니라

孔子께서 나가시거늘 門人이 묻기를 무엇을 말씀하신 것입니까 曾子
께서 말씀하시기를 선생님의 道는 忠과 恕뿐이니라

盡己之謂忠이요推己之謂恕라而已矣者는竭盡而無餘之辭也라
夫子之一理渾然而泛應曲當을譬則天地之至誠無息而萬物이
各得其所也라自此之外엔固無餘法이요而亦無待於推矣라曾子
有見於此로되而難言之故로借學者盡己推己之目하여以著明之
하여欲人之易°曉也라蓋至誠無息者는道之體也니萬殊之所以
一本也요萬物各得其所者는道之用也니一本之所以萬殊也라
以此觀之면一以貫之之實을可見矣라或曰中心爲忠이요如心爲
恕라하니於義亦通이라○程子曰以己及物은仁也요推己及物은恕
也니違道不遠이是也요忠恕一以貫之는忠者는天道요恕者는人道
며忠者는無妄이요恕者는所以行乎忠也며忠者는體요恕者는用이니
大本達道7)也니此與違道不遠으로異者는動以天爾니라又曰維天
之命이於°穆不已8)는忠也요乾道變化9)하여各正性命은恕也니라

---

7) 大本達道 : 『中庸』, 1章, '喜怒哀樂之未發 謂之中 發而皆中節 謂之和 中也者 天下
   之大本也 和也者 天下之達道也' 참고

8) 維天之命於穆不已 : 『詩經』, 「周頌」篇, '維天之命 於穆不已 於乎不顯 文王之德之
   純' 참고.

9) 乾道變化 : 『周易』, 乾卦, '乾道變化 各正性命 保合大和 乃利貞' 참고.

又曰聖人敎人이各因其才하니吾道一以貫之는惟曾子야爲能達
此니孔子所以告之也요曾子告門人曰夫子之道忠恕而已矣도
亦猶夫子之告曾子也니라中庸所謂忠恕違道不遠은斯乃下學
上達之義니라

—

자기를 극진히 하는 것을 忠이라 하고, 자기를 미루는 것을 恕라
한다. 而已矣는 힘을 다하고 남김이 없다는 말이다. 孔子의 이치와
혼연일체가 되어 모든 곳에 응하고 굽이굽이 해당하는 것을 비교한
다면, 천지가 지극히 정성스럽고 그침이 없어 만물이 각각 제자리를
얻는 것과 같은 것이다. 이것으로부터 이외에는 진실로 다른 방법이
없고 또한 추측을 기다릴 것도 없다. 曾子께서 여기에서 발견한 바
가 있었으나 말하기가 어렵기 때문에 학자들의 盡己, 推己의 조목
을 빌려 드러내고 밝혀 사람들이 쉽게 깨닫게 하고자 한 것이다. 대
체로 지극히 정성스럽고 그침이 없는 것은 道의 본체이니 만 가지
다른 것들이 근본은 하나이고, 만물이 각각 제자리를 얻는 것은 道
의 응용이니, 하나의 근본이 만 가지로 달라지는 조건이다. 이런 방
법으로 관찰하면 一以貫之의 실체를 볼 수 있을 것이다. 혹자는 말
하기를 中心이 忠이 되고 如心이 恕가 된다고 하니, 의미가 또한
통한다. ○ 程子가 말하였다. "자신으로써 남에게 미치는 것은 仁
이요, 자신을 미루어서 남에게 미치는 것은 恕이니, 道와 거리가 멀
지 않다는 것이 이것이다. 忠恕와 一以貫之는 忠은 天道요 恕는
人道이며, 忠은 망령됨이 없는 것이요 恕는 忠을 행하는 조건이며,
忠은 본체요 恕는 응용이니, 大本이고 達道이다. 이것이 違道不遠
과 다른 것은 저절로 움직이기 때문이다." 또 말하였다. "'하늘의 명

이 아! 심원해서 그치지 않는다.'함은 忠이요, '乾道가 변화하여 만물이 각각 그 성정의 바름을 얻는다.'는 것은 恕이다." 또 말하였다. "聖人이 사람을 교육하는 것이 각각 그 재주에 따라서 하니, '우리 道는 하나로써 관통한다.'함은 오직 曾子만이 이것을 이해할 수 있었으니 孔子께서 告해 준 이유이고, 曾子가 門人에게 고하기를 '선생님의 도는 忠과 恕뿐이다.'는 말도 역시 孔子께서 曾子에게 告해 주신 것과 같다. 『中庸』에 이른바 '忠과 恕는 道와 멀지 않다.'는 말은 바로 아래로부터 배워 위에까지 도달한다는 뜻이다."

⑯ 子曰君子는喩於義하고小人은喩於利니라
孔子께서 말씀하시기를 군자는 의리에 밝고 소인은 이익에 밝다

喩는猶曉也라義者는天理之所宜요利者는人情之所欲이라○程子
曰君子之於義猶小人之於利也니惟其深喩라是以로篤好니라楊
氏曰君子有舍生而取義者하니以利言之면則人之所欲이無甚
於生이요所惡은無甚於死니孰肯舍生而取義哉리오其所喩者義
而已라不知利之爲利故也라小人은反是니라

—

喩는 깨달음과 같다. 義는 天理 상의 마땅한 바이며, 利는 인정상의 하고자 하는 것이다. ○ 程子가 말하였다. "군자가 의리에 대하여는 소인이 이익에 대함과 같으니, 오로지 거기에 깊이 깨닫는지라 이 때문에 철저하게 좋아하는 것이다." 楊氏가 말하였다. "군자가 목숨을 버리고 義를 취하는 경우가 있으니, 이익만 가지고 말한다면 사람이

하고자 하는 것이 삶보다 더 심한 것은 없고, 싫어하는 것이 죽음보다 더 심한 것은 없으니, 누가 즐거이 목숨을 버리고 義를 취하려 하리오. 그 깨닫는 것이 의리뿐이요, 이익이 이익되는 것을 알지 못하기 때문이다. 소인은 이와 반대이다."

---

⑰子曰見賢思齊焉하며見不賢而內自省也니라

孔子께서 말씀하시기를 훌륭한 이를 보고 가지런하기를 생각하며 훌륭하지 못한 이를 보고 안으로 스스로 반성해야 하는 것이다

思齊者는冀己亦有是善이요內自省者는恐己亦有是惡이라○胡氏曰見人之善惡不同하고而無不反諸身者면則不徒羨人而甘自棄요不徒責人而忘自責矣니라

—

가지런하기를 생각함은 자기도 역시 이러한 善이 있기를 바라는 것이고, 안으로 스스로 반성함은 자기도 역시 이러한 惡이 있을까 두려워하는 것이다. ○ 胡氏가 말하였다. "사람의 선악이 같지 않음을 보고 자신에게 반성하지 아니함이 없다면, 단지 남을 부러워하기만 하고 스스로는 포기하기를 감수하지 않을 것이요, 단지 남만 꾸짖고 자신을 꾸짖는 것은 망각하지 않을 것이다."

---

⑱子曰事父母하되幾諫이니見志不從하고又敬不違하며勞而不怨이니라

孔子께서 말씀하시기를 부모를 섬기되 기미를 보고 간해야 하니 뜻이 따르지 아니하심을 보고는 또 공경하고 어기지 않으며 수고로워도 원망하지 않아야 한다

此章은 與內則[10]之言으로 相表裏라 幾는 微也니 微諫은 所謂[11]父母有過어든 下氣怡色하여 柔聲以諫也요 見志不從又敬不違는 所謂諫若不入이어든 起敬起孝하여 悅則復諫也요 勞而不怨은 所謂與其得罪於鄕黨州閭론 寧孰諫하여 父母怒不悅而撻之流血이라도 不敢疾怨하고 起敬起孝也라

이 장은 「內則」篇의 말과 더불어 서로 표리가 된다. 幾는 은미함이니, 微諫은 이른바 '부모가 허물이 있거든 기운을 낮추고 안색을 온화하게 해서 부드러운 목소리로 간한다.'는 것이고, 뜻이 따르지 아니함을 보고는 또 공경하고 어기지 아니한다 함은 이른바 '부모에게 간하여서 만약 받아들이지 않으면 공경을 일으키고 효심을 일으켜 부모가 기뻐하시면 다시 간한다.'는 것이다. 수고로워도 원망하지 않음은 이른바 '부모가 鄕黨, 州閭에 죄를 얻기보다는 차라리 여러 번 간하여 부모가 노여워하여 기뻐하지 않아 종아리를 때려 피가 흐른다 하더라도 감히 미워하거나 원망하지 않고 공경하는 마음을 일으키고 또 효도하는 마음을 일으킨다.'는 것이다.

⑲子曰父母在어시든 不遠遊하며 遊必有方이니라

---

10) 內則 : 『禮記』의 편명.
11) 所謂 : 이 장에 나오는 세 군데의 '所謂'는 모두 『禮記』「內則」篇의 말이다.

孔子께서 말씀하시기를 부모가 계시거든 멀리 놀러가지 아니하며 놀러가더라도 반드시 방향이 있을 것이니라

遠游則去親遠而爲日久니定省¹²⁾曠而音問¹³⁾疎하여不惟己之思親不置라亦恐親之念我不忘也라遊必有方은如已告云之東이면則不敢更適西하여欲親으로必知己之所在而無憂하고召己則必至而無失也라范氏曰子能以父母之心으로爲心이면則孝矣니라

멀리 놀러가면 부모와 거리가 멀어지고 날짜가 오래되는 것이니, 昏定晨省을 비우게 되고 서로의 소식이 소원해져 자신이 부모 생각을 조처하지 못할 뿐만 아니라 또한 부모가 나를 생각하여 잊지 못할까 두려워하는 것이다. 놀러가더라도 반드시 방향이 있음은 만약에 이미 동쪽으로 간다고 아뢰었으면 감히 바꾸어 서쪽으로 가지 않아서 부모가 반드시 자기의 소재를 알아서 근심이 없게 하고, 자기를 부르면 반드시 이르러 실수가 없게 하고자 함이다. 范氏가 말하였다. "자식이 부모의 마음을 가지고 (자기의) 마음으로 삼을 수 있으면 孝일 것이다."

⑳子曰三年을無改於父之道라야可謂孝矣니라
孔子께서 말씀하시기를 삼년 동안을 아버지의 道를 고침이 없어야 孝라고 말할 수 있을 것이다

---

12) 定省 : 昏定晨省. 저녁에는 부모의 자리를 봐주고 새벽에는 부모가 잘 주무셨는지 살피는 것.
13) 音問 : 音信[소식, 편지]으로 안부를 물음.

胡氏曰已見^호首篇하니此蓋複出而逸其半也라

—

胡氏가 말하였다. "이미 머리 편에서 나타나니, 여기서는 중복하여
나오면서 그 절반이 빠졌다."

㉑子曰父母之年은不可不知也니一則以喜요一則以
懼니라

孔子께서 말씀하시기를 부모의 나이는 알지 아니할 수 없으니 한편으
로는 기쁘고 한편으로는 두려워서이다

知는猶記憶也라常知父母之年이면則旣喜其壽하고又懼其衰하여
而於愛日之誠14)에自有不能已者라

—

知는 기억함과 같다. 항상 부모의 나이를 알면 이미 그 장수함에
기뻐하고, 또 그 쇠함을 두려워해서 날짜를 아끼는 정성에 저절로
그만둘 수 없는 것이 있다.

㉒子曰古者에言之不出은恥躬之不逮也니라

孔子께서 말씀하시기를 옛날에 말을 내지 않는 것은 자신의 행동이 미
치지 못함을 부끄럽게 여겨서이다

---

14) 愛日之誠 : 부모를 섬기는 날짜가 적음을 안타까워하는 효자의 마음.

言古者는以見^현今之不然이라逮는及也라行不及言이면可恥之甚
이니古者所以不出其言은爲此故也라○范氏曰君子之於言也에
不得已而後出之는非言之難而行之難也라人惟其不行也라是
以로輕言之니言之如其所行하고行之如其所言이면則出諸其口
必不易^이矣리라

―

옛날을 말한 것은 오늘날은 그렇지 못함을 드러낸 것이다. 逮는 미침
[及]이다. 행동이 말에 미치지 못하면 부끄러워 할 만함이 심한 것이
니, 옛날에 말을 함부로 내지 않는 까닭은 이런 이유 때문이다. ○
范氏가 말하였다. "군자가 말에 대해 부득이한 이후 내는 것은 말하
기 어려워서가 아니라 행동하기 어려워서이다. 사람들이 오직 (그 말
을) 행하지 않기 때문에 가볍게 말하는 것이니, 말하기를 그 행동하는
바와 같이 하고 행동하기를 그 말한 바와 같이 한다면 그 입에서 나
오는 것이 반드시 쉽지 않을 것이다."

㉓子曰以約失之者鮮矣니라
孔子께서 말씀하시기를 約으로써 실수할 자 드물다

謝氏曰不侈然¹⁵⁾以自放¹⁶⁾之謂約이니라尹氏曰凡事約則鮮失
이니非止謂儉約也니라

―

15) 侈然 : 잘난 체하다.
16) 自放 : 어떤 일을 스스로 거침없이 하는 것.

謝氏가 말하였다. "잘난 체하여 스스로 거침없이 하지 않음을 約이라 한다." 尹氏는 말하였다. "모든 일을 約으로 하면 실수가 적은 것이니, 검약을 말할 뿐만은 아니다."

㉔子曰君子는欲訥於言而敏於行이니라

孔子께서 말씀하시기를 군자는 말은 어눌하게 하고 실행은 민첩하고자 한다

謝氏曰放言易°故로欲訥이요力行難故로欲敏이니라○胡氏曰自吾道一貫으로至此十章히疑皆曾子門人所記也니라

—

謝氏가 말하였다. "함부로 말하는 것은 쉽기 때문에 어눌하고자 하고, 힘써 행동함은 어렵기 때문에 민첩하고자 하는 것이다." ○ 胡氏가 말하였다. "吾道一貫으로부터 여기까지 십 장은 아마도 모두 曾子 문인들이 기록한 것인 듯하다."

㉕子曰德不孤라必有鄰이니라

孔子께서 말씀하시기를 德은 외롭지 않은지라 반드시 이웃이 있는 것이다

鄰은猶親也라德不孤立이라必以類應故로有德者는必有其類從之니如居之有鄰也라

—

鄰은 친함과 같다. 德은 고립되지 않아 반드시 같은 부류끼리 응하기 때문에 德이 있는 자는 반드시 그 부류가 따름이 있으니, 거주함에 이웃이 있는 것과 같다.

㉖子游曰事君數^사이면斯辱矣요朋友數이면斯疏矣니라

子游가 말하기를 임금을 섬김에 자주 하면 욕을 당하고 친구에게 자주 하면 소원해지는 것이다

程子曰數은煩數也라胡氏曰事君호되諫不行則當去요導友호되善不納則當止니至於煩瀆則言者輕하고聽者厭矣라是以로求榮而反辱하고求親而反疏也니라范氏曰君臣朋友는皆以義合故로其事同也니라

—

程子가 말하였다. "數은 번거롭고 자주하는 것이다." 胡氏가 말하였다. "임금을 섬기되 諫하여 행해지지 않으면 떠나야 하고, 친구를 인도하되 善이 받아들여지지 않으면 마땅히 그쳐야 하니, 번거롭고 실없음에 이르면 말하는 사람도 경솔해지고, 듣는 사람도 지겨워질 것이다. 이 때문에 영화를 구하려다 도리어 욕됨을 당하고, 친근함을 구하려다 도리어 소원해지는 것이다." 范氏가 말하였다. "君臣과 朋友는 모두 의리로써 부합된 것이기 때문에 그 일이 같은 것이다."

[里仁 第四]

公冶長第五

此篇은皆論古今人物賢否得失하니蓋格物窮理[1]之一端也라
凡二十七章이라胡氏는以爲疑多子貢之徒所記云이라

—

이 篇은 모두 古今 인물들의 훌륭하고 그렇지 못함과 잘하고
잘못함을 논한 것이니, 모두 格物窮理의 한 단서이다.
합해서 이십칠 장이다. 胡氏는 말하기를, "아마도 거의 子貢의
제자가 기록한 것인 듯하다."라고 하였다.

---

1) 格物窮理 : 사물의 이치를 연구하다.

①子謂公冶長하시되可妻2)也로다雖在縲絏3)之中이나
非其罪也라하시고以其子로妻之하시다

孔子께서 公冶長을 이르시되 사위 삼을 만하도다 비록 縲絏 속에 있
으나 그의 죄가 아니라 하시고 자기의 자식으로 妻되게 하시었다

公冶長은孔子弟子라妻는爲之妻也라縲는黑索也요絏은攣也니古
者獄中에以黑索으로拘攣罪人이라長之爲人을無所考나而夫子稱
其可妻면其必有以取之矣요又言其人이雖嘗陷於縲絏之中이나
而非其罪면則固無害於可妻也라夫有罪無罪는在我而已니豈
以自外至者로爲榮辱哉리오

—

公冶長은 孔子 제자이다. 妻는 妻되게 하는 것이다. 縲는 검은 끈
이고 絏은 묶는 것이다. 옛날 獄中에서는 검은 끈으로 죄인을 묶었
다. 公冶長의 사람됨을 상고할 바는 없으나 孔子께서 사위 삼을
만하다고 칭찬하셨다면 그에게 반드시 취할 만함이 있었을 것이고
또 그 사람이 비록 일찍이 縲絏 속에 빠졌을지라도, 그의 죄가 아
니라면 진실로 사위 삼을 만함에 방해됨이 없음을 말한 것이다. 대
저 죄가 있거나 죄가 없음은 내 쪽에 있을 뿐이니, 어찌 외부로부터
이른 것을 가지고 榮辱을 삼으리오

---

2) 妻 : 사위 삼다. 딸을 妻되게 하는 것이다.

3) 縲絏 : 罪人을 獄中에 묶어 둠.

子謂南容하시되 邦有道에 不廢하며 邦無道에 免於刑戮이라하시고 以其兄之子로 妻之하시다

孔子께서 南容을 이르시되 나라에 道가 있을 적에 버림받지 아니하며 나라에 道가 없을 적에 형벌에서 면하리라 하시고 그 형의 자식으로 妻되게 하시었다

南容은 孔子弟子니 居南宮하고 名은 縚요 又名은 适이며 字는 子容이요 諡는 敬叔이니 孟懿子之兄也라 不廢는 言必見[4]用也라 以其謹於言行故로 能見用於治朝[5]며 免禍於亂世也라 事又見第十一篇[6]이라 ○或曰公冶長之賢이 不及南容故로 聖人이 以其子로 妻長而以兄子로 妻容하니 蓋厚於兄而薄於己也라한대 程子曰此는 以己之私心으로 窺聖人也로다 凡人避嫌者는 皆內不足也니 聖人은 自至公이어니 何避嫌之有리오 況嫁女는 必量其才而求配니 尤不當有所避也라 若孔子之事則其年之長幼와 時之先後를 皆不可知어늘 惟以爲避嫌則大不可라 避嫌之事는 賢者도 且不爲온 況聖人乎아

南容은 孔子 제자이니 南宮에 살고 이름은 縚이고 또 다른 이름은 适이며 字는 子容이고 諡號는 敬叔이니 孟懿子의 형이다. 不廢는 반드시 쓰임을 말하는 것이다. 그가 언행에 조심하기 때문에 다스려진 조정에서는 쓰이고 난세에서는 禍를 면할 수 있었다. 이 일은 또

---

4) 見 : 당하다
5) 治朝 : 잘 다스려진 조정. 문란하지 아니한 조정.
6) 十一篇 : 『論語』, 「先進」篇

십일 편에 나타난다. ○ 어떤 사람이 말하였다. "公冶長의 훌륭함이 南容에 미치지 못하기 때문에 孔子께서 자기의 자식은 公冶長에게 妻되게 하고 형의 자식은 南容에게 妻되게 하였으니 대체로 형에게 후하게 하고 자기에게 박하게 한 것이다." 程子가 말하였다. "이 말은 자기의 사심을 가지고 聖人을 엿본 것이다. 무릇 사람이 혐의를 피한다는 것은 모두 내면이 부족해서이니 聖人은 저절로 지극히 공평하니 무슨 혐의를 피하는 일이 있겠는가. 더구나 딸을 시집보내는 것은 반드시 딸의 인품을 헤아려서 짝을 찾는 것이니, 혐의를 피하는 바가 있다고 함은 더욱 부당하다. 孔子의 일 같은 경우에는 그 나이의 많고 적음과 시집간 시기의 선후를 모두 알 수 없거늘 단지 혐의를 피한 것이라고 여긴다면 크게 不可한 것이다. 혐의를 피하는 일은 賢人도 우선 하지 아니하거늘 하물며 聖人에서랴."

---

②子謂子賤하시되君子哉라若人이여魯無君子者면斯
焉取斯리오

孔子께서 子賤을 이르시되 군자답구나 이 사람이여 魯나라에 군자가 없었다면 이 사람이 어디서 이를 취하였으리오

子賤은孔子弟子니姓은宓이요名은不齊라上斯斯는此人이요下斯斯는此德이니子賤은蓋能尊賢取友하여以成其德者라故로夫子旣歎其賢하고而又言若魯無君子면則此人이何所取以成此德乎오하여因以見魯之多賢也라○蘇氏曰稱人之善에必本其父兄師友는厚之至也니라

―

子賤은 孔子 제자이니 성은 宓^밀이고 이름은 不齊이다. 위 斯의 斯는 '이 사람'이고 아래 斯의 斯는 '이런 德'이니 子賤은 대체로 어진 사람을 존대하여 벗으로 취해서 그 德을 이룬 사람이다. 그러므로 孔子께서 이미 그 훌륭함을 감탄하시고 또 '만약 魯나라에 군자가 없었다면 이 사람이 어느 곳에서 취해서 이런 德을 이룰 수 있었으리오'라고 말씀하시어 그로 인해서 魯나라에 훌륭한 사람이 많음을 나타낸 것이다. ○ 蘇氏가 말하였다. "남의 善을 칭찬할 적에 반드시 그의 父兄과 師友를 근본으로 함은 厚待의 지극이다."

③子貢이問曰賜也는何如하니잇고子曰女는器也니라曰何器也잇고曰瑚璉也니라

子貢이 물어 말하기를 賜는 어떻습니까 孔子께서 말씀하시기를 너는 그릇이니라 말하기를 어떤 그릇입니까 말씀하시기를 瑚이며 璉이다

器者는有用之成材라夏曰瑚商曰璉周曰簠簋⁷⁾는皆宗廟盛⁸⁾黍稷之器요而飾以玉하니器之貴重而華美者也라子貢이見孔子以君子로許子賤故로以己로爲問이요而孔子告之以此하니然則子貢이雖未至於不器⁹⁾나其亦器之貴者歟인저

―

7) 夏曰瑚 商曰璉 周曰簠簋 : 『禮記』 「明堂位」에는 有虞氏之兩敦 夏侯氏之四璉 殷之六瑚 周之八簋로 되어 있다.

8) 盛 : 담다. 예) 盛水不漏 : 물을 담아도 새지 아니한다.

9) 不器 : 그릇 하지 아니한다. 「爲政」篇, 十二章, 子曰 君子不器 참고.

器는 쓰임새가 있는 이루어진 재목이다. 夏나라는 瑚라 하고 商나라는 璉이라 하고 周나라는 簠簋라 하는 것은 모두 종묘에서 黍稷을 담는 그릇이고 玉으로 수식을 했으니, 그릇 중에서 귀중하고 화려하고 아름다운 것이다. 子貢이 孔子께서 군자로 子賤을 허락하신 것을 보았기 때문에 자기를 가지고 물음으로 삼았고, 孔子께서 이런 말로 告해 주셨으니 그렇다면 子貢이 비록 不器에는 이르지 못했더라도 아마도 역시 그릇 중에서는 귀한 것일 것이다.

---

④ 或이 曰雍也는 仁而不佞이로다

어떤 사람이 말하기를 雍은 仁하나 말을 잘하지 못한다

雍은 孔子弟子니 姓은 冉이요 字는 仲弓이라 佞은 口才也라 仲弓爲人이 重厚簡默10)이나 而時人은 以佞爲賢故로 美其優於德而病其短於才也라

—

雍은 孔子 제자이니 姓은 冉이고 字는 仲弓이다. 佞은 말재주이다. 仲弓의 사람됨이 愼重하고 仁厚하고 大凡하고 말이 적었다. 당시 사람들은 말 잘하는 것을 훌륭하다고 여겼기 때문에 德이 넉넉한 것은 칭찬하면서도 재능이 부족한 것을 안타깝게 여긴 것이다.

子曰焉用佞이리오 禦人以口給11)하여 屢憎於人하나니 不

---

10) 簡默 : 대범하고 말이 적다.
11) 口給 : 입으로만 처리하다. 말재주가 뛰어남.

知其仁이어니와 焉用佞이리오

孔子께서 말씀하시기를 어찌 말재주를 쓰리오 사람을 응대하되 입으로만 해서 자주 남에게 미움을 받으니 그 仁은 알지 못하겠지만 어찌 말재주를 쓰리오

禦는 當也니 猶應答也라 給은 辨也라 憎은 惡也라 言何用佞乎리오 佞人所以應答人者는 但以口取辨而無情實하여 徒多爲人所憎惡爾[12]니 我雖未知仲弓之仁이나 然이나 其不佞은 乃所以爲賢이요 不足以爲病也라 再言焉用佞은 所以深曉之라 ○ 或이 疑仲弓之賢而夫子不許其仁은 何也오 曰仁道至大하여 非全體而不息者면 不足以當之니 如顔子亞聖으로도 猶不能無違於三月之後[13]온 況仲弓이 雖賢이나 未及顔子하니 聖人이 固不得而輕許之也시니라

—

禦는 감당함이니 응답과 같다. 給은 처리함이다. 憎은 미워함이다. '어찌 말재주를 쓰리오, 말 잘하는 사람이 다른 사람에게 응답하는 방법은 다만 입만 가지고 처리함을 취하여 실정이 없어서 단지 허다히 남에게 증오를 당하니, 내가 비록 仲弓의 仁은 알지 못하겠으나 그러나 말을 잘하지 못함은 곧 훌륭함이 되는 조건이고 병이 될 수는 없다.'고 말씀하신 것이다. 어찌 말재주를 쓰리오를 두 번이나 말씀하신 것은 깊이 깨우치려는 이유이다. ○ 어떤 사람이 '仲弓이 훌륭한데도 孔子께서 그의 仁을 허여하지 않은 것은 왜인가.' 하고 의심하니 '仁의 道는 지극히 커서 體를 완전히 하고 멈추지 아니하는

---

12) 徒多爲人所憎惡爾의 '爲~所'는 當, 被, 見과 같은 역할을 한다.

13) 三月之後 : 「雍也」篇, 五章, '子曰 回也 其心三月不違仁 其餘則 日月至焉而已矣' 참고.

이가 아니면 거기에 해당될 수 없으니, 예컨대 顔子 같은 亞聖도 오히려 삼월의 뒤에는 어김이 없을 수 없거늘, 더구나 仲弓이 아무리 훌륭하다 하더라도 顔子에는 미치지 못하니, 聖人이 진실로 가볍게 허락할 수가 없으셨던 것이다.'라고 답하였다.

---

⑤子使漆雕開로仕하신대對曰吾斯之未能信이로이다子說열하시다

孔子께서 漆彫開로 하여금 벼슬하게 하시었는데 대답하여 말하기를 제가 여기에는 자신할 수 없습니다 하니 孔子께서 기뻐하시었다

漆雕開는孔子弟子니字는子若이라斯는指此理14)而言이요信은謂眞知其如此而無毫髮之疑也라開自言未能如此면未可以治人故로夫子說其篤志라○程子曰漆雕開已見현大意故로夫子說之시니라又曰古人은見道分明故로其言이如此니라謝氏曰開之學을無可考나然이나聖人이使之仕면必其材可以仕矣요至於心術之微則一毫不自得이면不害其爲未信이니此는聖人所不能知요而開自知之라其材可以仕어늘而其器不安於小成하니他日所就를其15)可量乎아夫子所以說之也시니라

—

漆彫開는 孔子 제자이니 字는 子若이다. 斯는 이 이치를 지적해서 한 말이고 信은 참으로 이와 같음을 알아서 털끝만큼도 의심이

---

14) 此理 : 원칙에 밝은 뒤에 사람을 다스릴 수 있는 이치. 즉, 사람을 다스리는 이치.
15) 其~乎 : 其는 뒤의 乎와 호응하여 '어찌', '아마도' 등으로 해석된다. 여기서는 '어찌'의 뜻으로 쓰임.

없음을 말한다. 漆彫開가 '이와 같을 수 없으면 남을 다스릴 수 없다.'라고 스스로 말했기 때문에 孔子께서 그 돈독한 뜻을 기뻐하신 것이다. ○ 程子가 말하였다. "漆彫開는 이미 큰 뜻을 드러냈기 때문에 孔子께서 기뻐하신 것이다." 또 말하였다. "옛날 사람들은 道 보기를 분명히 하였기 때문에 그 말이 이와 같다." 謝氏가 말하였다. "漆彫開의 학문을 상고할 수는 없으나 그러나 聖人이 그로 하여금 벼슬하게 하였다면 반드시 그 인품이 벼슬할 만하였을 것이고, 마음을 쓰는 기술의 미묘한 부분에 있어서는 한 털끝만큼도 스스로 깨닫지 못함이 있으면 자신하지 못함에 방해되지 않으니, 이것은 聖人도 알 수 없는 바이고 漆彫開 자신만이 아는 것이다. 그 인품이 벼슬할 만하거늘 그 그릇은 작은 성공에는 만족하지 아니하니 다른 날 성취할 바를 어찌 헤아릴 수 있으랴 孔子께서 기뻐하신 이유이다."

⑥子曰道不行이라乘桴하여浮于海호리니從我者는其由與인저子路聞之하고喜한대子曰由也는好勇이過我나無所取材[16]로다

孔子께서 말씀하시기를 道가 행해지지 아니하는지라 뗏목을 타고 바다에 뜰 것이니 나를 따를 사람은 아마도 由일 것이다 子路가 듣고 기뻐하니 孔子께서 말씀하시기를 由는 용기를 좋아함이 나보다 낫지만 취해서 헤아리지 못하도다

---

16) 取材 : 事理를 취해서 裁度하다. 사물의 이치를 취해서 헤아리다.

桴는筏也라程子曰浮海之歎[17]은傷天下之無賢君也라子路는勇
於義故로謂其能從己니皆假設之言耳어늘子路는以爲實然而喜
夫子之與己故로夫子美其勇而譏其不能裁度事理하여以適於
義也라

—

桴는 뗏목이다. 程子가 말하였다. "'浮海之歎'은 천하에 훌륭한 임
금이 없음을 마음 상해하신 것이다. 子路는 의리에 용감하기 때문
에 자기를 따를 수 있을 것이라고 말씀하신 것이니 모두가 假設한
말일 뿐이거늘 子路는 실제로 그렇다고 여겨서 孔子께서 자기를
허여하신 것을 기뻐하기 때문에 孔子께서 그 용기는 칭찬을 하고
사리를 헤아려서 의리에 맞게 하지 못한 점을 넌지시 꾸짖으신 것
이다."

⑦孟武伯이問子路는仁乎잇가子曰不知也로라
孟武伯이 묻기를 子路는 仁합니까 孔子께서 말씀하시기를 알지 못하
겠노라

子路之於仁에蓋日月至焉[18]者니或在或亡하여不能必其有無
故로以不知로告之라

—

子路가 仁에 대하여는 대체로 날이나 달로 이르는 자이니 어쩌면

---

17) 浮海之歎 : 세상에는 갈 만한 곳이 없어서 바다에나 뜨고 싶다는 탄식.
18) 日月至焉 : 하루에 한번 혹은 한 달에 한번 仁에 이른다.

있고 어쩌면 없어서 있고 없는 것을 기필할 수 없기 때문에 알지
못한다는 말로 告하신 것이다.

又問한대子曰由也는千乘之國[19]에可使治其賦也어니와
不知其仁也케라[20]

또 물었는데 孔子께서 말씀하시기를 由는 千乘되는 나라에 그 군대를
다스리게 할 수 있겠지만 그 仁은 알지 못하겠다

賦는兵也라古者에以田賦出兵故로謂兵爲賦니春秋傳所謂悉
索[21]敝賦是也라言子路之才를可見者如此요仁則不能知也라

賦는 군대이다. 옛날에 전답의 세금으로 軍兵을 내었기 때문에 군
대를 일러서 賦라고 하였으니 『春秋傳』에 이른바 '우리 군대를 모
두 인솔하고 나왔다.'라고 한 것이 이것이다. 子路의 인품을 엿볼
수 있는 것이 이와 같고 仁이라면 알 수 없다고 말씀하신 것이다.

求也는何如하니잇고子曰求也는千室之邑과百乘之家애
可使爲之宰也어니와不知其仁[22]也케라

求는 어떻습니까 孔子께서 말씀하시기를 求는 千室되는 邑과 百乘

---

19) 千乘之國 : 수레 천 대를 출동시킬 수 있는 諸侯國을 가리킨다.
20) 이 글은 孔子께서 子路를 평하신 말로 유명하다.
21) 索 : 거느리다.
22) 不知其仁 : 冉求의 仁에 대해서는 부정하는 말이다.

되는 집의 宰가 되게 할 수 있겠지만 그 仁은 알지 못하겠다

千室은 大邑이라 百乘은 卿大夫之家라 宰는 邑長家臣之通號라

—

千室은 큰 읍이다. 百乘은 卿大夫의 집이다. 宰는 邑長과 家臣의 통칭이다.

赤也는 何如하니잇고 子曰赤也는 束帶[23]立於朝하여 可使與賓客言也어니와 不知其仁也케라

赤은 어떻습니까 孔子께서 말씀하시기를 赤은 띠를 묶고 朝庭에 서서 賓客과 더불어 말하게 할 수는 있겠지만 그 仁은 알지 못하겠다

赤은 孔子弟子니 姓은 公西요 字는 子華라

—

赤은 孔子 제자이니 성은 公西이고 字는 子華이다.

⑧子謂子貢曰女與回也로 孰愈오

孔子께서 子貢에게 일러 말씀하시기를 네 回와 더불어 누가 나은고

愈는 勝也라

—

愈는 훌륭함이다.

---

23) 束帶 : 官服을 입는다는 뜻이다.

對曰賜也는何敢望回리잇고回也는聞一以知十하고賜也
는聞一以知二하노이다

대답하여 말하기를 賜가 어찌 감히 回를 바라보겠습니까 回는 하나를
들으면 열을 알고 賜는 하나를 들으면 둘을 압니다

一은數之始요十은數之終이라二者는一之對也라顔子는明睿所照
하여卽始而見終이요子貢은推測而知하니因此而識彼라無所不說
²⁴⁾과告往知來²⁵⁾是其驗矣라

—

一은 數의 시작이고 十은 數의 끝이다. 二는 一의 상대이다. 顔子
는 보는 바에 밝고 지혜로워서 시작에 나아가면 끝을 알았고, 子貢은
추측해서 알았으니 이쪽으로 인해서 저쪽을 안다. (顔子의) '기뻐하지
아니함이 없도다.' 한 것과 (子貢의) '지나간 것을 告해주면 오는 것
을 아는구나.' 한 것이 그 증거이다.

子曰弗如也니라吾與女의弗如也하노라

孔子께서 말씀하시기를 같지 않느니라 내 너의 같지 아니하다 함을 與
許하노라

---

24) 無所不說 : 「先進」篇, 三章, '回也 非助我者也 於吾言無所不說' 참고.
25) 告往知來 : 「學而」篇, 十五章, '賜也 始可與言詩已矣 告諸往而知來者' 참고.

與는許也라○胡氏曰子貢이方人하니夫子旣語以不暇[26]라하시고又
問其與回로孰愈오하여以觀其自知之如何라聞一知十은上知之
資며生知之亞也요聞一知二는中人以上之資며學而知之之才
也[27]라子貢이平日以己方回하여見其不可企及[28]故로喩之如此
요夫子는以其自知之明而又不難於自屈이라故로旣然之요又重
許之니此其所以終聞性與天道[29]요不特聞一知二而已也니라

—

與는 허락함이다. ○ 胡氏가 말하였다. "子貢이 사람을 비교하니
孔子께서 이미 '겨를이 없다.'라고 말씀하시고 또 '回와 더불어 누
가 나은가.'라고 물어서 그가 스스로를 아는 것이 어떠한지 관찰하
신 것이다. 하나를 듣고 열을 아는 것은 上等 지혜의 자질이며 나
면서부터 아는 자의 다음이고, 하나를 듣고 둘을 아는 것은 보통 사
람 이상의 자질이며 배워서 아는 재능이다. 子貢이 평소에 자기를
顔回에게 비교하여 노력해도 미칠 수 없다는 것을 발견하였기 때문
에 비유하기를 이와 같이 했고 孔子께서는 그가 스스로를 아는 것
이 분명하고 또 스스로를 굽히는 것도 어려워하지 않았기 때문에
이미 그렇다고 하고 또 거듭 허락하셨으니 이런 점이 그가 마침내
性과 天道를 들을 수 있는 까닭이었고 단지 하나를 듣고 둘을 알
뿐만은 아닌 것이다."

---

26) 不暇 : 「憲問」篇, 三十一章, '子貢方人 子曰 賜也賢乎哉 夫我則不暇' 참고.

27) 生知之亞也…學而知之之才也 : 「季氏」篇, 九章, '孔子曰 生而知之者上也 學而知
之者次也' 참고.

28) 企及 : 발돋움해서 미치는 것, 즉 노력해서 미치는 것.

29) 此其所以終聞性與天道 : 「公冶長」篇, 十二章 참고.

⑨宰予晝寢이어늘子曰朽木은不可雕也며糞土之墻은
不可杇也니於予與에何誅리오

宰予가 낮잠을 자거늘 孔子께서 말씀하시기를 썩은 나무는 조각할 수
없으며 썩은 흙으로 된 담장은 흙손질할 수 없으니 予에게 무엇을 꾸
짖으리오

晝寢은謂當晝而寐라朽는腐也라雕는刻畵也라杇는鏝也라言其志
氣昏惰하여敎無所施也라與는語辭라誅는責也라言不足責은乃所
以深責之라

晝寢은 낮을 당해서 잠자는 것을 말한다. 朽는 부패함이다. 雕는
획을 새기는 것이다. 杇는 흙손질하는 것이다. 그 의지와 기운이 혼
미하고 게을러서 교육이 시행될 곳이 없음을 말씀하신 것이다. 與는
어조사이다. 誅는 꾸짖음이다. 꾸짖을 것도 못된다고 말한 것은 곧
그를 깊이 꾸짖는 것이다.

子曰始吾於人也에聽其言而信其行이러니今吾於人
也에聽其言而觀其行하노니於予與에改是와라

孔子께서 말씀하시기를 처음에는 내가 사람들에게 그 말을 듣고 그 행
동을 믿었더니 지금은 내가 사람들에게 그 말을 듣고 그 행동을 관찰
하노니 予에게서 이를 고쳤노라

宰予는能言而行不逮故로孔子自言於予之事而改此失은亦以
重警之也라胡氏曰子曰은疑衍文이어나不然則非一日之言也니
라○范氏曰君子之於學에惟日孜孜하고斃而後已하여惟恐其不
及也어늘宰予晝寢하니自棄孰甚焉고故로夫子責之시니라胡氏曰
宰予는不能以志帥*氣하여居然[30)]而倦하니是宴安之氣勝하고儆
戒之志惰也라古之聖賢이未嘗不以懈惰荒寧으로爲懼하고勤勵
不息으로自彊하니此孔子所以深責宰予也라聽言觀行은聖人이不
待是而後能이요亦非緣此而盡疑學者라特因此立敎하여以警羣
弟子하여使謹於言而敏於行耳니라

宰予는 말은 잘하면서 행동이 미치지 못하였기 때문에, 孔子께서
'宰予의 일에서 이런 실수를 고쳤다.'라고 스스로 말씀하신 것은 역
시 거듭 그를 깨우치신 것이다. 胡氏가 말하였다. "子曰 두 글자는
아마도 衍文이거나 그렇지 않다면 한날에 말씀하신 것이 아닐 것이
다." ○ 范氏가 말하였다. "군자가 학문에 대하여 오직 날마다 부
지런히 부지런히 하고 죽은 뒤에 그만두어서 오직 미치지 못할까
두려워해야 할 것이거늘 宰予가 낮잠을 자니 스스로 포기함이 무엇
이 이보다 더 심하겠는가. 그러므로 孔子께서 꾸짖으신 것이다'. 胡
氏가 말하였다. "宰予는 뜻을 가지고 氣를 거느리지 못해서 마침내
게으르게 되었으니, 이것은 편안하고 한가하고자 하는 기운이 지나
치고 경계의 뜻이 게으른 것이다. 옛날 성현들이 게으르고 거침을
두려움으로 여기지 아니한 적이 없고, 부지런히 하고 가다듬고 쉬지
않아서 스스로 노력하지 아니한 적이 없으니, 이것이 孔子께서 깊

---

30) 居然 : 마침내.

이 宰予를 꾸짖으신 이유이다. 말을 듣고 행동을 관찰함은 聖人이 이런 것을 기다린 뒤에 능한 것도 아니고 역시 이로 인해서 학자들을 모조리 의심하는 것도 아니다. 단지 이 일로 인해서 교육하는 방법을 설립해서 여러 제자들을 깨우쳐서 제자들로 하여금 말에는 조심하고 실천에는 민첩하게 하고자 하셨을 뿐이다."

⑩子曰吾未見剛者케라或이對曰申棖이니이다子曰棖也는慾이어니焉得剛이리오

孔子께서 말씀하시기를 내 剛한 자를 보지 못하였노라 어떤 사람이 대답하여 말하기를 申棖입니다 孔子께서 말씀하시기를 棖은 慾心이 많으니 어찌 剛할 수 있으리오

剛은堅彊不屈之意니最人所難能者故로夫子歎其未見이라申棖은弟子姓名이라慾은多嗜慾也니多嗜慾則不得爲剛矣라○程子曰人이有慾則無剛이요剛則不屈於慾이니라謝氏曰剛與慾이正相反이니能勝物之謂剛故로常伸於萬物之上하고爲物揜之謂慾故로常屈於萬物之下라自古有志者少하고無志者多하니宜夫子之未見也라棖之慾을不可知니其爲人이得[31]非悻悻自好者乎아故로或者疑以爲剛이나然이나不知此其所以爲慾耳니라

—

剛은 굳세고 강하여 굽히지 아니하는 의미이니 가장 사람이 능하기 어려운 것이기 때문에 孔子께서 보지 못했음을 탄식하신 것이다. 申棖은

31) 得 : 아마도.

제자 성명이다. 慾은 嗜慾이 많은 것이니 嗜慾이 많으면 剛함이 될 수 없다. ○ 程子가 말하였다. "사람이 욕심이 있으면 강함이 없고 강하면 욕심에 굴하지 않는다." 謝氏가 말하였다. "剛과 慾이 서로 정반대이니 사물을 이길 수 있는 것을 剛이라 하기 때문에 항상 만물의 위에서 펴지고, 사물에 가려지는 것을 慾이라 하기 때문에 항상 만물의 아래에서 굽혀진다. 예부터 뜻이 있는 사람은 적고 뜻이 없는 사람은 많으니, 의당 孔子께서 보지 못하신 것이다. 申棖의 慾을 알 수는 없으나 그 사람됨이 아마도 성질이 괄괄하여 돌아보지 못하고 자기 자신을 아끼는 사람이 아닐까. 그러므로 혹자가 剛이 된다고 여겼으나 그러나 이것이 慾이 되는 조건임을 알지 못했을 뿐이다."

---

⑪子貢이曰我不欲人之加諸^저我也를吾亦欲無加諸人하노이다子曰賜也아非爾所及也니라

子貢이 말하기를 저는 남이 저에게 더하지 않았으면 하는 것을 저 또한 남에게 더함이 없고자 합니다 孔子께서 말씀하시기를 賜야 네가 미칠 바가 아니니라

子貢이言我所不欲人加於我之事를我亦不欲以此로加之於人이라하니此는仁者之事라不待勉强³²⁾故로夫子以爲非子貢所及이라 ○程子曰我不欲人之加諸我를吾亦欲無加諸人은仁也요施諸己而不願을亦勿施於人은恕也니恕則子貢이或能勉之어니와仁

---

32) 不待勉强 : 힘쓰고 노력하는 것을 기다리지 않는다는 것이 저절로 그렇게 된다는 뜻으로, 노력해서 얻는 것이 아니라는 말이다.

則非所及矣니라 愚는 謂無者는 自然而然이요 勿者는 禁止之謂니 此所以爲仁恕之別이니라

—

子貢이 '저는 남이 저에게 더하지 않았으면 하는 일을 저 역시 이것을 가지고 남에게 더하고 싶지 않습니다.'라고 말을 하니 이것은 仁者의 일이어서, 힘쓰고 노력함을 기다리지 않는 것이기 때문에 孔子께서 子貢이 미칠 바가 아니라고 말씀하신 것이다. ○ 程子가 말하였다. "나는 남이 나에게 더하지 않았으면 하는 것을 나 또한 남에게 더함이 없고자 함은 仁이고, 자기에게 베풀어지기를 원치 아니하는 것을 역시 남에게도 베풀지 아니하는 것은 恕이니, 恕라면 子貢이 어쩌면 힘쓸 수 있겠지만 仁이라면 子貢이 미칠 바가 아니다." 나는 생각하건대, 無는 저절로 그렇게 되는 것이고 勿은 금지하는 말이니 이것이 仁과 恕의 구별이 되는 조건이다.

⑫子貢이曰夫子之文章은可得而聞也어니와夫子之言性與天道는不可得而聞也니라

子貢이 말하기를 선생님의 文章은 들을 수 있었지만 선생님께서 性과 天道를 말씀하신 것은 들을 수 없었다

文章은德之見현乎外者니威儀文辭33)皆是也라性者는人所受之天理요天道者는天理自然之本體니其實은一理也라言夫子之文章은日見乎外하니固學者所共聞이어니와至於性與天道則夫

---

33) 威儀 : 법에 알맞은 거동. 文辭 : 글, 말 등이다.

子罕言之시니而學者有不得聞者라蓋聖門은敎不躐等이니子貢
이至是에야始得聞之하고而歎其美也라○程子曰此는子貢이聞
夫子之至論而歎美之言也니라

―

文章은 德이 밖으로 드러난 것이니 威儀, 文辭가 모두 이것이다. 性
은 사람이 받은 天理이고, 天道는 天理 自然의 본체이니 그 실상은
같은 이치이다. 孔子의 文章은 날마다 밖으로 드러나니 본디 학자가
함께 들을 수 있는 것이지만 性과 天道에 있어서는 孔子께서 드물게
말씀하시니 학자들이 들을 수 없는 것이 있음을 말한 것이다. 대체로
聖人의 門下는 교육이 등급을 뛰어넘지 아니하는 것이니 子貢이 지금
에 이르러서야 비로소 그 소리를 듣고 그 아름다움에 감탄한 것이다.
○ 程子가 말하였다. "이 글은 子貢이 孔子의 최고의 논리를 듣고 감
탄하고 讚美한 말이다."

---

⑬子路는有聞이오未之能行하여서唯恐有聞하더라
子路는 들음이 있고 다 行하지 못하여서 오히려 들음이 있을까 두려워
하더라

前所聞者를旣未及行故로恐復有所聞而行之不給也라○范氏
曰子路聞善이면勇於必行하니門人이自以爲弗及也故로著之니若
子路는可謂能用其勇矣로다

―

앞에 들은 것을 모두 行함에 미치지 못했기 때문에 다시 들음이 있

으면 行함이 충분하지 못할까 두려워한 것이다. ○ 范氏가 말하였다.

"子路가 善言을 들으면 반드시 行하는 데 용감하니 門人들이 스스로 미치지 못한다고 여겼기 때문에 이 말을 드러냈으니 子路 같은 사람은 그 용기를 잘 활용했다고 말할 수 있다."

---

⑭子貢이問日孔文子를何以謂之文也잇고子日敏而好學하며不恥下問이라是以謂之文也니라

子貢이 물어 말하기를 孔文子를 어찌 文이라 이릅니까 孔子께서 말씀하시기를 민첩하고 배우기를 좋아하며 아랫사람에게 묻는 것을 부끄럽게 여기지 아니하는지라 이 때문에 文이라 이른 것이다

孔文子는衛大夫니名은圉라凡人性敏者는多不好學하고位高者는多恥下問이라故로諡法에有以勤學好問으로爲文者하니蓋亦人所難也라孔圉得諡爲文은以此而已라○蘇氏日孔文子使太叔疾로出其妻而妻之러니疾이通於初妻之娣하니文子怒하여將攻之러니訪於仲尼한대仲尼不對하고命駕而行이라疾이奔宋에文子使疾弟遺로室孔姞하니其爲人이如此어늘而諡日文하니此子貢之所以疑而問也라孔子不沒其善하고言能如此라도亦足以爲文矣요非經天緯地34)之文也니라

—

---

34) 經天緯地 : 經은 세로이고 緯는 가로이다. 천지를 종횡하는 위대함이다. 『逸周書』,「諡法解」에 牧野에서 商나라를 물리친 후 周公과 太公이 함께 諡法을 제도화했다고 전한다. 그 篇에 적힌 諡法의 주요 대원칙을 보면 '諡'는 생존의 행적을, '號'는 생전의 공적을 기리는 것이라 하였다. '文'字의 경우 "經緯天地曰文 道德博厚曰文 勤學好問曰文 慈惠愛民曰文 愍民惠禮曰文 錫民爵位曰文"이라 하였다.

孔文子는 衛나라 大夫이니 이름은 圉이다. 무릇 사람은 성품이 민첩한 자는 대부분 배우기를 좋아하지 아니하고, 지위가 높은 사람은 허다히 아랫사람에게 묻기를 부끄럽게 여긴다. 그러므로 諡法에 배우기를 부지런히 하고 묻기를 좋아하는 것으로 文이라 諡號를 주는 경우가 있으니, 대체로 이것 역시 사람들이 어렵게 여기는 것이다. 孔圉가 文字 諡號를 얻은 것은 이로써 일 뿐이다. ○ 蘇氏가 말하였다. "孔文子가 太叔疾로 하여금 그 본처를 쫓아내게 하고 사위로 삼았더니 太叔疾이 본처의 동생과 간통을 하니 孔文子가 노해서 장차 그를 공격하려 하면서 孔子께 물었는데 孔子께서는 대답도 하지 아니하고 수레를 멍에해서 떠나버리셨다. 太叔疾이 宋나라로 도망가자 孔文子는 太叔疾의 동생 太叔遺로 하여금 孔文子의 딸 孔姞을 아내로 삼게 하였으니 그 사람됨이 이와 같거늘 諡號를 文이라 하였으니 이런 것이 子貢이 의심이 나서 여쭌 이유이다. 孔子께서는 그 좋은 점은 빠뜨리지 아니하고 '이와 같아도 역시 충분히 文이 될 수 있다.'라고 말씀하신 것이고 經天緯地의 文은 아니다."

⑮子謂子産하시되有君子之道四焉이니其行己也恭하며其事上也敬하며其養民也惠하며其使民也義니라

孔子께서 子産을 이르시되 군자의 道 네 가지가 있으니 자기를 行함이 恭遜하며 윗사람을 섬김이 恭敬하며 백성을 기름이 恩惠로우며 백성을 부림이 正義로우니라

子産은鄭大夫公孫僑라恭은謙遜也요敬은謹恪也요惠는愛利也요

使民義는如都鄙有章하고上下有服하며田有封洫35)하며廬井36)有伍37)之類라○吳氏曰數其事而責之者는其所善者多也니臧文仲不仁者三不知者三이是也요數其事而稱之者는猶有所未至也니子産有君子之道四焉이是也라今或以一言으로蓋一人하고一事로蓋38)一時하니皆非也니라

—

子産은 鄭나라 大夫 公孫僑이다. 恭은 겸손함이고 敬은 조심하고 삼감이고 惠는 사랑하고 이익되게 함이고 백성을 부림이 정의로움은 예를 들자면 도회지와 시골에 법이 따로 있고, 윗사람 아랫사람 옷이 따로 있고, 전답에는 경계가 있고, 마을에 길을 가지런히 함이 있는 것과 같은 따위이다. ○ 吳氏가 말하였다. "어떤 일을 세어 가면서 꾸짖는 것은 그 잘하는 것이 많아서이니 '臧文仲은 仁하지 못한 것이 세 가지이고 지혜롭지 못한 것이 세 가지이다.'라고 한 것이 이것이고, 어떤 일을 세어 가면서 칭찬하는 것은 오히려 지극하지 못한 것이 있는 것이니 '子産은 군자의 道 네 가지가 있다.'라고 한 것이 이것이다. 오늘날은 혹시 한 마디 말을 가지고 한 사람을 덮어버리고 한 가지 일을 가지고 한 시대를 총평하니 모두 잘못된 것이다."

⑯子曰晏平仲은善與人交로다久而敬之온여

孔子께서 말씀하시기를 晏平仲은 남과의 교제를 잘하도다 오래되어도

---

35) 封洫 : 둑과 물길, 즉 경계를 뜻한다.
36) 廬井 : 마을을 뜻한다. 廬는 집이고 井은 아홉 집이다.
37) 伍 : 길을 내고 집을 가지런히 하는 것.
38) 蓋 : 덮다, 총평하다, 대표하다.

존경하는구나

晏平仲은齊大夫니名은嬰이라程子曰人交久則敬衰니久而能敬
이所以爲善이니라

—

晏平仲은 齊나라의 大夫이니 이름은 嬰이다. 程子가 말하였다.
"사람이 사귐이 오래되면 공경심이 쇠퇴해지는 것이니 오래되어도
공경할 수 있음이 善이 되는 조건이다."

---

⑰子曰臧文仲이居蔡39)하되山節藻梲하니何如其知也
리오

孔子께서 말씀하시기를 臧文仲이 거북이를 간수하되 節에 산을 새기고
梲에 수초를 그렸으니 어찌 그 지혜롭다 하리오

臧文仲은魯大夫臧孫氏니名은辰이라居는猶藏也요蔡는大龜也라
節은柱頭斗栱40)也라藻는水草名이라梲은梁上短柱也라蓋爲藏
龜之室호되而刻山於節하고畫藻於梲也라當時에以文仲爲知하니
孔子言其不務民義하고而諂瀆鬼神이如此하니安得爲知리오春
秋傳所謂作虛器卽此事也라○張子曰山節藻梲하여爲藏龜之
室하고祀爰居41)之義는同歸於不知宜矣니라

---

39) 居蔡 : 큰 거북을 간수하는 집.

40) 斗栱 : 枓栱. 목조 건물의 기둥 위에 지붕을 받치고 있는 장식적 요소로 붙인 구조물.

41) 爰居 : 물새 이름. 기이한 바닷가 魯나라 東門 밖에 3일간 앉아 있자 臧文仲이 神鳥라
하여 그 새에게 제사지내게 하였다.

臧文仲은 魯나라 大夫 臧孫氏이니 이름은 辰이다. 居는 간수함과 같고 蔡는 큰 거북이다. 節은 기둥머리의 斗栱이다. 藻는 물풀 이름이다. 梲은 대들보 위의 짧은 기둥이다. 대체로 거북이를 간수하는 집을 만들되 節에는 산을 새기고 梲에는 물풀을 그렸다. 당시에 臧文仲을 지혜롭다고 하였으니 孔子께서 '그가 백성들이 정의로워지는 데는 힘쓰지 아니하고 귀신에게 아첨함이 이와 같으니, 어찌 지혜롭다 하리오'라고 말씀하셨다. 『春秋傳』에 이른바 '쓸데없는 기물을 만들었다.'라고 한 것이 바로 이 일이다. ○ 張子가 말하였다. "節에는 산을 새기고 梲에는 물풀을 그려서 거북이를 간수하는 집을 짓고 爰居에게 제사지낸 뜻은 함께 지혜롭지 못함에 돌아가는 것이 마땅하다."

⑱子張이問日令尹子文이三仕爲令尹하되無喜色하며三已之하되無慍色하여舊令尹之政을必以告新令尹하니何如하니잇고子日忠矣니라日仁矣乎잇가日未知케라焉得仁이리오

子張이 물어 말하기를 令尹 子文이 세 번 벼슬하여 令尹이 되어도 기뻐하는 안색이 없으며 세 번 그만두되 노여워하는 기색이 없어서 지나간 令尹의 정치를 반드시 새 令尹에게 告하니 어떻습니까 孔子께서 말씀하시기를 충성스러우니라 말하기를 仁입니까 말씀하시기를 잘 알지 못하겠지만 어찌 仁일 수 있으리오

令尹은官名이니楚上卿이요執政者也라子文의姓은鬪요名은穀^{於오}
菟^{도}라其爲人也喜怒不形하고物我無間하여知有其國而不知有
其身하니其忠이盛矣라故로子張이疑其仁이니然이나其所以三仕三
已而告新令尹者未知其皆出於天理요而無人欲之私也라是以
로夫子但許其忠이요而未許其仁也라

—

令尹은 벼슬 이름이니 楚나라의 上卿이고 執政者이다. 子文의 姓
은 鬪요 이름은 穀於菟^{누오도}이다. 그 사람됨이 기쁨과 노여움을 겉
으로 드러내지 아니하고 상대와 나의 간격이 없으며 나라 있는 것
은 알고 그 자신이 있는 것은 알지 못하니 그의 충심이 대단하다.
그러므로 子張이 그것이 仁인가 의심했다. 그러나 그가 세 번 벼슬
하고 세 번 그만두면서 새 令尹에게 告해준 이유가 모두 天理에서
나온 것이고 사사로운 욕심이 없었는지는 알 수 없다. 이 때문에 孔
子께서 단지 그 忠은 인정하고 그 仁은 허락하지 아니하신 것이다.

崔子弑齊君이어늘陳文子有馬十乘이러니棄而違之하고
至於他邦하여則曰猶吾大夫崔子也라하고違之하며之一
邦하여則又曰猶吾大夫崔子也라하고違之하니何如하니잇
고子曰淸矣니라曰仁矣乎잇가曰未知케라焉得仁이리오
崔子가 齊나라 임금을 죽였거늘 陳文子가 말 十乘이 있었더니 버리
고 떠났다 다른 나라에 이르러서 곧 말하기를 우리 大夫 崔子와 같구
나 하고 떠났으며 한 나라에 가서 곧 또 말하기를 우리 大夫 崔子와
같구나 하고 떠났으니 어떻습니까 孔子께서 말씀하시기를 깨끗하니라

말하기를 仁입니까 말씀하시기를 잘 알지 못하겠지만 어찌 仁일 수 있
으리오

崔子는 齊大夫니 名은 杼라 齊君은 莊公이니 名은 光이라 陳文子도 亦齊
大夫니 名은 須無라 十乘은 四十匹也라 違는 去也라 文子潔身去亂하
니 可謂淸矣나 然이나 未知其心이 果見義理之當然하여 而能脫然無
所累乎아 抑不得已於利害之私하여 而猶未免於怨悔也아 故로 夫
子特許其淸이요 而不許其仁이라 愚는 聞之師호니 曰當理而無私心
則仁矣라하니 今以是而觀二子之事하니 雖其制行之高는 若不可
及이나 然이나 皆未有以見其必當於理而眞無私心也니 子張이 未
識仁體하고 而悅於苟難하여 遂以小者로 信其大者하니 夫子之不許
也宜哉라 讀者於此에 更以上章不知其仁42)과 後篇仁則吾不
知43)之語와 幷與三仁44)과 夷齊之事로 觀之則彼此交盡하여 而仁
之爲義를 可識矣리라 今以他書考之컨대 子文之相楚에 所謀者無
非僭王猾夏之事하고 文子之仕齊에 旣失正君討賊之義하고 又不
數歲而復反於齊焉이면 則其不仁을 亦可見矣니라

崔子는 齊나라 大夫이니 이름은 杼이다. 齊나라 임금은 莊公이니 이
름은 光이다. 陳文子도 역시 齊나라 大夫이니 이름은 須無이다. 十乘
은 四十匹이다. 違는 떠남이다. 陳文子가 몸을 깨끗이 해서 문란한

---

42) 不知其仁 : 「公冶長」篇, 四章, '焉用佞 禦人以口給 屢憎於人 不知其仁 焉用佞'
참고.

43) 仁則吾不知 : 「憲問」篇, 二章, '克伐怨欲不行焉 可以爲仁矣 子曰 可以爲難矣
仁則吾不知也' 참고.

44) 三仁 : 「微子」篇, 一章, '微子去之 箕子爲之奴 比干諫而死 孔子曰殷有三仁
焉' 참고.

나라를 떠났으니 깨끗하다고 말할 수 있다. 그러나 그 마음이 과연 의리의 당연함을 발견해서 초연하게 얽매인 바가 없을 수 있었는지 아니면 이해의 私情에 부득이 해서 오히려 원망하고 뉘우침을 면치 못하였는지는 알 수 없다. 그러므로 孔子께서 단지 그 깨끗함은 인정하고 그 仁은 허락하지 아니하신 것이다. 나는 스승에게 '원리에 합당하고 사심이 없으면 仁이다.'라고 들었다. 지금 이 말을 가지고 두 사람의 일을 관찰해 보니 비록 그들의 절제된 행동의 높음에는 마치 미칠 수 없을 듯하나 그러나 그들이 반드시 원리에 합당하고 진실로 사심이 없었는지는 발견할 수가 없으니 子張이 仁의 본체를 알지 못하고 구차하고 어려운 일에만 기뻐해서 드디어 작은 것을 가지고 큰 것이라고 믿으니 孔子께서 허락하지 아니하심이 마땅하다. 독자들이 여기에서 다시 윗장에서 '그 仁은 알지 못하겠다.'라고 말씀하신 것과 후편에서 '仁이라면 내가 알지 못하겠다.'라는 말씀과 함께 三仁과 伯夷·叔齊의 일을 가지고 관찰해 보면 저쪽과 이쪽이 비교가 극진해서 仁의 의미됨을 알 수 있을 것이다. 지금 다른 책을 가지고 고찰해 보건대, 子文이 楚나라에서 政丞할 적에 도모한 것들이 王을 僭稱하고 나라를 해롭게 하는 일이 아님이 없었고, 文子가 齊나라에 벼슬할 적에 이미 임금을 바로잡고 역적을 토벌하는 의리를 상실하였으며 또 몇 해가 되지 아니해서 다시 齊나라로 돌아왔다면 그의 仁하지 못함을 역시 엿볼 수 있다.

⑲季文子三思而後에行하더니 子聞之하시고曰再斯可矣니라

季文子가 세 번 생각한 뒤에 행동하니 孔子께서 들으시고 말씀하시기를 두 번이면 괜찮다

季文子는 魯大夫니 名은 行父라 每事를 必三思而後에 行하니 若使晉而求遭喪之禮以行[45]이 亦其一事也라 斯는 語辭라 程子曰爲惡之人은 未嘗知有思니 有思則爲善矣나 然이나 至於再則已審이요 三則私意起而反惑矣라 故로 夫子譏之니라 ○愚는 按季文子慮事如此하니 可謂詳審이요 而宜無過擧矣로되 而宣公簒立에 文子乃不能討하고 反爲之使齊而納賂焉하니 豈非程子所謂私意起而反惑之驗歟아 是以로 君子는 務窮理而貴果斷이요 不徒多思之爲尚이니라

季文子는 魯나라 大夫이니 이름은 行父이다. 매사를 반드시 세 번 생각한 뒤에 행하니 예를 들면, 晉나라에 사신을 가면서 喪을 만났을 때의 禮를 물어보고 떠난 것이 역시 그 한 가지 일이다. 斯는 어조사이다. 程子가 말하였다. "惡을 행하는 사람은 일찍이 생각을 두어야 함을 알지 못하니 생각을 두었다면 善을 行하였을 것이나 그러나 두 번에 이르면 이미 상세한 것이고 세 번이면 사사로운 뜻이 일어나서 도리어 의심하게 된다. 그러므로 孔子께서 나무라신 것이다." ○ 나는 고찰해 보건대, 季文子가 일을 생각함이 이와 같으니 상세하게 살핀다고 말할 수 있고 의당 지나친 행동은 없었을 것이지만 宣公이 簒奪해서 즉위하였을 적에 季文子가 성토하지도 못하고 도리어 宣公을 위해 齊나라에 사신으로 가서 뇌물을

---

45) 使晉而求遭喪之禮以行 : 晉나라에 사신을 갈 적에 晉나라 임금이 병이 들어 위독하다는 말을 듣고 임금이 죽을 것을 대비해 喪禮에 대한 상식을 물은 후에 출발하였다.

바쳤으니, 程子가 말하는 사사로운 뜻이 일어나서 도리어 의심한다는 증거가 어찌 아니겠는가. 이 때문에 군자는 이치를 궁구하는 데 힘쓰고 果斷을 귀하게 여기는 것이고 단지 많이 생각함을 으뜸으로 여기는 것은 아니다.

---

⑳子曰甯武子邦有道則知하고邦無道則愚하니其知는 可及也어니와其愚는不可及也니라

孔子께서 말씀하시기를 甯武子는 나라에 道가 있으면 지혜롭고 나라에 道가 없으면 어리석으니 그의 지혜는 미칠 수 있거니와 그의 어리석음은 미칠 수 없다

甯武子는衛大夫니名은兪라按春秋傳에武子仕衛當文公成公之時러니文公은有道하여而武子無事可見하니此其知之可及也요成公은無道하여至於失國이어늘而武子周旋其間하여盡心竭力하여不避艱險하니凡其所處皆智巧之士는所深避而不肯爲者로되而能卒保其身하고以齊其君하니此其愚之不可及也라○程子曰邦無道에能沈晦[46]以免患故로曰不可及也니라亦有不當愚者하니比干이是也라

—

甯武子는 衛나라 大夫이니 이름은 兪이다. 『春秋傳』을 고찰해 보면, 甯武子가 衛나라에 벼슬한 것이 文公, 成公 때에 해당하니 文

---

46) 沈晦 : 沈은 물 아래에 가라앉는 것이고 晦는 숨는 것이니, 공을 세우고도 나서지 않고 숨긴 것을 말한다.

公은 道가 있어서 甯武子가 볼 만한 일이 없으니 이것이 그의 지혜를 미칠 수 있는 것이고, 成公은 無道하여 나라를 상실하는 데까지 이르렀거늘, 甯武子가 그 사이에서 주선하여 마음과 힘을 다해서 어렵고 험한 것을 피하지 않았으니, 무릇 그가 대처한 것은 지혜롭고 꾀 많은 사람이면 모두 깊이 피하고 하려들지 아니하는 것이지만, 끝내 그 자신도 보존을 하고 그 임금도 구제할 수 있었으니 이것이 그의 어리석음에는 미칠 수 없는 것이다. ○ 程子가 말하였다. "나라에 道가 없을 적에 沈晦함으로써 환란을 면할 수 있었기 때문에 '미칠 수 없다.'라고 말한 것이다. 역시 어리석음에 해당되지 못하는 경우도 있으니 比干이 바로 그렇다."

㉑子在陳하시어 曰歸與歸與인저 吾黨之小子狂簡하여 斐然成章이오 不知所以裁之로다[47]

孔子께서 陳나라에 계시면서 말씀하시기를 돌아갈 것이로다 돌아갈 것이로다 우리 黨의 小子들이 狂簡하여 찬란하게 文理는 성취하였으나 裁度^{재탁}하는 법을 알지 못한다

此는 孔子周流四方에 道不行하여 而思歸之歎也라 吾黨小子는 指門人之在魯者라 狂簡은 志大而略於事也라 斐는 文貌라 成章은 言其文理成就하여 有可觀者라 裁는 割正也라 夫子初心엔 欲行其道於天下라가 至是而知其終不用也하고 於是에 始欲成就後學하여 以傳道於來世요 又不得中行之士[48]인댄 而思其次니 以爲狂士는 志

---

47) 이 글을 在陳之歎이라 부른다.

意高遠하여猶或可與進於道也로되但恐其過中失正하여而或陷
於異端耳라故로欲歸而裁之也라

—

이 글은 孔子께서 天下四方을 두루 돌아다닐 적에 道가 행해지지
못해서 돌아가기를 생각하신 탄식이다. 우리 黨의 小子는 魯나라에
있는 門人들을 가리킨 것이다. 狂簡은 뜻은 크면서도 일에는 간략
함이다. 斐는 문채가 있는 모습이다. 成章은 그들의 文理가 성취되
어서 볼만한 것이 있음을 말하는 것이다. 裁는 바르게 재단하는 것
이다. 孔子께서 처음 마음에는 그 道를 천하에 행하고자 하였으나
이때에 이르러서 끝내 쓰이지 못할 것임을 아시었다. 이에 비로소
후학들을 성취시켜서 道를 후세에 전하고자 하였고 또 中道의 선
비를 얻지 못할진댄 그 다음을 생각하신 것이다. 狂士는 뜻이 높고
도 원대해서 오히려 어쩌면 함께 道에 나아갈 수 있겠지만 단지 그
들이 中道를 지나고 바름을 상실해서 혹시 異端에 빠질까 걱정하
셨을 뿐이다. 그렇기 때문에 돌아가서 그들을 裁度하고자 하신 것
이다.

㉒子曰伯夷叔齊는不念舊惡이라怨是用希니라
孔子께서 말씀하시기를 伯夷와 叔齊는 지나간 잘못은 생각하지 아니
하는지라 원망이 이 때문에 드물었다

伯夷叔齊는孤竹君之二子라孟子稱其不立於惡人之朝하여不

---

48) 不得中行之士 : '中行'은 '中道'와 같다. 中道의 선비를 얻으려 한 것은 道를 전해 주고
자 함이다. 『孟子』, 「盡心章句下」, 三十七章 참고.

與惡人言하더니與鄉人立에其冠不正이어든望望然[49]去之하여若
將浼焉[50]이라하니其介如此면宜若無所容矣나然이나其所惡♀之人
이能改卽止故로人亦不甚怨之也라○程子曰不念舊惡은此清
者之量이니라又曰二子之心을非夫子면孰能知之리오

―

伯夷와 叔齊는 孤竹나라 임금의 두 아들이다. 孟子께서 그들을 칭
찬하기를 "惡人의 조정에는 서지 아니해서 惡人과 더불어 말도 하
지 아니하더니 고을 사람과 더불어 서 있을 적에는 그 冠이 바르지
않거든 뒤도 돌아보지 않고 떠나버려서 마치 장차 더럽혀질 듯이 한
다."라고 하니, 그 인품이 이와 같다면 의당 잘못을 용서할 바가 없
을 듯하나 그러나 그 미워하던 사람이 잘못을 고치면 바로 중지할
수 있기 때문에 사람들도 역시 그를 심하게 원망하지는 아니하였다.
○ 程子가 말하였다. "'지나간 잘못은 생각하지 아니함'은 이것은 깨
끗한 사람의 도량이다." 또 말하였다. "두 사람의 마음을 孔子가 아
니면 누가 알 수 있으리오"

―――

㉓子曰孰謂微生高直고或이乞醯焉이어늘乞諸其鄰而
與之온여

孔子께서 말씀하시기를 누가 微生高를 정직하다 하는고 어떤 사람이
醯를 빌리러 왔거늘 그 이웃에서 빌려서 주는구나

―――

微生은姓이요高는名이며魯人이니素有直名者라醯는醋也라人來乞

―――

49) 望望然 : 뒤도 돌아보지 않고 떠나는 모습
50) 與鄉人立~若將浼焉 : 『孟子』, 「公孫丑章句上」, 九章 참고

時에其家無有故로乞諸鄰家以與之하니夫子言此하여譏其曲意
徇物하고掠美市恩은不得爲直也니라○程子曰微生高所枉이雖小
나害直은爲大니라范氏曰是曰是非曰非有謂有無謂無曰直이니
聖人은觀人於其一介之取予면而千駟萬鍾을從可知焉故로以
微事로斷之니所以敎人에不可不謹也니라

—

微生은 姓이고 高는 이름이며 魯나라 사람이니 본디 곧다는 명성
이 있는 사람이다. 醯는 식초이다. 사람이 와서 얻으려 할 때에 그
의 집에는 있지 아니했기 때문에 이웃집에서 빌려 그에게 주었으니,
孔子께서 이것을 말씀하시어, 그가 뜻을 왜곡하여 상대의 의견을
따르고 칭찬을 노려서 은혜를 파는 것은 정직이 될 수 없음을 기롱
한 것이다. ○ 程子가 말하였다. "微生高가 굽힌 것은 비록 작으
나 곧은 것에 방해됨은 큰 것이다." 范氏가 말하였다. "옳은 것은
옳다 하고 그른 것은 그르다 하고, 있으면 있다 하고 없으면 없다고
말하는 것이 정직이니, 聖人은 한낱의 취하고 주는 것에서 사람을
관찰하면 말 사천 마리와 돈 일만 종도 따라서 알 수 있기 때문에
작은 일을 가지고 단정했으니, 사람들에게 삼가지 아니해서는 아니
됨을 가르치신 이유이다."

㉔子曰巧言令色足^주恭을左丘明이恥之러니丘亦恥之
하노라匿怨而友其人을左丘明이恥之러니丘亦恥之하노라
孔子께서 말씀하시기를 말을 교묘하게 하고 안색을 잘해서 지나치게
공손함을 左丘明이 부끄럽게 여겼더니 나도 역시 부끄럽게 여긴다 원
망을 숨기고 사람을 벗함을 左丘明이 부끄럽게 여겼더니 나도 역시 부

끄럽게 여긴다

足는過也라程子曰左丘明은古之聞人也라謝氏曰二者之可恥
有甚於穿窬也일새左丘明이恥之하니其所養을可知矣요夫子自言
丘亦恥之는蓋竊比老彭[51]之意며又以深戒學者하여使察乎此而
立心以直也니라

—

足는 지나침이다. 程子가 말하였다. "左丘明은 옛날에 명예가 있는
사람이다." 謝氏가 말하였다. "두 가지의 부끄러워할 만함이 도둑질
보다 더 심함이 있기 때문에 左丘明이 부끄럽게 여겼으니, 그의 마
음 기르는 바를 알 수 있고 孔子께서 스스로 말씀하시길 '나도 또한
부끄럽게 여긴다.' 하신 것은 대체로 老彭에게 은근히 비교한다는
뜻이며, 또 학자들을 깊이 경계시켜서 이런 데에서 관찰하여 정직으
로써 마음을 수립하게 하신 것이다."

㉕顏淵季路侍러니子曰盍各言爾志리오
顏淵과 季路가 모셨더니 孔子께서 말씀하시기를 어찌 각각 너희의 뜻
을 말하지 아니하는가

盍은何不也라

—

---

51) 竊比老彭 : '老彭에게 은근히 비교한다.'는 말은 孔子께서 대단히 겸손하게 자신을 낮추는
말이다. 「述而」篇, '子曰 述而不作 信而好古 竊比於我老彭' 참고.

盍은 '어찌 아니하리오'이다.

子路曰願車馬와衣輕裘를與朋友共하여敝之而無憾하
노이다

子路가 말하기를 원컨대 수레나 말과 가벼운 갖옷 입는 것을 붕우와
더불어 함께해서 다 해어져도 유감이 없겠습니다

衣는服之也라裘는皮服이라敝는壞라憾은恨也라

—

衣는 입는 것이다. 裘는 가죽옷이다. 敝는 해어짐이다. 憾은 한탄함
이다.

顔淵이曰願無伐善하며無施勞하노이다

顔淵이 말하기를 원컨대 잘하는 것을 자랑함이 없으며 공로를 과장함
이 없겠습니다

伐은誇也요善은謂有能이라施는亦張大之意요勞는謂有功이니易曰
勞而不伐이是也라或曰勞는勞事也니勞事는非己所欲故로亦不
欲施之於人이라하니亦通이라

—

伐은 자랑함이고 善은 능력이 있다는 말이다. 施는 역시 확장해서
키우는 뜻이고 勞는 공로가 있음을 말하니, 『周易』에 '공로를 세우

고도 자랑하지 아니한다.'라고 한 것이 이것이다. 어떤 사람은 말하기를, "勞는 수고로운 일이니, 수고로운 일은 자기가 하고자 하는 바가 아니기 때문에 역시 남에게 베풀고자 아니한다."라고 하니 역시 말이 된다.

子路曰願聞子之志하노이다子曰老者를安之하며朋友를信之하며少者를懷之니라

子路가 말하기를 원컨대 선생님의 뜻을 듣고자 합니다 孔子께서 말씀하시기를 늙은이를 편안히 하며 붕우를 믿게 하며 젊은이를 사랑하는 것이다

老者를養之以安하고朋友를與之以信하고少者를懷之以恩이라一說에安之는安我也요信之는信我也요懷之는懷我也라하니亦通이라 ○程子曰夫子는安仁[52]이요顏淵은不違仁이요子路는求仁이니라又曰子路顏淵孔子之志皆與物共者也로되但有小大之差爾니라又曰子路는勇於義者라觀其志컨대豈可以勢利로拘之哉아亞於浴沂者[53]也요顏子는不自私己故로無伐善이요知同於人故로無施勞니其志可謂大矣나然이나未免於有意也[54]요至於夫子則如天地之化工이付與萬物이로되而己不勞焉이니此聖人之所爲

---

52) 安仁者 :「里仁」篇, 子曰 不仁者不可以久處約 不可以長處樂 仁者安仁 知者利仁 참고.

53) 浴沂者 : 狂者의 대표격인 曾點을 가리킨다.「先進」篇, 二十五章 참고.

54) 未免於有意 : 有意에서 벗어나지 못하다.「子罕」篇, 四章, 子絕四 毋意 毋必 毋固 毋我 참고.

也라今夫羈靮以御馬로되而不以制牛하니人皆知羈靮之作이在乎人이요而不知羈靮之生이由於馬하니聖人之化도亦猶是也[55]라先觀二子之言하고後觀聖人之言이면分明天地氣象이라凡看論語에非但欲理會文字라須要識得聖賢氣象이니라

—

늙은 사람을 편안함으로써 奉養하고 붕우를 믿음으로써 許與하고 소년을 은혜로써 품어주는 것이다. 일설에는 '편안히 한다는 것은 나처럼 편안히 하는 것이고 믿는다는 것은 나처럼 믿는 것이고 사랑한다는 것은 나처럼 사랑하는 것'이라 하니 역시 말이 된다. ○ 程子가 말하였다. "孔子는 노력하지 아니하고 저절로 仁한 사람이고, 顔淵은 仁을 어기지 아니한 사람이고, 子路는 仁을 찾는 사람이다." 또 말하였다. "子路와 顔淵과 孔子의 뜻은 모두 상대와 더불어 함께하는 것이로되 단지 작고 큰 차이가 있을 뿐이다." 또 말하였다. "子路는 의리에 용감한 자인지라, 그의 뜻을 관찰해 보건대 어찌 세력이나 이익을 가지고 속박할 수 있겠느냐 沂水에서 목욕한 사람의 다음은 될 것이며, 顔子는 스스로 개인적인 자기를 인정하지 않기 때문에 잘하는 것을 자랑함이 없고 지식이 다른 사람과 같다고 여기기 때문에 공로를 자랑하지 아니하는 것이니 그 뜻이 크다고 말할 수 있으나 그러나 뜻을 두는 데 면치 못하고 孔子에 있어서는 천지조화의 일들이 만물에게 부여되면서도 천지 자체는 수고롭지 아니한 것과 같은 것이니 이것이 聖人의 하시는 바이다. 지금 말굴레를 가지고 말을 다스리면서도 소는 통제하지 못하니 사람

---

55) 聖人之化亦猶是也 : 말은 굴레에 약하고 소는 코에 약하므로 말은 말굴레로 통제하고 소는 코뚜레로 통제하듯, 사람은 仁義禮智에 가장 약하므로 禮로써 사람을 교화한다. 즉, 聖人이 어떤 대상을 이끌 적에 그 대상의 약한 부분을 가지고 교화한다는 것이다.

들은 모두 말굴레의 제작이 사람한테서 나왔다는 것은 알고 말굴레가 생겨진 것이 말에 연유되었다는 것은 알지 못하니 聖人의 교화도 역시 이와 같다. 먼저 두 사람의 말을 관찰하고 뒤에 聖人의 말씀을 관찰해 보면 하늘과 땅의 기상처럼 분명히 다르다. 무릇 『論語』를 볼 적에 문자를 이해하고자 해야할 뿐만 아니라 모름지기 성현의 기상을 인식하고 터득하는 것이 필요하다."

㉖子曰已矣乎라吾未見能見其過而內自訟者也케라

孔子께서 말씀하시기를 끝났도다 나는 자기의 허물을 발견하고 내면으로 스스로를 탓할 수 있는 사람을 보지 못하였다

已矣乎者는恐其終不得見而歎之也라內自訟者는口不言而心自咎也라人이有過而能自知者도鮮矣요知過而能內自訟者는爲尤鮮이니能內自訟이면則其悔悟深切而能改必矣라夫子自恐終不得見而歎之니其警學者深矣라

—

끝났도다는 끝내 만나볼 수 없을까 두려워서 탄식하신 것이다. 내면으로 스스로를 탓함은 입으로 말하지 아니하고 마음으로 스스로 허물하는 것이다. 사람이 허물이 있어도 스스로 알 수 있는 자도 드물고, 허물을 알고 내면으로 스스로 탓할 수 있는 자는 더욱 드물다. 내면으로 스스로를 탓할 수 있으면 그 뉘우침과 깨달음이 깊고 간절해서 고칠 수 있음이 틀림없다. 孔子께서 스스로 끝내 그런 사람을 볼 수 없을까 두려워서 탄식하신 것이니 학자들을 깨우치심이 깊다.

㉗子曰十室之邑에 必有忠信이 如丘者焉이어니와 不如丘之好學也니라

孔子께서 말씀하시기를 열 집 쯤 되는 邑에 반드시 忠信이 나 같은 사람은 있겠지만 나의 배우기를 좋아함만 같지 못할 것이다

十室은 小邑也라 忠信은 如聖人生質之美者也라 夫子는 生知로되 而未嘗不好學故로 言此以勉人이니 言美質은 易得이요 至道는 難聞이니 學之至則可以爲聖人이요 不學則不免爲鄕人而已니 可不勉哉아

—

十室은 작은 읍이다. 忠信은 聖人처럼 나면서부터 바탕이 아름다운 사람이다. 孔子는 나면서부터 아는 분이지만 배우기를 좋아하지 아니하신 적이 없기 때문에, 이것을 말해서 사람들을 힘쓰게 하신 것이니, 美質은 얻기 쉽고 至道는 듣기 어려움을 말하는 것이니, 배움이 지극하면 聖人이 될 수 있고 배우지 아니하면 시골 사람이 됨을 면치 못할 뿐이니 힘쓰지 아니해서 되겠는가.

[公冶長 第五]

雍也第六

凡二十八章이니篇內第十四章以前은

大意與前篇으로同이라

—

합해서 이십팔 章이니 篇內에 제십사 章 이전은

큰 뜻이 前篇과 더불어 같다.

① 子曰雍也는 可使南面[1]이로다

孔子께서 말씀하시기를 雍은 南面하게 할 수 있겠도다

南面者는 人君聽治之位라 言仲弓이 寬洪簡重하여 有人君之度也라
—

南面은 임금이 정치를 듣는 위치이다. 仲弓이 너그럽고 넓고 대범
하고 중후해서 人君의 도량이 있다는 말이다.

仲弓이 問子桑伯子한대 子曰可也簡이니라

仲弓이 子桑伯子에 대해 물었는데 孔子께서 말씀하시기를 괜찮은 점
이 簡이다

子桑伯子는 魯人이니 胡氏以爲疑卽莊周所稱子桑戶者是也라
仲弓이 以夫子許己南面故로 問伯子如何라 可者는 僅可而有所
未盡之辭요 簡者는 不煩之謂라
—

子桑伯子는 魯나라 사람이니, 胡氏는 "아마도 바로 莊周가 말하
는 子桑戶者라는 사람이 이 사람일 것이다."라고 하였다. 仲弓이
孔子께서 자기에게 南面할 만을 許與하셨기 때문에 子桑伯子는
어떤지를 물은 것이다. 可는 겨우 괜찮으나 미진한 바가 있다는 말

---

1) 南面 : 임금의 자리. 임금의 자리는 항상 북쪽에서 남쪽을 바라보게 정한다. 그 앞의 모든 사
람은 북쪽을 향한다.

이며, 簡은 번거롭지 않음을 말한다.

仲弓이曰居敬而行簡하여以臨其民이면不亦可乎잇가居
簡而行簡이면無乃2)大태簡乎잇가

仲弓이 말하기를 敬에 自處하고 행동은 대범하게 하여 백성에게 군림
하면 역시 可하지 아니하겠습니까 簡에 自處하고 행동마저 簡하게 하
면 아니 너무 簡한 것이 아닙니까

言自處以敬이면則中有主而自治嚴이니如是而行簡하여以臨民
이면則事不煩而民不擾리니所以爲可요若先自處以簡이면則中無
主而自治疎矣요而所行이又簡이면豈不失之大태簡하여而無法度
之可守乎아家語에記伯子不衣冠而處어늘夫子譏其欲同人道
於牛馬라하니然則伯子는蓋大簡者니而仲弓이疑夫子之過許與
인저

—

敬으로써 自處하면 마음속에 주장함이 있어서 스스로 다스리기를
엄하게 할 것이니, 이와 같이 하면서 행동은 대범하게 해서 그것으
로써 백성에게 군림하면 일이 번거롭지 않아서 백성들도 흔들리지
아니할 것이니 可함이 될 수 있고, 만약 먼저 簡으로써 自處하면
마음속에 주장이 없어서 스스로 다스림이 성글 것이고, 행동하는 것
이 또 簡하면 아마도 너무 簡한 데에 잘못되어서 지킬 만한 법도가
없는 것이 아닐까라는 말이다. 『孔子家語』에 "子桑伯子가 冠도

---

2) 無乃~ : 아니 ~이 아니겠는가.

쓰지 아니하고 거처하거늘 '孔子께서 그가 사람의 도리를 牛馬와 같게 하고자 한다.'고 나무라셨다."라고 기록되어 있으니, 그렇다면 子桑伯子는 대체로 너무 簡한 자이니 仲弓이 孔子께서 지나치게 허락하신 것인가 하고 의심한 것이다.

子曰雍之言이然하다

孔子께서 말씀하시기를 雍의 말이 맞다

仲弓이蓋未喩夫子可字之意로되而其所言之理有黙契3)焉者故로夫子然之라○程子曰子桑伯子之簡이雖可取而未盡善故로夫子云可也요仲弓이因言內主於敬而簡이면則爲要直이요內存乎簡而簡이면則爲疎略이라하니可謂得其旨矣니라又曰居敬則心中無物故로所行이自簡이요居簡則先有心於簡하여而多一簡字矣라故로曰大簡이니라

—

仲弓이 아마도 孔子(가 말씀하신) 可의 뜻을 깨닫지는 못하였지만 그가 말하는 이치가 말없이 부합됨이 있기 때문에 孔子께서 긍정하신 것이다. ○ 程子가 말하였다. "子桑伯子의 簡이 비록 취할 만은 하지만 盡善은 아니기 때문에 孔子께서 괜찮다고 말씀하신 것이고, 仲弓이 이어서 말하기를 '내면은 敬에 주장을 하면서 簡하면 요점이 정직이 되고, 내면에 簡을 보존하고 행동마저 簡하면 엉성함이 된다.'라고 하니 그 뜻을 터득했다고 말할 수 있다." 또 말하였

---

3) 契 : 符合

다. "敬에 自處하면 마음속에 물욕이 없기 때문에 행동하는 것이 저절로 대범해지는 것이요, 마음속에 簡을 自處하면 먼저 簡이 마음속에 차지하고 있어서 언제나 簡字에만 한결같이 된다. 그러므로 너무 簡하다고 말한 것이다."

②哀公이問弟子孰爲好學이니잇고孔子對曰有顔回者好學하여不遷怒하며不貳過하더니不幸短命死矣라今也則亡^무하니未聞好學者也케이다

哀公이 묻기를 제자 중에 누가 학문을 좋아합니까 孔子께서 대답하여 말씀하시기를 顔回라는 자가 학문을 좋아해서 노여움을 옮기지 아니하며 허물을 두 번 하지 아니하더니 불행히도 命이 짧아서 죽은지라 지금은 없으니 학문을 좋아한다는 자를 듣지 못했습니다

遷은移也요貳는復^부也니怒於甲者를不移於乙하고過於前者를不復於後라顔子克己⁴⁾之功이至於如此하니可謂眞好學矣라短命者는顔子三十二而卒也라旣云今也則亡라하고又言未聞好學者는蓋深惜之요又以見^현眞好學者之難得也라○程子曰顔子之怒는在物이요不在己故로不遷이요有不善이면未嘗不知하고知之면未嘗復行하니不貳過也니라又曰喜怒在事則理之當喜怒者也요不在血氣則不遷이니若舜之誅四凶也에可怒在彼어늘己何與^예焉⁵⁾이리오如鑑之照物이妍媸在彼하여隨物應之而已니何遷之有리오又曰

4) 克己 : 자기의 私慾을 이겨내는 것.

5) 舜之誅四凶也 可怒在彼 己何與焉 : 『書經』, 「虞書」, '舜典', 第十二章 참고.

如顏子地位에 豈有不善이리오 所謂不善은 只是微有差失이니 纔差失이면 便能知之요 纔知之면 便更不萌作이니라 張子曰慊於己者를 不使萌於再니라 或曰詩書六藝를 七十子非不習而通也어늘 而夫子獨稱顏子爲好學하니 顏子之所好는 果何學歟오 程子曰學以至乎聖人之道也니라 學之道는 奈何오 曰天地儲精에 得五行之秀者爲人이라 其本也眞而靜하여 其未發也에 五性이 具焉하니 曰仁義禮智信이요 形旣生矣라 外物이 觸其形而動於中矣니 其中이 動이면 而七情出焉이니 曰喜怒愛懼哀惡欲이라 情旣熾而益蕩이면 其性鑿矣라 故로 覺者는 約其情하여 使合於中하고 正其心養其性而已라 然이나 必先明諸心하여 知所往然後에 力行以求至焉이니라 若顏子之非禮勿視聽言動6)과 不遷怒貳過者則其好之篤이요 而學之得其道也라 然이나 其未至於聖人者는 守之也요 非化之也7)니 假之以年이면 則不日而化矣리라 今人은 乃謂聖本生知8)요 非學可至라 하여 而所以爲學者不過記誦文辭之間하니 其亦異乎顏子之學矣로다

—

遷은 옮김이고 貳는 다시 함이니, 甲에게 노여워한 것을 乙에 옮기지 아니하고, 앞에서 잘못되었던 것을 뒤에 다시 하지 않는 것이다. 顏子의 克己 공부가 이와 같음에 이르렀으니 진실로 학문을 좋아한다고 이를 만하다. 短命은 顏子가 서른두 살에 죽은 것이다. 이미 지금은 없다라고 말씀하셨고 또 학문을 좋아한다는 자를 듣지 못했다라고 말씀하심은 심히 애석해 하시고, 또 참으로 학문을 좋아

6) 非禮勿視聽言動 : 「顏淵」篇, 一章 참고.

7) 非化之也 : 『孟子』, 「盡心章句下」, 二十五章 참고.

8) 生知 : 生而知之者

하는 사람을 얻기 어려움을 드러낸 것이다. ○ 程子가 말하였다. "顔子의 노여움은 상대에게 있고 자기 몸에 있는 것이 아니기 때문에 옮기지 아니하고, 좋지 못한 것이 있으면 알지 못한 적이 없고 알았으면 다시 행한 적이 없으니 허물을 두 번 하지 아니한 것이다." 또 말하였다. "기뻐하고 노여워할 것이 일에 있으면 이치상 당연히 기뻐하고 노여워하는 것이고, 혈기에 있지 아니하면 옮기지 아니하는 것이니, 예컨대 舜임금이 四凶을 誅伐할 적에 노여워할 만한 것이 저들에게 있었으니, 자기와 무슨 관여가 있었겠는가. 마치 거울이 물건을 비출 적에 곱고 추한 것은 저쪽에 있어서 物에 따라서 응할 뿐이니 무슨 옮김이 있겠는가." 또 말하였다. "顔子 같은 지위에 어찌 不善이 있으리오 이른바 不善은 단지 조금 차질이 있는 것이니, 잠깐이라도 차질이 생기면 문득 그것을 알아차리고, 잠깐이라도 알아차리면 문득 다시는 싹도 트지 못하게 하는 것이다." 張子가 말하였다. "자기의 부족함을 두 번 싹트지 못하게 하는 것이다." 어떤 사람이 "詩書六藝를 칠십 제자가 익혀서 통하지 아니하는 이가 없거늘 孔子께서 유독 顔子만을 학문을 좋아한다고 칭찬하시니 顔子가 좋아하는 것은 과연 어떤 학문입니까?"라고 말하니 程子가 말하였다. "배워서 聖人의 道에 이르는 것이다." "배우는 방법은 어떻게 하는 것입니까?" "천지간에 쌓여 있는 精氣에서 오행의 으뜸을 얻은 것이 사람인지라, 그 근본이 진실하고 안정되어서 그 情이 발하지 아니했을 적에는 五性이 갖추어져 있으니 이것이 仁義禮智信이요, 형체가 이미 생겼는지라 바깥 물건이 그 형체에 접촉하면 중심이 움직이고 그 중심이 움직이면 七情이 나오는 것이니 이것이 喜怒哀懼愛惡欲이다. 情이 이미 불타올라서 더욱더 흔들면 그 본성이 침식을 당하는 것이다. 그러므로 깨달은 사람은 그 情을 묶어서 中에 부합되게 하고 마음을 바로잡고 본성을 잘 기를 뿐이다. 그러나 반드시 먼저 마음을 밝혀서 갈 곳을 안 연후에 힘써 행해서 최고의 경지를 찾아야 한다. 예를 들면 顔子의 禮가 아니면 보고, 듣고, 말하고, 움직이지도 아니함과, 노여움을 옮기지 아니하고 허물을 두 번 하지 아니함은 그가 좋아하기를 철저하게 하고 배워서 正道를 터득한 것이다. 그러나 그가 聖人에 이르지 못한 것은 지키기만 하고 化하지 못한 것이니, 나이를 빌려 주었더라면 하루가 되지 않아서 化했을 것이다. 오늘날 사람들은 聖人은 본래 나면서부터 아는 것이고 배워서 이를 수 있는 것이 아니라고 여겨서 학문하는 조건이 문장을 기록하고 외우는 사이에 불과하니 그것은 역시 顔子의 배움과는 다름이로다."

③子華使시於齊러니冉子爲其母請粟한대子曰與之釜하라請益한대曰與之庾하라하시거늘冉子與之粟五秉한대

子華가 齊나라에 심부름 갔는데 冉子가 그 어머니를 위해서 곡식을 요청했다 孔子께서 말씀하시기를 釜를 주어라 좀 더 주기를 요청하니 말씀하시기를 庾를 주어라 하시거늘 冉子가 곡식 다섯 秉을 주었는데

子華는公西赤也라使는爲孔子使也라釜는六斗四升이요庾는十六斗요秉은十六斛9)이라

—

9) 一斛 : 十斗

子華는 公西赤이다. 使는 孔子를 위한 심부름이다. 釜는 여섯 말 너 되이고 庾는 열여섯 말이고 秉은 열여섯 斛이다.

子曰赤之適齊也에 乘肥馬하며 衣輕裘하니 吾는 聞之也하니 君子는 周急이오 不繼富라호라

孔子께서 말씀하시기를 赤이 齊나라에 갈 적에 살진 말을 탔으며 가벼운 갖옷을 입었으니 나는 들으니 군자는 급한 이를 돌보아주고 富者에게는 계속 주지 아니한다 하더라

乘肥馬衣輕裘는 言其富也라 急은 窮迫也라 周者는 補不足이오 繼者는 續有餘라

살진 말을 탔으며 가벼운 갖옷을 입었음은 그의 富를 말한 것이다. 急은 궁하고 절박함이다. 周는 부족을 보충해 주는 것이고 繼는 넉넉한 자에게 계속 주는 것이다.

原思爲之宰러니 與之粟九百이어시늘 辭한대

原思가 宰가 되자 곡식 九百을 주셨거늘 사양하였는데

原思는 孔子弟子니 名은 憲이라 孔子爲魯司寇時에 以思爲宰라 粟은 宰之祿也라 九百에 不言其量이니 不可考라

原思는 孔子 제자이니 이름은 憲이다. 孔子께서 魯나라 司寇가

되었을 때에 原思를 家臣으로 삼으셨다. 粟은 家臣의 祿이다. 九
百에 그 단위를 말하지 않았으니 상고할 수 없다.

子曰毋하여以與爾鄰里鄉黨乎인저
孔子께서 말씀하시기를 그러지 말면 너의 이웃 마을이며 鄕黨에 줄
수 있을 것이다

毋는禁止辭라五家爲鄰이요二十五家爲里요萬二千五百家爲
鄉이요五百家爲黨이라言常祿은不當辭니有餘면自可推^퇴之하여
以周貧乏이라蓋鄰里鄉黨엔有相周之義라○程子曰夫子之使
子華와子華之爲夫子使는義也어늘而冉有乃爲之請하니聖人은
寬容하여不欲直拒人故로與之少는所以示不當與也요請益而
與之亦少는所以示不當益也어늘求未達而自與之多則已過矣
라故로夫子非之라蓋赤이苟至乏이면則夫子必自周之요不待請
矣리라原思爲宰則有常祿이어늘思辭其多故로又教以分諸鄰里
之貧者하니蓋亦莫非義也니라張子曰於斯二者에可見聖人之
用財矣니라

—

毋는 금지사이다. 다섯 집이 隣이 되고 스물다섯 집이 里가 되고
만 이천오백 집이 鄕이 되고 오백 집이 黨이 된다. 떳떳한 祿은 거
절해서는 부당한 것이니, 남음이 있으면 저절로 모일 수 있어서 貧
乏을 구휼할 수 있음을 말한 것이다. 대체로 이웃 마을과 鄕黨에는
서로 도와주는 의리가 있다. ○ 程子가 말하였다. "孔子께서 子華

를 심부름 시키시는 것과 子華가 孔子의 심부름을 하는 것은 의리이거늘 冉有가 곧 그를 위해서 요청을 하니, 聖人은 너그러워서 사람을 바로 거절하려 하지 않기 때문에 적게 주라고 한 것은 주는 것이 부당함을 보여주는 것이고 더 주기를 요청하자 역시 적게 주라고 한 것은 더 주는 것이 부당함을 보여주는 것이거늘 冉求가 깨닫지 못해서 스스로 많이 주었다면 이미 잘못된 것이다. 그러므로 孔子께서 그를 꾸짖으신 것이다. 아마도 公西赤이 진실로 지극히 가난했더라면 孔子께서 반드시 스스로 도와주었을 것이고 요청을 기다리지도 아니하셨을 것이다. 原思가 家臣이 되어서는 떳떳한 祿이 있는 것이거늘 原思가 많다고 사양했기 때문에 또 이웃 마을의 가난한 사람에게 나누어 줄 것을 가르치신 것이니 역시 의리 아님이 없다." 張子가 말하였다. "이 두 가지에서 聖人의 재물 쓰는 것을 볼 수 있다."

④子謂仲弓曰犁牛之子騂且角이면雖欲勿用이나山川은其舍諸아

孔子께서 仲弓을 일러 말씀하시기를 얼룩소의 새끼가 색깔이 붉고 뿔이 방정하면 비록 쓰지 말고자 하나 山川의 귀신은 어찌 마다하겠는가

犁는雜文이라騂은赤色이라周人은尙赤하여牲用騂角하니角周正이면中犧牲也라用은用以祭也라山川은山川之神也라言人雖不用이나神必不舍也라仲弓父賤而行惡故로夫子以此로譬之니言父之惡이不能廢其子之善이니如仲弓之賢이면自當見用於世也라然

이나此는論仲弓云爾요非與仲弓言也라○范氏曰以瞽叟爲父而
有舜하고以鯀爲父而有禹하니古之聖賢의不繫於世類尙矣라子
能改父之過니變惡以爲美면則可謂孝矣니라

―

犂는 얼룩무늬이다. 騂은 붉은 색이다. 周나라는 붉은 색을 숭상해서
희생에는 騂角을 사용하니 뿔이 두루 方正하면 희생에 알맞다. 用은
제사에 쓰는 것이다. 山川은 山川의 귀신이다. 사람은 비록 쓰지 않
으려 하나 귀신은 반드시 마다하지 아니할 것임을 말한 것이다. 仲弓
의 아버지가 미천하면서도 행실이 좋지 않았기 때문에 孔子께서 이
말을 가지고 비유하신 것이니, 아버지의 惡이 그 자식의 善을 폐할
수 없으니 仲弓처럼 훌륭하면 저절로 당연히 세상에 쓰여야 함을 말
한 것이다. 그러나 이 말은 仲弓을 논해서 말했을 뿐이고 仲弓과 더
불어서 말한 것은 아니다. ○ 范氏가 말하였다. "瞽叟를 아버지로
해서도 舜임금이 있으며 鯀을 아버지로 해서도 禹임금이 있었으니
옛날 성현들의 遺傳[世類]에 매이지 아니함은 오히려 떳떳하다. 자식
이 아버지의 허물을 고칠 수 있으니, 惡을 바꾸어서 아름다운 것으로
만들 수 있으면 孝라고 말할 수 있을 것이다."

⑤子曰回也는其心이三月不違仁이요其餘則日月至
焉而已矣니라
孔子께서 말씀하시기를 回는 그 마음이 석 달을 仁에서 떠나지 아니
하고 그 나머지 사람은 날이나 달로 仁에 이를 따름이니라

三月은言其久라仁者는心之德이니心不違仁者는無私欲而有其
德也요日月至焉者는或日一至焉하며或月一至焉하여能造其域
이로되而不能久也라○程子曰三月은天道小變之節이니言其久
也요過此則聖人矣라不違仁은只是無纖毫私欲이니少有私欲이
면便是不仁이니라尹氏曰此顔子於聖人에未達一間者也니若聖
人則渾然10)無間斷矣리張子曰始學之要는當知三月不違와
與日月至焉이內外賓主11)之辨하여使心意로勉勉循循而不能
已니過此면幾非在我者니라

━━

三月은 오래됨을 말한다. 仁은 마음의 德이니 마음이 仁을 떠나지
아니하는 사람은 사욕이 없고 그 德을 소유하는 것이다. 날이나 달
로 仁에 이른다 함은 혹은 하루에 한 번 이르기도 하며 혹은 달에
한 번 이르기도 해서 그 영역을 조성할 수 있으나 오래할 수는 없
는 것이다. ○ 程子가 말하였다. "三月은 天道가 작게 변하는 절
후이니 그 오래됨을 말하고 이것을 지나면 聖人인 것이다. 仁에서
떠나지 아니함은 오로지 털끝만큼도 사욕이 없는 것이니, 조금이라
도 사욕이 있다면 문득 이것은 仁이 아니다." 尹氏가 말하였다.
"이것이 顔子가 聖人에 한 칸 미달한 것이니, 聖人이라면 순수해
서 중간에 끊김이 없을 것이다." 張子가 말하였다. "학문을 시작하
는 요점은 석 달을 떠나지 아니함과 날이나 달로 이름이 內外賓主
의 구분이 된다는 것을 당연히 알아서 마음과 뜻으로 하여금 힘쓰

---

10) 渾然 : 잡것이 하나도 섞이지 않고 순수한 것. 여기서는 仁에 순수하다는 말이다.

11) 當知三月不違 與日月至焉 內外賓主 : 석 달 동안 떠나지 아니한다는 것은 仁이 내 마
음속에 들어와 주인이 된다는 것이고, 날이나 달로 이른다는 것은 仁이 내 마음 밖에 있어서
손님과 같다는 말이다.

고 계속 따라서 그칠 수 없게 하여야 할 것이니 이 경지를 지나면 거의 나에게 있는 것이 아니다."

---

⑥季康子問仲由12)는可使從政也與잇가子曰由也는 果하니於從政乎에何有13)리오曰賜14)也는可使從政也 與잇가曰賜也는達하니於從政乎에何有리오曰求15)也는 可使從政也與잇가曰求也는藝하니於從政乎에何有리오

季康子가 묻기를 仲由는 大夫가 될 만합니까 孔子께서 말씀하시기를 由는 과단성이 있으니 大夫에 무슨 어려움이 있으리오 말하기를 賜는 大夫가 될 만합니까 말씀하시기를 賜는 이치에 통달하니 大夫에 무슨 어려움이 있으리오 말하기를 求는 大夫가 될 만합니까 말씀하시기를 求 는 재능이 많으니 大夫에 무슨 어려움이 있으리오

從政은謂爲大夫라果는有決斷이요達은通事理요藝는多才能이라○ 程子曰季康子問三子之才可以從政乎에夫子答以各有所長하 니非惟16)三子라人各有所長이니能取其長이면皆可用也니라
—

從政은 大夫가 됨을 말한다. 果는 결단이 있는 것이고 達은 事理 를 아는 것이고 藝는 재능이 많은 것이다. ○ 程子가 말하였다.

---

12) 仲由 : 子路
13) 何有 : 何難之有.
14) 賜 : 子貢.
15) 求 : 冉求.
16) 非惟~ : ~뿐만 아니라.

"季康子가 세 사람의 인품이 大夫가 될 만한지 물었고 孔子께서 각각 장점이 있는 것을 가지고 답을 하셨으니, 세 사람 뿐만 아니라 사람마다 각각 장점이 있으니 그 장점을 취할 수 있으면 모두 쓰일 수 있는 것이다."

---

⑦季氏使閔子騫으로爲費宰한대閔子騫이曰善爲我辭
焉하라如有復我者인댄則吾必在汶上矣로리라

季氏가 閔子騫으로 하여금 費邑의 읍장으로 삼으려고 하였는데 閔子騫이 말하기를 나를 위해서 말을 잘해 달라 만일 나에게 다시 함이 있을 때에는 나는 반드시 汶水 물가에 있을 것이다

閔子騫은孔子弟子니名은損이라費는季氏邑이라汶은水名이니在齊
南魯北竟上이라閔子不欲臣季氏하여令使者로善爲己辭요言若
再來召我면則當去之齊라○程子曰仲尼之門에能不仕大夫之
家者는閔子曾子數人而已니라謝氏曰學者能少知內外之分이면
皆可以樂道而忘人之勢온況閔子는得聖人하여爲之依歸라彼其
視季氏不義之富貴를不啻[17]犬彘어늘又從而臣之豈其心哉리오
在聖人則有不然者라蓋居亂邦하여見惡人을在聖人則可커니와自
聖人以下는剛則必取禍하고柔則必取辱하니閔子는豈不能早見
而豫待之乎아如由也不得其死[18]와求也爲季氏附益[19]이夫豈
其本心哉리오蓋旣無先見之知하고又無克亂之才故也라然則閔

---

17) 不啻 : ~뿐만이 아니다
18) 由也不得其死 :「子路」篇, 三章 참고.
19) 求也爲季氏附益 :「先進」篇, 十六章 참고.

子는其賢乎인저

—

閔子騫은 孔子 제자이니 이름은 損이다. 費는 季氏 邑이다. 汶은 강 이름이니 齊나라 남쪽 魯나라 북쪽 경계 옆에 있다. 閔子가 季氏의 신하가 되고 싶지 아니해서 심부름 온 사람으로 하여금 자기를 위해서 말을 좋게 해달라 하고 만약에 다시 와서 나를 부르면 마땅히 떠나서 齊나라로 갈 것임을 말한 것이다. ○ 程子가 말하였다. "仲尼의 문하에 大夫의 집에 벼슬하지 아니할 수 있는 사람은 閔子, 曾子 몇 사람뿐이다." 謝氏가 말하였다. "학자가 조금만 내외의 분별을 알 수 있으면 모두 道를 즐거워하며 남의 세력 따위는 망각할 수 있거늘 더구나 閔子는 聖人의 제자가 되어서 依歸한지라, 저 季氏의 정의롭지 못한 부귀 보기를 개, 돼지로 여길 뿐이 아니거늘 또 좇아서 신하되는 것이 어찌 그의 마음이겠느냐. 聖人의 입장이라면 그렇지 아니함도 있다. 대체로 문란한 나라에 살면서 惡人을 만나는 것을 聖人의 입장이라면 가능하지만 聖人으로부터 그 이하는 강하면 반드시 화를 당하고 부드러우면 반드시 모욕을 당하게 되니 閔子는 아마도 일찍 보아서 미리 대비할 수 있지 않았을까. 예를 들면 子路가 정당한 죽음을 얻지 못한 것과 冉求가 季氏를 위해서 더욱더 부자되게 한 것들이 어찌 그들의 본심이리오 이미 선견의 지혜도 없고 또 亂을 이겨낼 수 있는 재주도 없기 때문일 것이다. 그렇다면 閔子는 아마도 훌륭한 사람일 것이다."

⑧伯牛有疾이어늘子問之하실새自牖로執其手曰亡^무之

러니 命矣夫라 斯人也而有斯疾也할서 斯人也而有斯疾也할서

伯牛가 병이 있었거늘 孔子께서 問病하실 적에 창문으로부터 그의 손을 잡고 말씀하시기를 없을 것인데 命이로구나 이 사람이 이런 병이 들다니 이 사람이 이런 병이 들다니

伯牛는 孔子弟子니 姓은 冉이요 名은 耕이라 有疾은 先儒以爲癩也라 牖는 南牖也라 禮에 病者居北牖下라가 君이 視之則遷於南牖下하여 使君으로 得以南面視己라 時에 伯牛家以此禮로 尊孔子한대 孔子不敢當故로 不入其室하고 而自牖執其手는 蓋與之永訣也라 命은 謂天命이라 言此人이 不應有此疾이어늘 而今乃有之하니 是乃天之所命也라 然則非其不能謹疾而有以致之를 亦可見矣라 ○侯氏曰伯牛는 以德行으로 稱亞於顔閔故로 其將死也에 孔子尤痛惜之니라

—

伯牛는 孔子 제자이니 성은 冉이고 이름은 耕이다. 有疾은 先儒들이 癩病이라고 하였다. 牖는 남쪽 창문이다. 禮에 '病者가 북쪽 창문 아래에 거처하다가 임금이 보러 오면 남쪽 창문 아래로 옮겨서 임금으로 하여금 南面을 해서 자기를 볼 수 있게 한다.' 하였다. 이때에 伯牛 집에서 이 禮를 가지고 孔子를 존대하려 하였는데 孔子께서는 감히 감당할 수 없어서 그의 방에 들어가지 아니하고 창문으로부터 그 손을 잡은 것은 아마도 그와 더불어 영원히 결별하려 함이다. 命은 天命을 말한다. 이 사람이 이런 병이 있음은 응당치 못하거늘 지금 있게 되었으니 이것은 곧 하늘이 명한 것이라는 말이다. 그렇다면 그가 삼가지 못하여 병에 걸리고 이 상태까지 초

래하지 아니했음을 역시 알 수 있다. ○ 候氏가 말하였다. "伯牛는 덕행으로써 顔子, 閔子에 버금간다고 일컬어졌기 때문에 그가 장차 죽으려 할 적에 孔子께서 더욱 애통하고 애석해 하신 것이다."

⑨子曰賢哉라回也여一簞食사와一瓢飲으로在陋巷을人 不堪其憂어늘回也不改其樂하니賢哉라回也여

孔子께서 말씀하시기를 훌륭하다 回여 한 도시락 밥과 한 쪽박의 마실 것으로 누추한 골목에 있는 것을 사람들은 그 근심을 견뎌내지 못하거 늘 回는 그 樂을 고치지 아니하니 훌륭하다 回여

簞은竹器라食는飯也라瓢는瓠也라顔子之貧이如此로되而處之泰 然하여不以害其樂故로夫子再言賢哉回也하여以深嘆美之라○ 程子曰顔子之樂이非樂簞瓢陋巷[20]也라不以貧窶[21]로累其心 而改其所樂也라故로夫子稱其賢이니라又曰簞瓢陋巷이非可樂 이라蓋自有其樂爾니其字를當玩味면自有深意니라又曰昔에受學 於周茂叔이러니每令尋仲尼顔子樂處에所樂이何事러니라愚는按 程子之言이引而不發은蓋欲學者로深思而自得之니今亦不敢 妄爲之說이어니와學者但當從事於博文約禮[22]之誨하여以至於 欲罷不能[23]하여而竭其才면則庶乎有以得之矣리라
—

20) 簞瓢陋巷 : 顔子의 安貧樂道하는 삶의 태도를 비유한 말이다.

21) 貧窶 : 가난하고 구차한 것.

22) 博文約禮 : 文으로써 넓혀 주시고 禮로써 요약케 하시다. 「子罕」篇, 十章 참고.

23) 欲破不能 : 그만두고자 해도 그만둘 수 없음.

簞은 대그릇이다. 食는 밥이다. 瓢는 바가지이다. 顏子의 가난이 이와 같은데도 처하기를 태연하게 해서 그의 樂을 방해하지 않기 때문에 孔子께서 두 번이나 훌륭하다 回여라고 말씀하시어 깊이 감탄하고 칭찬한 것이다. ○ 程子가 말하였다. "顏子의 즐거움이 簞瓢陋巷을 즐거워한 것이 아니라 貧窶에 그 마음이 얽매여서 그 즐거워하는 것을 고치지는 아니하였다. 그렇기 때문에 孔子께서 그 훌륭함을 칭찬하신 것이다." 또 말하였다. "簞瓢陋巷이 즐거워할 만한 것이 아니라 아마도 나름대로 그 樂이 있을 뿐이니 其자를 마땅히 완미하면 나름대로 깊은 뜻이 있을 것이다." 또 말하였다. "예전에 周茂叔에게 글을 배웠더니 언제나 仲尼와 顏子가 즐거워하는 곳에 즐거워하는 바가 어떤 일인지 찾아보게 하셨다." 나는 고찰하건대, 程子의 말이 끌어내기만 하고 밝히지 않은 것은 학자들로 하여금 깊이 생각해서 스스로 터득케 하고자 한 것이니 지금 나도 역시 감히 함부로 설명하지 못하지만 학자들은 단지 마땅히 博文約禮의 가르침에 종사해서 欲破不能의 경지에까지 이르게 하여 그 재능을 다하면 거의 터득할 수 있을 것이다.

⑩冉求曰非不說子之道언마는力不足也로이다子曰力不足者는中道而廢하나니今女는畫획이로다

冉求가 말하기를 선생님의 道를 좋아하지 아니함은 아니지만 힘이 부족합니다 孔子께서 말씀하시기를 힘이 부족한 사람은 길 가운데에서 쓰러지나니 지금 너는 線을 그음이로다

力不足者는欲進而不能이요畫者는能進而不欲이니謂之畫者는如
畫地以自限也라○胡氏曰夫子稱顏回不改其樂하니冉求聞之
故로有是言이나然이나使求說夫子之道를誠如口之說芻豢[24]이면
則必將盡力以求之리니何患力之不足哉리오畫而不進이면則日
退而已矣라此冉求之所以局於藝也니라

—

힘이 부족함은 나아가고자 해도 능치 못하는 것이고 畫은 나아갈
수 있는데 하고자 하지 아니함이니 畫이라고 말한 것은 땅에 線을
그어서 스스로 한계를 짓는 것과 같다. ○ 胡氏가 말하였다. "孔子
께서 顏回가 그 樂을 고치지 아니한다고 칭찬하시니 冉求가 들었
기 때문에 이런 말을 하였으나 그러나 가사 冉求가 孔子의 道를
좋아하기를 진실로 입이 芻豢을 즐기듯 한다면 반드시 장차 힘을
다해서 찾을 것이니 어찌 힘이 부족한 것을 걱정하리오 線을 긋고
앞으로 나가지 아니하면 날마다 퇴보할 따름이다. 이것이 冉求가
藝에 국한된 이유이다."

⑪子謂子夏曰女[25]爲君子儒요無爲小人儒하라
孔子께서 子夏에게 일러 말씀하시기를 너는 군자다운 선비가 되고 소
인 같은 선비는 되지 말라

儒는學者之稱이라程子曰君子儒는爲己요小人儒는爲人[26]이니라

---

24) 芻豢 : 맛있는 고기. 芻는 소나 양과 같이 풀을 먹고 자란 짐승의 고기이고 豢은 개나 돼지
   와 같이 곡식을 먹고 자란 짐승의 고기이다.
25) 女 : 汝

○謝氏曰君子小人之分이義與利之間而已니然이나所謂利者는
豈必殖貨財之謂리오以私滅公하고適己自便하여凡可以害天理
者면皆利也라子夏는文學이雖有餘나然이나意其遠者大者에或昧
焉故로夫子語之以此니라

—

儒는 학자의 칭호이다. 程子가 말하였다. "군자다운 선비는 자기 발전
을 위하고 소인 같은 선비는 남을 의식한다." ○ 謝氏가 말하였다.
"군자와 소인의 구분은 의리와 이익의 사이일 뿐이나 그러나 이른바 이
익이라는 것이 어찌 반드시 재물을 늘리는 것만을 이르겠는가. 私 때문
에 公을 멸하고 자기에게 맞추어서 스스로 편리하게 해서 무릇 모든
天理의 公을 해칠 수 있는 것이면 모두 이익인 것이다. 子夏는 문학
이 비록 남음이 있으나 그러나 생각건대 그가 멀고도 큰 것에 어쩌면
어둡기 때문에 孔子께서 이 말씀으로써 고해 주신 것이다."

⑫子游爲武城宰러니子曰女得人焉爾乎아曰有澹臺
滅明者하니行不由徑하며非公事어든未嘗至於偃27)之
室也하나니이다
子遊가 武城邑의 읍장이 되었더니 孔子께서 말씀하시기를 너는 사람을
얻었느냐 대답하기를 澹臺滅明이란 자가 있으니 다님에 지름길을 말미암
지 아니하며 公事가 아니거든 일찍이 偃의 집에 이른 적이 없습니다

---

26) 爲己 : 爲己之學, 자신의 발전을 위한 학문.
　　爲人 : 爲人之學, 남에게 보여주기 위한 학문.
27) 偃 : 子游의 이름.

武城은魯下邑이라澹臺는姓이요滅明은名이며字는子羽라徑은路之
小而捷者라公事는如飮射讀法之類라不由徑則動必以正하여而
無見小欲速之意를可知요非公事不見邑宰면則其有以自守하여
而無枉己徇人28)之私를可見矣라○楊氏曰爲政이以人才爲先
故로孔子以得人으로爲問이니如滅明者는觀其二事之小여도而其
正大之情을可見矣라後世엔有不由徑者면人必以爲迂하고不至
其室이면人必以爲簡이라하니非孔氏之徒면其孰能知而取之리오
愚는謂持身을以滅明爲法이면則無苟賤之羞요取人을以子游爲
法이면則無邪媚之惑이리라

—

武城은 魯나라의 작은 읍이다. 澹臺는 성이고 滅明은 이름이며 字
는 子羽이다. 徑은 길이 작으나 빠른 것이다. 公事는 鄕飮酒禮,
鄕射禮, 讀法禮 같은 따위이다. 지름길을 말미암지 아니함은 움직
였다 하면 반드시 正道로 하여 작은 것만 보고 빨리 하고자 하는
뜻이 없음을 알 수 있고, 公事가 아니면 읍장을 만나지 아니함은
그가 스스로를 지킬 수 있어서 자기를 굽히고 남을 따르려는 사욕
이 없음을 엿볼 수 있다. ○ 楊氏가 말하였다. "정치를 함이 재능
있는 사람을 우선으로 여기기 때문에 孔子께서 사람 얻는 것을 물
음으로 삼으셨으니, 澹臺滅明 같은 사람은 두 가지 일의 작은 것으
로 관찰하더라도 그 사람이 바르고 뜻이 큰 실정을 엿볼 수 있다.
후세에는 지름길을 말미암지 아니하는 자가 있으면 사람들은 반드
시 현실과 거리가 멀다고 여기고, 자기 집에 찾아오지 아니하면 사
람들은 반드시 업신여긴다고 여기니 孔子의 무리가 아니면 누가 이

---

28) 枉己 : 자신의 자존심이나 정도를 굽히는 것. 徇人 : 남의 이익을 따르거나 다른 사람을 따
르는 것.

런 사람을 알아보고 취할 수 있겠느냐” 나는 생각하건대, 몸가짐을
澹臺滅明으로 법을 삼으면 구차하게 천대받는 부끄러움이 없을 것
이고 사람 취하는 것을 子遊로 법을 삼으면 간사하고 아첨함의 의
혹이 없을 것이다.

---

⑬子曰孟之反은不伐이로다奔而殿하여將入門할새策其
馬曰非敢後也라馬不進也라하니라

孔子께서 말씀하시기를 孟之反은 자랑하지 아니하도다 달아나면서 후미
가 되어 장차 문에 들어갈 적에 그 말을 채찍질하며 말하기를 감히 後尾
가 되려 한 것이 아니라 말이 잘 가지 못해서이다라 하였다

孟之反은魯大夫니名은側이라胡氏曰反은卽莊周所稱孟子反者
是也라伐은誇功也라奔은敗走也라軍後曰殿이라策은鞭也라戰敗
而還에以後爲功이니反이奔而殿故로以此言으로自揜其功也라事
在哀公十一年이라○謝氏曰人能操無欲上人之心이면則人欲
日消하고天理日明하여而凡可以矜己誇人者는皆無足道矣라然
이나不知케라學者欲上人之心을無時而忘也하니若孟之反은可以
爲法矣로다

孟之反은 魯나라 大夫이니 이름은 側이다. 胡氏가 말하였다. “孟
之反은 바로 莊周가 말하는 孟子反이라는 자가 이 사람이다.” 伐
은 功을 자랑함이다. 奔은 패해서 달아남이다. 軍의 後尾를 殿이라
고 말한다. 策은 채찍질이다. 전쟁에 패배해서 돌아올 적에는 後尾

를 공으로 여기니 孟之反이 돌아오면서 後尾가 되었기 때문에 이 말을 함으로써 스스로 그 功을 가린 것이다. 이 사건은 魯나라 哀公 11년조에 있다. ○ 謝氏가 말하였다. "사람이 남의 윗사람이 되고자 하는 마음이 없는 것을 유지할 수 있으면 人欲은 날마다 사라지고 天理는 날마다 밝아져서 무릇 자기를 뽐내고 남에게 자랑할 수 있는 따위는 모두 족히 말할 것도 없다. 그러나 잘 알지 못하겠지만 학자들이 남의 위 되고자 하는 마음을 어느 때고 잊지 못하니 孟之反 같은 사람은 법이 될 수 있겠도다."

⑭子曰不有祝鮀之佞이며而有宋朝之美면難乎免於今之世矣니라

孔子께서 말씀하시기를 祝官 鮀의 말재주를 지니며 宋나라 朝의 아름다움을 지니지 아니하면 오늘날 세상에 면하기 어렵다

祝은宗廟之官이요鮀는衛大夫니字는子魚요有口才라朝는宋公子니有美色이라言衰世엔好諛悅色이니非此면難免은蓋傷之也라

—

祝은 종묘의 관원이다. 鮀는 衛나라 大夫이니 字는 子魚이고 말재주가 있다. 朝는 宋나라 공자이니 미색이 있다. 말세에는 아첨을 좋아하고 인물 좋은 것을 기뻐하니 이것이 아니면 면하기 어렵다고 말씀하신 것은 대개 서글퍼 하신 것이다.

⑮子曰誰能出不由户리오마는何莫由斯道也오

孔子께서 말씀하시기를 누가 나가면서 문을 말미암지 아니할 수 있으리오마는 어찌 이 道는 말미암지 아니하는고

言人不能出不由戶언마는何故로乃不由此道邪오怪而歎之之辭라○洪氏曰人知出必由戶로되而不知行必由道하니非道遠人이라人自遠爾니라

—

사람이 문을 경유하지 않고서는 나갈 수 없건마는 무슨 연고로 이 道는 경유하지 아니하는가를 말씀하신 것이다. 괴이하게 여기어 탄식하신 말이다. ○ 洪氏가 말하였다. "사람이 나가면서 반드시 문을 경유할 줄은 알면서도 행동하면서 반드시 道를 경유할 줄은 알지 못하니 道가 사람을 멀리하는 것이 아니라 사람이 스스로 멀리할 뿐이다."

---

⑯子曰質29)勝文30)則野요文勝質則史니文質이彬彬然後에君子니라

孔子께서 말씀하시기를 바탕이 양식을 이기면 촌사람이고 양식이 바탕을 이기면 벼슬아치이니 양식과 바탕이 알맞게 섞인 연후에 군자이다

野는野人이니言鄙略也요史는掌文書니多聞習事로되而誠或不足也라彬彬은猶班班이니物相雜而適均之貌니言學者當損有餘補

---

29) 質 : 사물의 본바탕.
30) 文 : 세련된 樣式.

不足하여至於成德이면則不期然而然矣리라○楊氏曰文質은不可
以相勝이나然이나質之勝文은猶之甘可以受和요白可以受采31)
也어니와文勝而至於滅質이면則其本이亡⁺矣니雖有文이나將安施
乎아然則與其史也론寧野니라

—

野는 촌사람이니 비루하고 거칢을 말하고, 史는 문서를 관장하니
많이 듣고 일에는 익숙하되 진실성은 어쩌면 부족하다. 彬彬은 班
班과 같으니 사물이 서로 섞이되 알맞게 균등한 모습이다. 학자들이
마땅히 남음이 있으면 좀 덜어내고 부족한 것은 보충하여 德을 완
성함에 이르면, 그렇기를 기약하지 아니해도 그렇게 됨을 말한다.
○ 楊氏가 말하였다. "양식과 바탕은 서로 지나쳐서는 안되는 것이
다. 그러나 바탕이 양식을 이기는 것은 甘味는 調味를 받을 수가
있고 흰색은 채색을 받아들일 수 있음과 같거니와, 양식이 지나쳐서
바탕을 멸함에 이르면 그 근본이 없어지는 것이니 아무리 양식이
있다 하더라도 장차 어디에 시행이 되겠는가. 그렇다면 史함보다는
차라리 野한 것이 낫다."

⑰子曰人之生也直하니罔之生也는幸而免이니라
孔子께서 말씀하시기를 사람이 사는 것은 정직이니 없어도 사는 것은
다행히 면한 것이다

程子曰生理는本直이니罔은不直也로되而亦生者는幸而免耳니라

---

31) 甘可以受和 白可以受采 :「八佾」篇, 八章 참고.

—

程子가 말하였다. "사는 이치는 본래 정직함이니 罔은 정직하지 않은데도 역시 사는 것은 요행히 면하였을 뿐이다."

---

⑱子曰知之者不如好之者요好之者不如樂之者니라

孔子께서 말씀하시기를 아는 사람이 좋아하는 사람만 같지 못하고 좋아하는 사람이 즐기는 사람만 같지 못하다

尹氏曰知之者는知有此道也요好之者는好而未得也요樂之者는有所得而樂之也니라○張敬夫曰譬之五穀컨대知者는知其可食者也요好者는食而嗜之者也요樂者는嗜之而飽者也라知而不能好면則是知之未至也요好之而未及於樂이면則是好之未至也라此古之學者所以自彊而不息者與인저

—

尹氏가 말하였다. "아는 사람은 이 道가 있음을 아는 것이고 좋아하는 사람은 좋아는 하되 깨닫지 못한 것이고 즐기는 자는 깨달은 것이 있어서 즐기는 것이다." ○ 張敬夫가 말하였다. "五穀에 비유해 보건대, 아는 사람은 그것이 먹을 수 있음을 아는 자이고, 좋아하는 사람은 먹어 보고 즐기는 자이고, 즐거워하는 사람은 즐기면서도 배부른 자이다. 알기만 하고 좋아하지 못하면 이것은 아는 것이 지극하지 못함이고, 좋아하면서도 즐거움에 미치지 못하면 이것은 좋아함이 지극하지 못함이다. 이것이 옛날 학자들이 스스로 노력하고 멈추지 못하는 이유일 것이다."

⑲子曰中人以上은可以語上也어니와中人以下는不可
以語上也니라

孔子께서 말씀하시기를 중등 사람 이상은 높은 이치를 告해 줄 수 있
으려니와 중등 사람 이하는 높은 이치를 告해 줄 수 없을 것이다

語는告也라言教人者當隨其高下하여而告語之면則其言이易入
하여而無躐等32)之弊也라○張敬夫曰聖人之道精粗雖無二致
로되但其施教則必因其材而篤焉이니蓋中人以下之質은驟而語
之太高면非惟33)不能以入이라且將妄意躐等하여而有不切於身
之弊하여亦終於下而已矣라故로就其所及而語之라야是乃所以
使之切問近思34)하여而漸進於高遠也니라

—

語는 告함이다. 사람을 가르치는 자가 마땅히 (배우는 사람의) 높낮
이에 따라서 告해 주면 그 말이 쉽게 들어가서 躐等의 폐단이 없
음을 말하는 것이다. ○ 張敬夫가 말하였다. "聖人의 道가 정밀하
고 거친 것에 비록 두 가지 이치는 없지만 단지 그 교육을 베푸는
데는 반드시 그 재질에 따라서 돈독하게 해야 한다. 대체로 중등 사
람 이하의 자질은 갑자기 너무 높은 것을 고해 주면 들어갈 수 없
을 뿐만 아니라 우선 장차 뜻을 함부로 하고 등급을 뛰어 넘어서
자기 자신에게 절실하지 못한 폐단이 생겨서 역시 하등 사람에

---

32) 躐等 : 등급을 뛰어넘다.
33) 非惟 : ~뿐만 아니라.
34) 切問近思 : 절실하게 묻고 가깝게 생각하다.

마칠 따름이다. 그러므로 미칠 수 있는 것에 나아가서 告해 주어야
만 이것이 곧 그 사람으로 하여금 절실하게 묻고 가깝게 생각할 수
있어서 차츰차츰 높고 원대한 데로 나아가게 할 수 있다."

⑳樊遲問知한대子曰務民之義요敬鬼神而遠之면可
謂知矣니라問仁한대曰仁者先難而後獲35)이면可謂仁
矣니라

樊遲가 지혜를 물었는데 孔子께서 말씀하시기를 백성의 義를 힘쓰고
귀신은 공경하면서 멀리하면 지혜라고 말할 수 있다 仁을 물었는데 말
씀하시기를 仁한 사람은 어려운 것을 먼저 하고 얻는 것을 뒤로 여기
면 仁이라고 말할 수 있다

民은亦人也라獲은謂得也라專用力於人道之所宜요而不惑於鬼
神之不可知면知者之事也라先其事之所難이요而後其效之所得
은仁者之心也라此는必因樊遲之失而告之라○程子曰人이多信
鬼神은惑也요而不信者는又不能敬하니能敬能遠이可謂知矣니라
又曰先難은克己36)也니以所難爲先이요而不計所獲은仁也니라呂
氏曰當務爲急37)이요不求所難知며力行所知요不憚所難爲니라

—

民은 역시 사람이다. 獲은 얻음을 말한다. 사람의 도리상 마땅히 할

---

35) 先難後獲 : 克己공부 등 어려운 것을 먼저 하고 명예나 재산 같은 것은 계산하지 않음.
36) 克己 : 자기의 私欲을 이겨냄을 말한다.
37) 當務爲急 : 해야 할 일을 급히 한다는 것이니 백성들이 의로워지는 데 힘쓴다는 말이다.

바에 오로지 힘을 쓰고 귀신의 알 수 없는 데에 의혹지 아니하면 지혜로운 사람의 일이다. 일의 어려운 것을 먼저 하고 그 효과로 얻음은 뒤로 하는 것은 仁한 사람의 마음이다. 이 말은 반드시 樊遲의 단점으로 인해서 告하신 것이다. ○ 程子가 말하였다. "사람들이 귀신을 많이 믿음은 미혹함이고 믿지 아니하는 사람은 또 공경하지 않으니 잘 공경하면서도 멀리할 수 있는 것이 지혜라고 말할 수 있다." 또 말하였다. "어려운 것을 먼저 함은 克己이니, 어려운 것을 우선으로 여기고 얻는 것은 계산하지 아니함은 仁이다." 呂氏가 말하였다. "해야 할 일은 급히 하고 알기 어려운 것은 원하지 아니하며, 아는 것은 힘써 행하고 하기 어려운 것이라도 꺼리지 않아야 한다."

㉑子曰知者는樂요水하고仁者는樂요山이니知者는動하고仁者는靜하며知者는樂락하고仁者는壽니라

孔子께서 말씀하시기를 지혜로운 사람은 물을 좋아하고 仁한 사람은 산을 좋아하나니 지혜로운 사람은 動的이고 仁한 사람은 靜的이며 지혜로운 사람은 즐거워하고 仁한 사람은 오래 산다

樂는喜好也라知者는達於事理하고而周流無滯하여有似於水故로樂水요仁者는安於義理하고而厚重不遷하여有似於山故로樂山이라動靜은以體言이요樂락壽는以效言也니動而不括故로樂하고靜而有常故로壽라○程子曰非體仁知之深者면不能如此形容之니라

─

樂는 기쁘고 좋게 여김이다. 지혜로운 사람은 사리에 통달하고 사방

으로 흘러도 막힘이 없어서 물과 흡사함이 있기 때문에 물을 좋아하고, 仁한 사람은 의리에 편안하고 후하고 무겁고 옮겨지지 아니해서 산과 흡사함이 있기 때문에 산을 좋아한다. 動, 靜은 골격으로써 말하였고 樂, 壽는 효과를 가지고 말하였으니, 움직여도 매이지 않기 때문에 즐겁고, 안정되면서도 恒常함이 있기 때문에 오래 사는 것이다. ○ 程子가 말하였다. "仁과 知의 깊은 뜻을 본받은 자가 아니면 이와 같이 형용할 수 없다."

㉒子曰齊一變이면 至於魯하고 魯一變이면 至於道니라
孔子께서 말씀하시기를 齊나라가 한번 변하면 魯나라에 이르고 魯나라가 한번 변하면 道에 이를 것이다

孔子之時에 齊俗은 急功利[38]喜夸詐하니 乃霸政之餘習이요 魯則重禮教崇信義하여 猶有先王之遺風焉이로되 但人亡政息하여 不能無廢墜耳라 道則先王之道也라 言二國之政俗이 有美惡故로 其變而之道有難易°라 ○程子曰夫子之時에 齊强魯弱하니 孰不以爲齊勝魯也리요 然이나 魯는 猶存周公之法制요 齊는 由桓公之霸하여 爲從簡尙功之治하니 太公之遺法이 變易盡矣라 故로 一變이라야 乃能至魯요 魯則脩擧廢墜而已니 一變則至於先王之道也니라 愚는 謂二國之俗을 惟夫子야 爲能變之로되 而不得試[39]나 然이나 因其言以考之면則其施爲緩急之序는 亦略可見矣니라

---

38) 急功利 : 어떻게 해서든 공이나 세우고 이익을 챙기는 것을 제일 급하게 여기다.
39) 試 : 試用. 쓰이다.

孔子 당시에 齊나라의 풍속은 功利를 급하게 여기고 자랑하고 속이기를 기뻐하니 곧 霸道 정치의 남아 있는 습관이고, 魯나라는 禮敎를 소중히 하고 신의를 높이 여겨서 오히려 선왕이 남긴 풍속이 있지만 단지 사람이 없고 정치도 그쳐서 폐지되고 추락됨은 없지 않을 뿐이다. 道는 선왕의 道이다. 두 나라의 정치 풍속에 아름답고 추악함이 있기 때문에, 그들이 변해서 道에 가기가 어렵고 쉬움이 있음을 말한 것이다. ○ 程子가 말하였다. "孔子 당시에 齊나라는 강하고 魯나라는 약하니 누가 齊나라가 魯나라를 이길 것이라고 여기지 않았겠는가. 그러나 魯나라는 오히려 周公의 法制가 남아 있고 齊나라는 桓公의 霸道로 말미암아 간략을 쫓고 功을 숭상하는 다스림을 행하니 太公이 남겨준 법이 모두 바뀌어 버렸다. 그러므로 한번 변해야만 겨우 魯나라에 이를 수 있고 魯나라는 폐지되고 추락된 것을 닦아서 거행할 뿐이니 한번 변하면 선왕의 道에 이를 수 있다." 나는 생각하건대, 두 나라의 정치 풍속은 孔子라야 바꿀 수 있는데 쓰이지 못하였다. 그러나 그 말씀으로 인해서 상고해 보면 그 시행상 완급의 순서는 역시 대략 엿볼 수 있다.

㉓子曰觚40)不觚면觚哉觚哉아

孔子께서 말씀하시기를 觚가 모나지 아니하면 觚이겠느냐 觚이겠느냐

觚는棱也라或曰酒器라하고或曰木簡41)이라하니皆器之有棱者也라

---

40) 觚 : 네모난 그릇 이름.

不觚者는 蓋當時失其制하여而不爲棱也라觚哉觚哉는言不得爲
觚也라○程子曰觚而失其形制면則非觚也니擧一器하여而天下
之物이莫不皆然이라故로君而失其君之道면則爲不君이요臣而失
其臣之職이면則爲虛位니라范氏曰人而不仁則非人이요國而不
治면則不國矣니라

—

觚는 모가 난 것이다. 어떤 사람은 술그릇이라 하고, 어떤 사람은
木簡이라 하니 모두 그릇에 모서리가 있는 것이다. 不觚는 아마도
당시에 그 제도를 상실해서 모나게 만들지 아니한 듯하다. 觚이겠느
냐 觚이겠느냐는 觚가 될 수 없음을 말한 것이다. ○ 程子가 말하
였다. "觚이면서 그 모습을 상실하면 觚가 아니니, 器物 하나로 천
하의 물건들이 모두 그렇지 아니함이 없음을 예로 든 것이다. 그러므
로 임금이면서 임금의 도리를 상실하면 임금 아닌 것이 되고, 신하이
면서 신하의 직분을 상실하면 虛位가 되는 것이다." 范氏가 말하였
다. "사람이면서 仁치 못하면 사람이 아니고, 나라이면서 다스려지지
못하면 나라가 아닌 것이다."

㉔宰我問曰仁者는雖告之曰井有仁焉이라도其從之
也로소이다子曰何爲其然也리오君子는可逝也언정不可
陷也며可欺也언정不可罔也니라
宰我가 물어 말하기를 仁한 사람은 비록 告하여 말하기를 우물 속에
사람이 있다 하여도 아마도 거기에 따라 들어가겠습니다 孔子께서 말

---

41) 木簡 : 글을 새겨 놓은 나뭇조각. 簡冊.

씀하시기를 어찌 그러하리오 군자는 가게 할 수는 있을지언정 빠지게
할 수는 없으며 이치에 있는 것으로 속일 수는 있을지언정 이치에 없
는 것으로 속이지는 못한다

劉聘君[42)이曰有仁之仁은當作人이라하니今從之라從은謂隨之於
井而救之也라宰我信道不篤하여而憂爲仁之陷害故로有此問이
라逝는謂使之往救요陷은謂陷之於井이라欺는謂誑之以理之所
有요罔은謂昧之以理之所無라蓋身在井上이라야乃可以救井中
之人이요若從之於井이면則不復能救之矣리라此理甚明하여人所
易°曉니仁者雖切於救人하여而不私其身이나然이나不應如此之
愚也니라

—

劉聘君이 말하기를, 有仁의 仁字는 人字로 써야 한다고 하니 지금
그 말을 따른다. 從은 우물 속에 따라 들어가서 구제함을 말한다. 宰
我는 道를 믿는 것이 돈독치 못해서 仁을 하려다가 害에 빠질까 걱
정하기 때문에 이런 물음이 있었다. 逝는 그 사람으로 하여금 가서
구하게 함을 말하고 陷은 우물 속에 빠짐을 말한다. 欺는 이치 상 있
는 것을 가지고 속임을 말하고 罔은 이치 상 없는 것을 가지고 흐리
게 함을 말한다. 몸이 우물 위쪽에 있어야 곧 우물 속 사람을 구제할
수 있고, 만약 우물 속으로 따라 들어가면 다시는 구제하지 못할 것
이다. 이 이치는 매우 밝아서 사람이 쉽게 깨닫는 것이니 仁한 사람
이 비록 사람을 구제하는 데에 절실해서 그 자신을 돌아보지 않겠으
나 그러나 응당 이처럼 어리석은 짓은 하지 아니할 것이다.

---

42) 劉聘君 : 이름은 勉之이고 字는 致仲, 號는 草堂으로 朱子의 장인이다.

㉕子曰君子博學於文이요約之以禮면亦可以弗畔矣夫인저

孔子께서 말씀하시기를 군자가 文에 널리 배우고 禮로써 요약하면 또한 어긋나지 아니할 수 있을 것이다

約은要也라畔은背^배也야君子學欲其博故로於文에無不考요守欲其要故로其動必以禮니如此則可以不背於道矣라○程子曰博學於文이요而不約之以禮면必至於汙漫博學43)矣요又能守禮而由於規矩면則亦可以不畔道矣리라

—

約은 요약이다. 畔은 어긋남이다. 군자가 배우기를 넓게 하고자 하기 때문에 글에 있어서는 상고하지 아니함이 없고, 지키기를 그 요약으로 하고자 하기 때문에 움직임은 반드시 禮로써 하니, 이와 같이 하면 道에 어긋나지 아니할 수 있다. ○ 程子가 말하였다. "글에 있어서는 널리 배우고 행동에 禮로써 요약하지 못하면 반드시 汙漫博學에 이를 것이고 또 禮를 잘 지키되 법도를 행할 수 있으면 또한 道에 어긋나지 아니할 수 있을 것이다."

㉖子見南子하신대子路不說^열이어늘夫子矢之曰予所否者인댄天厭之天厭之시리라

---

43) 汙漫博學 : 종이에 물이 번져 나가듯이 너절하게 널리 알기만 함. 널리만 알고 요점은 모르는 것.

孔子께서 南子를 만나셨는데 子路가 기뻐하지 아니하거늘 孔子께서 맹세하여 말씀하시기를 내 만약 잘못이 있을진댄 하늘이 버리시리라 하늘이 버리시리라

南子는 衛靈公之夫人이니 有淫行이라 孔子至衛에 南子請見이어늘 孔子辭謝라가 不得已而見之라 蓋古者에 仕於其國이면 有見其小君[44]之禮로되 而子路는 以夫子見此淫亂之人을 爲辱故로 不悅이라 矢는 誓也요 所는 誓辭也니 如云所不與崔慶者之類라 否는 謂不合於禮하고 不由其道也라 厭은 棄絶也라 聖人은 道大德全하여 無可不可하니 其見惡人에도 固謂在我에 有可見之禮면 則彼之不善이 我何與焉이리요 然이나 此豈子路所能測哉아 故로 重言以誓之하여 欲其姑信此요 而深思以得之也라

南子는 衛나라 靈公 부인이니 음탕한 행실이 있다. 孔子께서 衛나라에 이르렀을 적에 南子가 만나보기를 요청하거늘 孔子께서 거절하고 사양하다가 부득이해서 만나셨다. 옛날에는 그 나라에 벼슬을 하면 그 小君을 만나보는 禮가 있었지만 子路는 孔子께서 이 음란한 사람을 만나보는 것을 욕이 된다고 여겼기 때문에 기뻐하지 아니한 것이다. 矢는 맹세함이고 所는 맹세할 때 쓰는 말이니 예를 들면 '맹세코 崔氏, 慶氏와는 함께 하지 않겠다.'와 같은 따위이다. 否는 禮에 부합되지 않고 그 道를 따르지 않음을 말한다. 厭은 버리고 끊음이다. 聖人은 道가 크고 德이 완전해서 可함도 없고 不可함도 없으니 악인을 만나보는 데에도 본디 내 쪽에서 만나볼 수

---

44) 小君 : 임금의 부인.

있는 禮가 있으면 저 쪽의 착하지 못함이 나에게 무슨 關與가 있 겠는가. 그러나 이를 어찌 子路가 헤아릴 수 있었겠는가. 그러므로 거듭 말씀하시고 맹세해서 子路로 하여금 우선 이 말을 믿게 하고 깊이 생각해서 터득하게 하고자 하신 것이다.

㉗子曰中庸之爲德也其至矣乎인저民鮮이久矣니라

孔子께서 말씀하시기를 中庸의 德됨이 아마도 최고일 것이다 사람이 적은 지 오래되었다

中者는無過不及之名也요庸은平常也라至는極也라鮮은少也라言 民少此德이今已久矣라○程子曰不偏之謂中이요不易之謂庸이 니中者는天下之正道요庸者는天下之定理라自世敎衰로民不興 於行하여少有此德이久矣니라

—

中은 지나치거나 미치지 못함이 없음의 명칭이고 庸은 평소의 정상 이다. 至는 지극함이다. 鮮은 적음이다. 이 德을 지닌 사람이 적은 지가 지금 이미 오래 되었음을 말하는 것이다. ○ 程子가 말하였다. "치우치지 아니하는 것을 中이라 하고 바뀌지 아니하는 것을 庸이 라 하니, 中은 천하의 正道이고 庸은 천하의 확정된 원리이다. 세 상의 교화가 쇠퇴한 때로부터 사람들이 실천에 일깨워지지 못해서 이 德을 지닌 사람이 적은 지가 오래되었다."

㉘子貢이曰如有博施於民而能濟衆한댄何如하니잇고

可謂仁乎잇가子曰何事於仁이리오必也聖乎인저堯舜도
其猶病諸^저시니라

子貢이 말하기를 만약에 백성에게 널리 베풀고 대중을 구제할 수 있을
진댄 어떻습니까 仁이라고 말할 수 있겠습니까 孔子께서 말씀하시기를
어찌 仁에 일삼으리오 반드시 聖일 것이다 堯舜도 그것은 오히려 病
으로 여기셨다

博은廣也라仁은以理言이니通乎上下요聖은以地言이니則造其極
之名也라乎者는疑而未定之辭라病은心有所不足也니言此何止
於仁이리오必也聖人이아能之乎인저則雖堯舜之聖으로도其心엔猶
有所不足於此也라以是求仁이면愈難而愈遠矣리라

—

博은 넓음이다. 仁은 이치로써 한 말이니 위아래에 통하고 聖은 지
위로써 한 말이니 최고의 경지를 조성한 명칭이다. 乎는 의심스러워
서 확정짓지 못하는 말이다. 病은 마음에 부족함이 있는 것이니, 이
어찌 仁에 그치리오, 반드시 聖人이라야 그럴 수 있을 것이다. 그
렇다면 비록 堯임금·舜임금 같은 聖人도 그 마음속에는 오히려
이 점에 대해서는 부족한 바가 있음을 말하는 것이다. 이런 방법으
로 仁을 찾으면 더욱 어렵고 갈수록 멀어질 것이다.

夫仁者는己欲立而立人하며己欲達而達人이니라
仁한 사람은 자기가 서고자 하면 남도 서게 하며 자기가 達하고자 하
면 남도 達하게 하는 것이다

以己及人은仁者之心也라於此觀之면可以見天理45)之周流而
無間矣라狀仁之體莫切於此라

—

내 몸을 가지고 남에게까지 미치게 함은 仁한 사람의 마음이다. 이
런 방법으로 仁을 관찰하면 天理가 두루 흘러서 간격이 없음을 발
견할 수 있을 것이다. 仁의 골격을 형상한 것이 이 말보다 절실한
것은 없다.

能近取譬면可謂仁之方也已니라46)
가까운 데서 취하여 비유할 수 있으면 仁의 방법이라고 말할 수 있다

譬는喩也라方은術也라近取諸身하여以己所欲을譬之他人이면知
其所欲도亦猶是也라然後에推其所欲하여以及於人이면則恕之事
요而仁之術也라於此勉焉이면則有以勝其人欲之私하여而全其
天理之公矣리라○程子曰醫書에以手足痿痺를爲不仁이라하니此
言이最善名狀이라仁者는以天地萬物로爲一體니莫非己也라認得
爲己면何所不至리오若不屬己면自與己로不相干하여如手足之不
仁하여氣已不貫이면皆不屬己라故로博施濟衆은乃聖人之功用이
요仁至難言故로止曰己欲立而立人己欲達而達人能近取譬可
謂仁之方也已라하니欲令如是觀仁하여可以得仁之體니라又曰論
語에言堯舜其猶病諸者二니夫博施者는豈非聖人之所欲이리오

---

45) 天理 : 내 마음 속에 있는 本心의 타고난 이치.
46) 나에게서 가장 가까운 곳은 바로 내 몸이다. 그러므로 내 몸에서 취해서 비유할 수 있으면
   그것이 仁으로 가는 최고의 기술이다.

然이나 必五十乃衣帛七十乃食肉[47]은 聖人之心이 非不欲少者도 亦衣帛食肉也로되 顧其養有所不贍爾니 此病其施之不博也요 濟衆者는 豈非聖人之所欲이리오 然이나 治不過九州하니 聖人이 非不欲四海之外도 亦兼濟也로되 顧其治有所不及爾니 此病其濟之不衆也라 推此하여 以求修己하여 以安百姓이면 則爲病可知요 苟以吾治已足이면 則便不是聖人이니라 呂氏曰 子貢이 有志於仁이로되 徒事高遠하고 未知其方하니 孔子教以於己取之하여 庶近而可入이라야 是乃爲仁之方이라하니 雖博施濟衆도 亦由此進이니라

—

譬는 비유함이다. 方은 기술이다. 가깝게 자신에게서 취해서 자기가 하고자 하는 바를 다른 사람에게 비유하면 그 사람이 하고자 하는 것도 역시 이와 같음을 알 것이다. 그렇게 한 뒤에 자기가 하고자 하는 바를 미루어서 남에게까지 미치게 하면 恕의 일이고 仁으로 가는 기술이다. 여기에서 힘을 쓰면 人欲의 私를 이겨낼 수 있어서 天理의 公을 완전히 할 수 있을 것이다. ○ 程子가 말하였다. "醫書에 손발이 마비된 것을 不仁이라 하니 이 말이 가장 형상을 잘 이름한 것이다. 仁한 사람은 天地萬物을 자기의 한 몸으로 여기니 자기 몸이 아닌 것이 없다. (천지만물이) 자기 몸이 된다는 것을 인식하고 깨달으면 어느 곳인들 이르지 아니하겠는가. 만약에 (어느 한 곳이) 자기에게 소속되지 않는다면 자연적으로 자기와 더불어 서로 干與하지 못하여 마치 수족이 不仁한 것과 같으니, 기운이 이미 관통하지 않으면 모두 자기에게 속해 있지 아니한 것이다. 그러므로 사랑을 널리 베풀고 온 대중을 구제하는 것은 곧 聖人의 성공된 응

---

47) 五十乃衣帛 七十乃食肉 : 『孟子』, 「梁惠王章句上」, 三章 참고.

용이다. 仁은 지극히 말하기 어렵기 때문에 단지 (孔子께서) 말씀하시기를 '자기가 서고자 함에 남도 서게 하고 자기가 도달코저 함에 남도 도달케 하여, 가까운 데서 취하여 비유할 수 있으면 仁의 방법이라고 말할 수 있다.' 하셨으니, 이와 같이 仁을 관찰하여 仁의 본체를 터득할 수 있게 하고자 하신 것이다." 또 말하였다. "『論語』에서 '堯舜도 이것은 오히려 病되게 여기셨다.'라고 말한 곳이 두 군데 있으니, 대저 널리 베풂은 어찌 聖人이 하고자 하는 바가 아니겠는가. 그러나 반드시 '오십이 되어야 비단 옷을 입고 칠십이 되어야 고기를 먹는다.'라고 한 것은 聖人의 마음이 젊은 사람에게도 역시 비단 옷을 입히고 고기를 먹이고 싶지 아니했으리오마는 奉養에 충분하지 못한 점을 돌아봤을 뿐이니 이것이 베풂이 넓지 못함을 안타까워 하신 것이다. 천하 대중을 구제함은 어찌 聖人이 하고자 하는 바가 아니겠는가. 그렇지만 다스리는 영역은 九州에 불과하니 聖人이 四海 밖에까지도 역시 겸해서 구제하고 싶지 아니했으리오마는 다스리는 데에는 미치지 못하는 곳이 있는 것을 돌아봤을 뿐이니 이것이 대중을 구제하지 못하여서 病되게 여기신 것이다. 이 사실을 미루어서 자기를 수양하는 방법을 찾아서 백성을 편안히 만드는 것을 病되게 여겼음을 알 수 있다. 만약에 나의 다스림을 이미 만족하게 여긴다면 곧 聖人이 아닐 것이다." 呂氏가 말하였다. "子貢이 仁에 뜻은 있는데도 단지 높고 원대한 데만 일삼고 그 방법은 알지 못하니 孔子께서 자신에게서 취하여 거의 가까운 곳부터 들어갈 수 있어야 이것이 곧 仁을 행하는 방법임을 가르쳐 주셨으니, 비록 널리 베풀고 대중을 구제하는 것도 역시 이로 말미암아 진입하는 것이다."

述而第七

此篇은多記聖人謙己誨人之辭와及其容貌行事之實이라
凡三十七章이라

—

이 篇은 聖人이 자기를 겸손히 하여 남을 가르치는 말과
그 聖人의 용모와 일을 행하는 진실을 많이 기록하였다.
합해서 삼십칠 章이다.

①子曰述而不作하며信而好古를竊比¹⁾於我老彭하노라

孔子께서 말씀하시기를 記述하고 創作하지 아니하며 믿고 옛 것을 좋
아하기를 은근히 우리 老彭에게 比하노라

述은 傳舊而已요 作則創始也라 故로 作은 非聖人이면 不能이요 而述
則賢者도 可及이라 竊比는 尊之之辭요 我는 親之之辭라 老彭은 商賢
大夫니 見^현大戴禮²⁾니 蓋信古而傳述者也라 孔子刪詩書定禮樂
贊周易修春秋³⁾는 皆傳先王之舊요 而未嘗有所作也 故로 其自
言이 如此하니 蓋不惟⁴⁾不敢當作者之聖이요 而亦不敢顯然自附
於古之賢人하니 蓋其德愈盛而心愈下하여 不自知其辭之謙也라
然이나 當是時하여 作者略備하니 夫子蓋集羣聖之大成하여 而折衷
之시니 其事雖述이로되 而功則倍於作矣니 此又不可不知也라

—

述은 옛 것을 전할 뿐이고, 作은 창작해서 시작하는 것이다. 그러므
로 作은 聖人이 아니면 능치 못하고, 述이라면 賢者도 미칠 수 있
다. 竊比는 그를 존경하는 말이고, 我는 그를 친근히 하는 말이다.
老彭은 商나라의 훌륭한 大夫이니 『大戴禮記』에도 드러나 있으니
아마도 옛 것을 믿고 전해서 記述한 자인 듯하다. 孔子께서 『詩』,
『書』를 솎아내고, 禮와 樂을 바로잡고, 『周易』을 贊述하고, 『春秋』

---

1) 竊比 : 은근히 비교한다는 말로서 孔子께서 겸손히 하신 말씀이다.

2) 大戴禮 : 『大戴禮記』, 漢代에 戴德이 여러 禮說을 엮은 책.

3) 修春秋 : '春秋를 보수했다.'고 한 것은 孔子께서 魯나라 역사에 褒貶을 가했기 때문이다.

4) 不惟 : 뿐만 아니라.

를 補修한 것은 모두 先王의 옛 일을 傳述한 것이고, 창작한 바가 있은 적이 없으셨다. 그러므로 그 스스로의 말씀이 이와 같으시니, 창작의 聖스러움을 감히 감당하지 않으실 뿐만 아니고 역시 감히 드러내놓고 옛날 賢人에게도 스스로 비교하지 아니하시니 그 德이 더욱 성대할수록 마음은 더욱 낮아져서 그 말의 겸손함을 스스로 알지 못하신 것이다. 그러나 이때를 당해서 창작된 것들이 대략 갖추어져 있었으니 孔子께서 여러 聖人들의 크게 이룩한 책들을 모아 折衷하신 것이다. 그 일은 비록 記述이지만 그 功은 창작보다 倍도 더 되는 것이니 이 사실 또한 몰라서는 안될 것이다.

---

②子曰黙而識^지之하며學而不厭하며誨人不倦이何有於我哉오

孔子께서 말씀하시기를 말없이 기억하며 배우기를 싫어하지 아니하며 사람 가르침을 게을리 아니함이 무엇이 나에게 있겠는가

識^지는記也라黙識는謂不言而存諸^저心也라一說에識은知也니不言而心解也라하니前說이近是라何有於我는言何者能有於我也라三者는已非聖人之極至로되而猶不敢當則謙而又謙之辭也라

—

識는 기억함이다. 말없이 기억함은 말하지 아니해도 마음에 보전하고 있음을 말하는 것이다. 일설에는 '識은 아는 것이니, 말 하지 아니하고 마음으로 이해하는 것이다.'라고 하니 앞의 해설이 옳은 데 가깝다. 무엇이 나에게 있겠는가는 어떤 것이 나에게 있을 수 있나

를 말하는 것이다. 세 가지는 이미 聖人의 지극함이 아님에도 오히려 감히 감당치 아니한다면 겸손하고 또 겸손한 말씀이다.

---

③子曰德之不脩와學之不講과聞義不能徙하며不善不能改是吾憂也니라

孔子께서 말씀하시기를 德의 닦이지 못함과 학문의 익히지 못함과 義를 듣고 能히 옮기지 못하며 善하지 못한 것을 能히 고치지 못함이 이것이 나의 근심거리이다

尹氏曰德은必脩而後成하고學은必講而後明하며見善能徙하고改過不吝이니此四者는日新之要也라苟未能之하얀聖人도猶憂온況學者乎아

—

尹氏가 말하였다. "德은 반드시 닦은 뒤에 이루어지고, 학문은 반드시 익힌 뒤에 밝아지며, 善을 보면 옮길 수 있고, 허물을 고치는 데는 인색하지 아니함이니, 이 네 가지는 날마다 새로워지는 요점이다. 진실로 能하지 못하면 聖人도 오히려 걱정하거늘 하물며 배우는 사람에 있어서랴."

---

④子之燕居에申申如也하시며夭夭如也러시다

孔子께서 한가하게 계실 적에는 申申한 듯하시며 夭夭한 듯하시었다

燕居는閒暇無事之時라楊氏曰申申은其容舒也요夭夭는其色愉
也니라○程子曰此는弟子善形容聖人處也라爲申申字하되說不
盡故로更著^찰夭夭字라今人은燕居之時에不怠惰放肆5)면必大^태
嚴厲6)하니嚴厲時에도著此四7)字不得이요怠惰放肆時에도亦著此
四字不得이니惟聖人이야便自有中和之氣8)니라

―

燕居는 한가하고 아무 일 없을 때이다. 楊氏가 말하였다. "申申은
그 얼굴 모습이 펴지는 것이고, 夭夭는 그 안색이 기쁜 것이다." ○
程子가 말하였다. "이 글은 제자들이 聖人을 잘 형용한 곳이다. 申
申이라는 글자를 썼으나 설명이 충분하지 못하다고 여겨서 다시 夭
夭라는 글자를 붙인 것이다. 오늘날 사람들은 한가하게 아무 일 없
이 있을 때에 게으르거나 放肆하지 아니하면 반드시 너무 엄숙하게
가다듬으니, 엄숙하게 가다듬을 때에도 이 네 글자를 붙이는 것이
알맞지 않고 게으르거나 放肆할 때에도 역시 이 네 글자를 붙이는
것이 알맞지 아니하니, 聖人만이라야 문득 저절로 中和의 氣像이
있는 것이다."

---

⑤子曰甚矣라吾衰也여久矣라吾不復^부夢見周公이로다
孔子께서 말씀하시기를 심하구나 나의 늙음이여 오래도다 내 다시 꿈
에 周公을 보지 못하였도다

---

5) 放肆 : 방탕하고 거칠다.
6) 大嚴厲 : 愼其獨을 하기 위해 엄숙하게 가다듬는 모습.
7) 四字 : 申申夭夭.
8) 中和之氣 : 어느 쪽으로도 치우치지 않고 알맞게 온화한 기운.

孔子盛時엔志欲行周公之道故로夢寐之間에如或見之러니至其
老而不能行也則無復是心이요而亦無復是夢矣라故로因此而
自歎其衰之甚也라○程子曰孔子盛時엔寤寐常存[9]行周公之
道러니及其老也則志慮衰하여而不可以有爲[10]矣라蓋存道者는
心無老少之異요而行道者는身老則衰也니라

—

孔子께서 젊을 때에는 뜻이 周公의 道를 행하고자 하였기 때문에
잠자는 사이 꿈에서 이따금 만나보셨더니 늙어서 행할 수 없음에
이르러서는 다시 이런 마음도 없고 역시 다시는 이런 꿈도 없었다.
그러므로 이로 인해서 스스로 그 노쇠함의 심함을 탄식하신 것이다.
○ 程子가 말하였다. "孔子께서 젊을 때에는 자나깨나 항상 周公
의 道를 행하기를 마음에 두었는데 그 늙음에 미쳐서는 뜻과 생각
이 모두 쇠약해져서 큰일을 할 수 없게 되셨다. 대개 道를 마음에
두는 것은 마음은 老少의 차이가 없고, 道를 행하는 것은 몸이 늙
으면 衰退해지는 것이다."

⑥子曰志於道하며[11]
孔子께서 말씀하시기를 道에 뜻을 두며

志者는心之所之之謂요道則人倫日用之間에所當行者是也라
知此而心必之焉이면則所適者正하여而無他歧之惑矣라

9) 存 : 마음에 두다.
10) 有爲 : 큰일 하다.
11) 이 章은 평생 공부하는 방법에 대해 말씀하신 것이다.

—

志는 마음이 가는 곳을 이름이고 道는 인간이 일상생활 속에 당연히 행해야 할 것이 이것이다. 이것을 알아서 마음이 거기에 期必하면 가는 곳이 올발라서 다른 岐路의 의혹이 없어질 것이다.

據於德하며

德에 의거하며

據者는 執守之意요 德則行道而有得於心者也니 得之於心하고 而守之不失이면 則終始惟一하여 而有日新之功矣라

—

據는 잡아서 지킴의 뜻이고 德은 道를 행해서 마음에 깨달음이 있는 것이니, 마음에서 깨닫고 지켜내어 상실치 아니하면 마지막과 시작이 한결같아서 날마다 새로워지는 효과가 있을 것이다.

依於仁하며

仁에 의지하며

依者는 不違之謂요 仁則私欲盡去而心德之全也니 工夫至此하여 而無終食之違면 則存養12)之熟하여 無適而非天理13)之流行矣라

---

12) 存養 : 存心養性의 줄임말로 본심을 보존하고 본성을 기르는 것.
13) 天理 : 人欲之私에 대비되는 天理之公을 말함.

—

依는 어기지 아니함을 이름이고 仁은 사사로운 욕심이 모조리 제거
되어 마음의 德이 완전한 것이다. 공부가 여기에 이르러서 밥 한
끼 먹는 순간도 어김이 없으면 本心을 보존하고 本性을 기르는 공
부가 익숙해져서 어디를 가더라도 天理가 흘러 행하지 아니함이 없
게 될 것이다.

游於藝니라
藝에 노닐 것이니라

游者는玩物適情之謂요藝則禮樂之文과射御書數之法이니皆至
理所寓요而日用之不可闕者也라朝夕游焉하여以博其義理之
趣면則應務有餘하여而心亦無所放矣리라○此章은言人之爲學
을當如是也라蓋學莫先於立志[14]니志道則心存於正而不他요據
德則道得於心而不失이요依仁則德性常用而物欲不行이요游
藝則小物不遺而動息有養이리니學者於此에有以不失其先後
之序와輕重之倫焉이면則本末兼該하고內外交養하여日用之間에
無少間隙하여而涵泳[15]從容[16]하여忽不自知其入於聖賢之域矣
리라

—

游는 사물을 구경하여 情性에 맞추는 것을 말하고, 藝는 禮와 樂의

---

14) 立志 : 뜻을 수립하다.

15) 涵泳 : 물에 푹 잠겨서 충분히 배어들다.

16) 從容 : 머뭇거리며 그 자리를 떠나지 아니함.

글과 활 쏘고 말 몰고 글 쓰고 셈 하는 법이니 모두 지극한 이치가 붙어 있고 일상생활 속에서 빼놓을 수 없는 것들이다. 아침저녁으로 (藝에) 노닐어서 그 의리에 맞는 취향을 넓힐 수 있다면 응용되는 일마다에 여유가 있고 마음 또한 흩어지는 바가 없게 될 것이다. ○ 이 章은 사람이 학문하는 것을 마땅히 이와 같이 해야 함을 말한 것이다. 대체로 학문은 立志보다 먼저 해야 할 것이 없으니, 道에 뜻을 두면 마음이 正道에 보존되어서 다른 데로 가지 아니할 것이고, 德에 依據하면 道가 마음에 깨달아져 상실치 아니할 것이고, 仁에 의지하면 덕스러운 성품이 항상 쓰여서 물욕이 행해지지 못할 것이요, 藝에 노닐면 작은 일 하나도 빠뜨리지 아니해서 움직이거나 그치거나 간에 길러짐이 있을 것이니, 배우는 자가 여기에서 선후의 순서와 경중의 등급을 상실하지 아니할 수 있으면 처음과 끝이 함께 갖추어지고 내면과 외면이 함께 길러져서 일상생활 속에서 조그마한 틈도 생기지 않아 물에 흠뻑 젖듯이 공부가 배어들고 떠나지 않아 문득 그가 성현의 영역에 들어간 줄도 스스로 알지 못하게 될 것이다.

⑦ 子曰自行束脩以上은吾未嘗無誨焉이로라

孔子께서 말씀하시기를 束脩 이상의 禮를 행한 사람이라면 내 일찍이 가르치지 아니한 적이 없었다

脩는脯也라十脡17)이爲束이라古者相見에必執贄18)以爲禮니束脩

---

17) 脡 : 곧은 脯를 말한다.

18) 執贄 : 폐백을 행하다. 여기에서는 제자가 스승을 처음 뵐 때 폐백을 가지고 가서 경의를 표하던 예절을 말한다.

는其至薄者라蓋人之有生에同具此理19)故로聖人之於人에無不
欲其入於善이로되但不知來學이면則無往敎之禮라故로苟以禮來
면則無不有以敎之也라

—

脩는 마른고기이다. 열 개의 脡이 한 束이 된다. 옛날에 서로 만나
볼 적에 반드시 幣帛을 행하는 것을 禮로 삼았으니, 束脩는 그 중
에서 가장 薄한 것이다. 사람이 세상을 살아감에 함께 이 이치를
갖추었기 때문에 聖人이 사람들에 대하여 善에 들어가게 하고자
하지 아니함이 없으되, 단지 와서 배울 줄을 알지 못하면 찾아가서
가르치는 禮는 없는 것이다. 그러므로 진실로 禮로써 오면 가르침
이 있지 아니함이 없는 것이다.

⑧子曰不憤이어든不啓하며不悱어든不發하되擧一隅에不
以三隅反이어든則不復ᄫ也니라

孔子께서 말씀하시기를 알고자 애쓰지 아니하거든 열어주지 아니하며
표현하려 애쓰지 아니하면 발설하지 아니하되 한 모퉁이를 들어줌에 세
모퉁이를 반증하지 못하면 다시 告해 주지 아니한다

憤者는心求通而未得之意요悱者는口欲言而未能之貌라啓는謂
開其意요發은謂達其辭라物之有四隅者에擧一이면可知其三이라
反者는還以相證之義라復는再告也라上章에已言聖人誨人不倦
之意하고因幷記此하여欲學者로勉於用力하여以爲受敎之地也라

---

19) 同具此理 : 함께 이 이치를 갖추다. 此理는 스승이라면 제자를 가르치고 제자라면 스승에
게 배워서 원리, 의리를 아는 이치를 말한다.

○程子曰憤悱는誠意之見^현於色辭者也니待其誠至而後에告之
요旣告之면又必待其自得이라야乃復告爾니라又曰不待憤悱而發
이면則知之不能堅固요待其憤悱而後에發則沛然²⁰⁾矣니라

—

憤은 마음으로 통하기를 원하면서도 아직 깨닫지 못하는 의미이고,
悱는 입으로 말하고자 하면서도 능치 못하는 모습이다. 啓는 그 뜻
을 열어주는 것을 말하고, 發은 그 말을 통하게 하는 것을 말한다.
사물이 네 모퉁이가 있는 것에서 한 모퉁이를 들어주면 그 세 모퉁
이는 알 수 있는 것이다. 反은 되돌려서 서로 증거한다는 뜻이다.
復는 다시 고해 줌이다. 윗장에서 聖人이 사람 가르치기를 게을리
하지 아니한다는 뜻을 이미 말하였고, 계속해서 이 글을 함께 기록
하여 배우는 자들로 하여금 힘쓰는 데 노력해서 가르침을 받아들이
는 자세로 삼게 하고자 한 것이다. ○ 程子가 말하였다. "憤과 悱
는 진실한 뜻이 안색과 말에 드러난 것이니 그 성의가 지극한 것을
기다린 뒤에 고해 주는 것이고, 이미 고해 주었으면 반드시 스스로
터득하는 것을 기다려야 또 다시 고해 주는 것이다." 또 말하였다.
"憤悱를 기다리지 아니하고 말해주면 아는 것이 견고할 수가 없고,
憤悱를 기다린 뒤에 말해주면 거침없이 이해될 것이다."

⑨子食於有喪者之側에未嘗飽也러시다
孔子께서 喪을 가진 사람의 곁에서 드실 적에 배부르게 드신 적이 없
으시었다

---

20) 沛然 : 비가 쏟아지는 성한 모습, 거침없는 모습.

臨喪에哀不能甘也라

—

喪에 임하여 슬퍼서 맛이 있을 수 없어서이다.

子於是日에哭則不歌러시다

孔子께서 이 날에 哭을 하시면 노래하지 아니하시었다

哭은謂弔哭이라一日之內엔餘哀未忘하여自不能歌也라○謝氏曰
學者於此二者에可見聖人情性之正也니能識聖人之情性然後
에可以學道니라

—

哭은 弔問하며 哭하는 것을 말한다. 하루 안에는 남은 슬픔이 잊혀
지지 아니해서 저절로 노래할 수 없는 것이다. ○ 謝氏가 말하였다.
"학자들이 이 두 가지에서 聖人의 情性의 바름을 발견할 수 있으
니, 聖人의 情性을 인식할 수 있은 연후에 道를 배울 수 있는 것
이다."

---

⑩子謂顏淵曰用之則行하고舍之則藏을惟我與爾有
是夫인저

孔子께서 顏淵에게 일러 말씀하시기를 쓰이면 행하고 버려지면 간수
함을 오직 나와 네가 이것을 가지고 있을 것이다

尹氏曰用舍는無與^예於己요行藏은安於所遇요命은不足道也라顏
子는幾於聖人故로亦能之니라

—

尹氏가 말하였다. "쓰이고 버려지는 것은 내 몸에 關與될 것이 없
고, 행하고 간수하는 것은 만나는 바에 따라 편안히 하는 것이고,
命은 말할 것도 못된다. 顏子는 聖人에 가깝기 때문에 역시 그럴
수 있다."

子路曰子行三軍則誰與시리잇고

子路가 말하기를 선생님께서 三軍을 행하시면 누구와 함께 하시겠습
니까

萬二千五百人이爲軍이니大國은三軍이라子路見孔子獨美顏淵
하고自負其勇하여意夫子若行三軍이면必與己同이라

—

만 이천오백 명이 軍이 되니 大國은 三軍이다. 子路가 孔子께서
顏淵만 유독 칭찬하시는 것을 보고 스스로 그 용기를 자부해서 孔
子께서 만약에 三軍을 행하신다면 반드시 자기와 함께 하실 것이
라고 여겼던 것이다.

子曰暴^포虎馮河하여死而無悔者를吾不與也니必也臨
事而懼하며好謀而成者也니라

孔子께서 말씀하시기를 호랑이를 맨손으로 잡으며 황하를 맨몸으로 건너

서 죽어도 뉘우침이 없는 자를 나는 함께하지 않을 것이니 반드시 일에 임하여 두려워하며 도모함을 좋아하여서 성공하는 사람이니라

暴^포虎는徒搏이요馮河는徒涉이라懼는謂敬其事요成은謂成其謀라言此皆以抑其勇而教之니然이나行師之要實不外此니子路는蓋不知也라○謝氏曰聖人은於行藏之間에無意無必[21]하여其行에非貪位요其藏에非獨善也니若有欲心이면則不用而求行하고舍之而不藏矣리라是以로惟顏子야爲可以與^예於此요子路도雖非有欲心者나然이나未能無固必也요至以行三軍으로爲問則其論이益卑矣라夫子之言이蓋因其失而救之니夫不謀면無成이요不懼면必敗니小事도尚然이온而況於行三軍乎아

—

暴虎는 맨손으로 호랑이를 묶는 것이고, 馮河는 맨몸으로 黃河를 건너는 것이다. 懼는 그 일을 조심함을 말하고, 成은 그 계획을 이룸을 말한다. 이는 모두 그 용기를 억눌러서 가르치려 한 것이다. 그러나 군사를 행하는 요점이 실제로 여기에서 벗어나지 아니하니, 子路는 아마 알지 못할 것이다. ○ 謝氏가 말하였다. "聖人은 행하거나 간수하거나 간에 底意도 없고 期必도 없어서 그 道를 행할 적에 지위를 탐하지 아니하고 그 道를 간수할 적에도 獨善하지 않으시니, 만약 욕심이 있다면 쓰이지 아니해도 행하기를 요구하고 버려지면 간수하지도 못할 것이다. 이 때문에 顏子만이 여기에 참여할 수 있을 것이며 子路도 비록 욕심이 있는 자는 아니지마는 그러

---

21) 無意無必 : 저의도 없고 기필도 없다. 어떤 것을 꼭 해야 한다는 뜻도 없고 반드시 이루어야 한다는 기필도 없다. 「子罕」篇, 四章, '子絶四 毋意毋必毋固毋我' 참고.

나 고집과 期必이 없을 수는 없고, 심지어 三軍 행하는 것으로 물음을 함에 있어서는 그 논리가 더욱 유치하다. 孔子의 말씀이 대체로 그 단점으로 인해서 구제하는 것이지만 도모하지 아니하면 성공이 없고 두려워하지 아니하면 반드시 실패하는 것이니 작은 일도 오히려 그러하거늘 하물며 삼군을 행하는 데 있어서랴."

---

⑪子曰富而可求也인댄雖執鞭之士22)라도吾亦爲之어니와如不可求인댄從吾所好23)하리라

孔子께서 말씀하시기를 富를 구할 수 있을진댄 비록 채찍을 잡는 일이라도 내 또한 하려니와 만일에 구할 수 없을진댄 내가 좋아하는 바를 좇으리라

執鞭은賤者之事라設言富若可求면則雖身爲賤役以求之라도亦所不辭나然이나有命焉이라非求之可得也면則安於義理而已矣라何必徒取辱哉리오○蘇氏曰聖人은未嘗有意於求富也니豈問其可不可哉리오爲此語者는特以明其決不可求爾니라楊氏曰君子非惡富貴而不求라以其在天이라無可求之道也일새니라

—

執鞭은 천한 사람의 일이다. 가설하여 말을 하되 富를 만약에 구할 수 있으면 비록 몸이 천한 일을 행해서 구한다 할지라도 역시 사양하지 아니할 것이지만 그러나 天命이 있는지라 구해서 얻을 수 있

---

22) 執鞭之士 : 마부.
23) 從吾所好 : '天命을 따르겠다'는 뜻이다.

는 것이 아니라면 의리에 편안히 할 따름이다. 어찌 꼭 괜히 욕을 취하리오 ○ 蘇氏가 말하였다. "聖人은 富를 구하는 데 뜻을 둔 적이 없으니 어찌 可하고 不可한 것을 묻겠는가. 이런 말씀을 하신 것은 단지 결코 구할 수 없다는 것을 밝히려 하셨을 뿐이다." 楊氏가 말하였다. "군자가 부귀가 싫어서 구하지 않는 것이 아니라 그것은 하늘에 있는지라 구할 수 있는 방법이 없기 때문이다."

---

⑫子之所愼은齊戰疾이러시다
孔子께서 삼가시는 것은 齊戒와 戰爭과 疾病이시다

齊之爲言은齊也니將祭而齊其思慮之不齊者하여以交於神明也라誠之至與不至에神之享與不享이皆決於此요戰則衆之死生과國之存亡이繫焉이요疾은又吾身之所以死生存亡者니皆不可以不謹也라○尹氏曰夫子無所不謹이나弟子記其大者耳니라
—

齊의 말됨은 가지런히 함이니, 제사를 지내려 할 적에 생각이 가지런하지 못한 것을 가지런히 해서 귀신과 만나려는 것이다. 성의가 지극함과 지극하지 못함에 귀신이 먹어 주고 먹어 주지 아니하는 것이 모두 여기에서 결정나고, 전쟁이라면 대중의 死生과 나라의 存亡이 매여 있고, 병은 또 내 몸의 死生存亡의 조건이니 모두가 삼가지 않을 수 없는 것이다. ○ 尹氏가 말하였다. "孔子께서 삼가지 아니하신 것이 없으나 제자들이 그 큰 것을 기록했을 뿐이다."

⑬子在齊聞韶24)하시고三月을不知肉味하시어曰不圖25)
爲樂之至於斯也호라

孔子께서 齊나라에 계실 적에 韶를 들으시고 배우신 석 달을 肉味조차 알지 못하시어 말씀하시기를 음악됨이 이렇게 좋을 줄은 뜻하지 못하였도다

史記엔三月上에有學之二字라不知肉味는蓋心一於是하여而不及乎他也라曰不意舜之作樂이至於如此之美라하면則有以極其情文26)之備하여而不覺其歎息之深也니蓋非聖人이면不足以及此라○范氏曰韶는盡美又盡善27)이니樂之無以加此也라故로學之三月을不知肉味而歎美之如此하니誠之至요感之深也니라

─

『史記』에는 三月 위에 學之 두 글자가 있다. 肉味조차 알지 못함은 대체로 마음이 여기에 한결같아서 다른 데에 미치지 못한 것이다. '舜임금의 음악이 이처럼 아름다움에 이를 줄은 뜻하지도 못하였다.' 라고 하셨다면 가사와 곡조의 갖추어짐이 지극하여서 탄식함이 깊은 줄도 깨닫지 못함이 있었으니 聖人이 아니면 이런 데에까지 미칠 수

───

24) 韶 : 舜임금의 음악.

25) 不圖 : 不意. 뜻하지도 못했다, 생각지도 못했다.

26) 情文 : 음악에서 情은 가사, 文은 곡조이다.

27) 盡美又盡善 : 음악과 정치에서 쓰이는 말로, 盡美는 德을 말하고 盡善은 功을 말한다. 舜임금과 堯임금은 천하를 얻을 때에 무력을 사용하지 않았으므로 盡美盡善하다라고 하는 것이고 武王은 무력을 사용하여 천하를 얻었으므로 盡美하기는 하나 盡善하지 못하다고 하는 것이다. 그 당시 정치에 반영되는 것이 음악이므로 음악을 듣고 정치를 가늠한 것이다.

없다. ○ 范氏가 말하였다. "韶는 盡美하고도 盡善하니 음악으로는 여기에 더할 것이 없다. 그러므로 배우기 석 달 동안을 肉味도 알지 못하고 탄식하고 칭찬하기를 이와 같이 하셨으니 성의의 지극이고 감동의 깊음이다."

---

⑭冉有曰夫子爲衛君乎아子貢이曰諾다吾將問之하리라

冉有가 말하기를 선생님께서 衛나라 군주를 도우시겠습니까 子貢이 말하기를 그렇다 내 장차 물어 보리라

爲는猶助也라衛君은出公輒²⁸⁾也라靈公이逐其世子蒯聵러니公薨而國人이立蒯聵之子輒하고於是에晉이納蒯聵어늘而輒이拒之라時에孔子居衛러니衛人이以蒯聵는得罪於父요而輒은嫡孫이니當立이라故로冉有疑而問之라諾은應辭也라

爲는 도움과 같다. 衛君은 出公 輒이다. 靈公이 세자 蒯聵를 쫓아내었는데 公이 죽자 나라 사람들이 蒯聵의 아들 輒을 즉위시켰다. 이때에 晉나라가 蒯聵를 들이려하거늘 輒이 거절하였다. 이때에 孔子께서 衛나라에 계셨는데, 衛나라 사람들은 蒯聵는 아버지에게 죄를 얻었고 輒은 嫡孫이니 당연히 즉위해야 한다고 여겼다. 그러므로 冉有가 의심스러워서 이것을 물은 것이다. 諾은 응답하는 말이다.

---

28) '出公輒' : 쫓겨난 衛나라 君으로 이름이 輒이다.

入曰伯夷叔齊는何人也잇고曰古之賢人也니라曰怨乎
잇가曰求仁而得仁이어니又何怨이리오出曰夫子不爲也
시리러라

들어가서 묻기를 伯夷와 叔齊는 어떤 사람입니까 말씀하시기를 옛날
賢人이니라 묻기를 원망했습니까 말씀하시기를 仁을 찾다가 仁을 얻
었으니 또 무슨 원망이 있었으리오 나와서 말하기를 선생님께서는 도와
주지 아니하시겠더라

伯夷叔齊는孤竹君之二子니其父將死에遺命立叔齊러니父卒에
叔齊遜伯夷한대伯夷曰父命也라하고遂逃去하니叔齊도亦不立而
逃之하니國人이立其中子라其後에武王이伐紂에夷齊扣馬而諫[29)
하고武王이滅商에夷齊恥食周粟하여去隱于首陽山하여遂餓而死
라怨은猶悔也라君子居是邦하여不非其大夫온況其君乎아故로子
貢이不斥衛君하고而以夷齊로爲問이요夫子告之如此면則其不爲
衛君은可知矣라蓋伯夷는以父命爲尊이요叔齊는以天倫[30)爲重이
니其遜國也는皆求所以合乎天理之正이요而卽乎人心之安이라
旣而오各得其志焉이면則視棄其國을猶敝蹤爾니何怨之有리오若
衛輒之據國拒父하여而唯恐失之는其不可同年而語[31)明矣라○

---

29) 扣馬而諫 : 말고삐를 잡고 간하다. 武王이 紂를 치기 위해 군대를 일으켰을 때 伯夷와 叔
  齊가 武王의 말고삐를 잡고 만류했던 고사에서 나온 말이다. 『史記』, 「伯夷傳」, 東伐紂
  伯夷叔齊叩馬而諫 참고.

30) 天倫 : 하늘의 질서.

31) 不可同年而語 : 해를 같이 해서 말할 수가 없다, 한 자리에 놓고 거론할 거리도 못된다.

程子曰伯夷叔齊는遜國而逃하고諫伐而餓라도終無怨悔하니夫子
以爲賢故로知其不與輒也니라

—

伯夷·叔齊는 孤竹나라 임금의 두 아들이다. 그 아버지가 죽으려
할 적에 遺言으로 叔齊를 세울 것을 명하였는데 아버지가 죽자 叔
齊는 伯夷에게 사양하였다. 伯夷는 '아버지의 명령이다.'라 말하고
마침내 도망가고 叔齊도 역시 즉위하지 아니하고 도망가니, 나라
사람들이 그 둘째아들을 즉위시켰다. 그 뒤에 武王이 紂를 정벌할
적에 伯夷·叔齊가 말고삐를 잡고 간하였고 武王이 商나라를 멸
망시키자 伯夷·叔齊는 周나라 곡식 먹기를 부끄럽게 여기고 떠나
서 수양산에 숨었다가 드디어 굶어서 죽었다. 怨은 후회함과 같다.
군자가 어떤 나라에 살면서 그 나라의 大夫도 비방하지 아니하거늘
더구나 그 임금에 있어서랴. 그러므로 子貢이 衛나라 임금을 지적
하지 아니하고 伯夷·叔齊를 가지고 물음을 삼았고, 孔子께서 고
하기를 이와 같이 하셨다면 衛나라 임금을 도와주지 아니할 것임을
알 수 있다. 伯夷는 아버지의 명령을 최고로 여긴 것이고, 叔齊는
天倫을 중요하게 여긴 것이니, 그들이 나라를 양보한 것은 모두 天
理의 정당함에 부합하고, 사람 마음의 편안한 데로 나아가는 조건을
구한 것이다. 이윽고 각각 그들의 뜻을 얻었으면 그 나라 버리는 것
보기를 해진 짚신을 버리는 것과 같이 했으니 무슨 뉘우침이 있으
리오 예컨대 衛나라 輒이 나라를 차지하고 아버지를 거절하여 오
직 나라를 상실할까 두려워한 것과는 해를 같이하여 말할 수 없음
이 분명하다. ○ 程子가 말하였다. "伯夷·叔齊는 나라를 양보해
서 도망가고 정벌을 간하다가 굶어 죽어도 끝내 원망하거나 뉘우침

이 없었으니 孔子께서 훌륭하다고 말씀하셨기 때문에 輒을 도와주지 아니할 것임을 알았던 것이다."

---

⑮子曰飯疏食ᄉ飮水하고曲肱而枕之라도樂락亦在其中矣니不義而富且貴는於我에如浮雲이니라

孔子께서 말씀하시기를 거친 밥을 먹으며 물을 마시고 팔을 굽혀 베개 삼아도 樂이 또한 그 가운데 있나니 정의롭지 못하게 富하고 또 貴함은 나에게는 뜬 구름과 같다

飯은食之也라疏食는麤飯也라聖人之心은渾然天理하여雖處困極이라도而樂亦無不在焉이라其視不義之富貴를如浮雲之無有漠然하여無所動於其中也라○程子曰非樂疏食飮水也라雖疏食飮水라도不能改其樂也니不義之富貴는視之輕如浮雲然이니라又曰須知所樂者何事니라

—

飯은 먹음이다. 疏食는 거친 밥이다. 聖人의 마음은 天理와 한 덩이어서 아무리 困함의 극도에 처한다 할지라도 樂은 역시 있지 아니함이 없는 것이다. 그 정의롭지 못한 富와 貴 보기를 마치 뜬 구름이 있거나 없거나 막연한 것처럼 해서 그 마음에는 움직이는 바가 없는 것이다. ○程子가 말하였다. "거친 밥 먹고 물 마시는 것을 즐거워하는 것이 아니라 비록 거친 밥을 먹고 물을 마시더라도 그 樂은 고칠 수 없는 것이니, 정의롭지 못한 富와 貴는 뜬 구름과 같이 가볍게 여긴 것이다." 또 말하였다. "즐거워하는 것이 어떤 일인지를 반드시 알아야 한다."

⑯子曰加我數年하여五十以學易이면可以無大過矣리라

孔子께서 말씀하시기를 나에게 두어 해를 빌려주어서 마침내 周易을
배우면 큰 허물이 없을 수 있을 것이다

劉聘君이見元城劉忠定公하니自言嘗讀他論에加는作假요五十
은作卒이라하니蓋加假는聲相近而誤讀이요卒與五十은字相似而
誤分也라愚는按此章之言이史記에作假我數年若是我於易則
彬彬[32]矣라하니加는正作假요而無五十字로되蓋是時에孔子年이
已幾七十矣니五十字誤는無疑也라學易則明乎吉凶消長之理
와進退存亡之道故로可以無大過라蓋聖人이深見易道之無窮하
고而言此以敎人하여使知其不可不學이요而又不可以易이而學
也니라

—

劉聘君이 元城 劉忠定公을 만났더니, 스스로 말하였다. "옛날에
다른 『論語』를 읽었을 적에 加는 假로 쓰여 있고 五十은 卒로 쓰
여 있었다."라고 하니 아마 加와 假는 소리가 서로 비슷해서 잘못
읽은 것이고 卒과 五十은 글자가 서로 흡사하여 잘못 나누어진 것
인 듯하다. 나는 고찰해 보건대, 이 장의 말이 『史記』에는 '나에게
몇 해를 빌려주어서 주역을 배우게 한다면 彬彬하였을 것이다.'라고
쓰여져 있으니, 加는 바로 假로 써야 되고, 五十이라는 글자는 없지
만 대체로 이때에 孔子 나이가 이미 칠십에 가까웠으니 五十의 글자

32) 彬彬 : 적절히 잘 섞여 있는 모습.

가 잘못된 것은 의심할 것이 없다. 『周易』을 배우면 吉凶과 消長의 이치와 進退와 存亡의 道에 밝아지기 때문에 큰 허물이 없을 수 있다. 聖人께서 『周易』의 道가 무궁하다는 것을 깊이 아시고 이것을 말씀하시어 사람들을 교육시켜서 사람들이 배우지 아니해서도 안되고 또 쉽게 배울 수도 없음을 알게 하신 것이다.

---

⑰子所雅言은詩書執禮皆雅言也러시다

孔子께서 평소에 말씀하시는 것은 詩와 書와 禮를 지키는 것이 모두 평소의 말씀이시었다

雅는常也라執은守也라詩는以理情性하고書는以道政事하며禮는以謹節文이니皆切於日用之實故로常言之라禮에獨言執者는以人所執守而言이요非徒誦說而已也라○程子曰孔子雅素之言이止於如此요若性與天道則有不可得而聞者는要在黙而識之也니라謝氏曰此는因學易之語而類記之니라

雅는 평소이다. 執은 지킴이다. 『詩』는 情과 性을 다스릴 수 있고, 『書』는 政事를 말할 수 있으며, 禮는 절차와 양식을 삼갈 수 있으니, 모두 일상생활의 실제에 절실한 것이기 때문에 항상 말씀하셨다. 禮에만 執이라고 말한 것은 사람이 지키는 바로써 말한 것이고, 단지 외우거나 설명하고 마는 것은 아니다. ○ 程子가 말하였다. "孔子 평소의 말씀이 이와 같은 데에 그치고, 예컨대 性과 天道는 잘 들을 수 없었던 것은 요점이 말없이 인식함에 있어서이다." 謝氏가

말하였다. "이 말은 『周易』을 배운다는 말로 인해서 類대로 기록한 것이다."

---

⑱葉^녑公이 問孔子於子路어늘 子路不對한대

葉公이 孔子를 子路에게 묻거늘 子路가 대답하지 아니하였는데

葉公은 楚葉縣尹³³⁾인 沈諸^저梁이며 字는 子高니 僭稱公也라 葉公이 不知孔子하니 必有非所問而問者故로 子路不對어니 抑亦以聖人之德을 實有未易이 名言者與아

—

葉公은 楚나라 葉縣의 尹인 沈諸梁이며 字는 子高이니 公이라고 함은 僭稱한 것이다. 葉公이 孔子를 알지 못하니 꼭 물을 것도 아닌데 물음이 있었기 때문에 子路가 대답하지 아니했거나 아니면 역시 聖人의 德을 실제로 쉽게 이름해서 말하지 못해서였던가.

子曰女奚不曰其爲人也發憤忘食하며 樂以忘憂하여 不知老之將至云爾오

孔子께서 말씀하시기를 너는 어찌 그 사람됨이 憤心을 發할 때는 먹는 것을 잊어버리며 즐거우면 근심하는 것을 잊어버려서 늙음이 장차 이름을 알지 못한다고 말하지 아니하였느냐

---

33) 尹 : 벼슬이름. 『書經』, 「周書」, 顧命篇 註 '百尹은 百官之長及諸御治事者' 참고.

未得則發憤而忘食하고已得則樂之而忘憂라以是二者로俛焉하여日有孶孶하여而不知年數之不足34)이라하니但自言其好學之篤爾나然이나深味之면則見其全體35)至極하여純亦不已36)之妙有하니非聖人이면不能及者라蓋凡夫子之自言이類如此하니學者宜致思焉이라

—

깨닫지 못해서는 憤心을 發해서 먹는 것도 잊어버리고, 이미 깨닫고 나면 즐거워서 걱정까지도 잊어버린다. 이 두 가지를 가지고 노력해서 날마다 부지런히 부지런히 함이 있어서 앞으로 살아갈 햇수가 부족한 줄도 알지 못한다고 하니 단지 스스로 학문을 좋아함의 돈독함을 말했을 뿐이나, 그러나 깊이 음미해 보면 그 體를 완전히 하기를 지극히 해서 純亦不已의 묘리가 있음을 발견할 것이니 聖人이 아니면 미칠 수 없는 것이다. 일반적으로 孔子 스스로의 말씀이 대부분 이와 같으니 학자들은 마땅히 생각을 다해야 할 것이다.

⑲子曰我非生而知之者라好古敏以求之者也로라
孔子께서 말씀하시기를 나는 나면서부터 아는 사람이 아니라 옛 것을 좋아하여 서둘러 찾는 사람이다

---

34) 不知年數之不足 : 나이 숫자가 부족한 줄도 알지 못한다는 것은 앞으로 살 날이 얼마 남지 않았다는 사실조차도 모른다는 뜻이다.

35) 全體 : 體를 완전히 한다는 것은 聖人의 體를 완전히 이룩하였다는 뜻이다.

36) 純亦不已 : 천지자연과 聖人에게만 쓰는 말이다. 천지자연의 운행은 거짓이 하나도 없이 순수하며 聖人의 덕도 천지자연의 이치와 부합하기 때문에 '순수하여 그치지 않는다.'라고 표현한다.

生而知之者는氣質淸明하고義理昭著하여不待學而知也라敏은速
也니謂汲汲也라○尹氏曰孔子는以生知之聖으로每云好學者는
非惟勉人也라蓋生而可知者는義理爾요若夫禮樂名物과古今
事變은亦必待學而後에有以驗其實也니라

——

나면서부터 아는 사람은 타고난 기질이 맑고 밝고 의리가 환하게
드러나서 배우는 것을 기다리지 아니해도 아는 것이다. 敏은 빠름이
니 서두르는 것을 말한다. ○ 尹氏가 말하였다. "孔子는 生而知之
의 聖人으로서 배우기를 좋아한다고 늘 말씀하신 것은 사람들을 힘
쓰게 하려고 할 뿐만 아니라 대체로 나면서부터 알 수 있는 것은
의리뿐이고 예컨대 禮, 樂, 물건 이름과 古今 사건의 변화 같은 것
은 역시 반드시 배우기를 기다린 뒤에 그 진실을 증험할 수 있는
것이다."

⑳子不語怪力亂神이러시다
孔子께서는 괴이함과 勇力과 悖亂과 귀신을 말씀하지 아니하시었다

怪異와勇力과悖亂[37]之事는非理之正이니固聖人所不語요鬼神
造化之迹은雖非不正이나然이나非窮理之至면有未易°明者故로
亦不輕以語人也라○謝氏曰聖人은語常而不語怪하고語德而
不語力하며語治而不語亂하며語人而不語神이니라

---

37) 悖亂 : 이치에 어긋나고 문란한 것.

괴이한 것과 勇力과 悖亂의 일은 이치의 바름이 아니니 본디 聖人이 말하지 아니하는 것이고, 귀신 조화의 자취는 비록 不正은 아니지만 그러나 이치를 궁구함이 지극하지 않으면 쉽게 밝히지 못하는 것이 있기 때문에 역시 가볍게 다른 사람에게 말씀하시지 아니한 것이다. ○ 謝氏가 말하였다. "聖人은 正常은 말하면서도 괴이한 것은 말씀하지 않으시고, 德은 말하면서도 힘은 말씀하지 않으시며, 다스림은 말하면서도 문란함은 말씀하지 않으시며, 사람에 대하여는 말하면서도 귀신에 대하여는 말씀하지 않으신다."

㉑子曰三人行에必有我師焉이니擇其善者而從之요
其不善者而改之니라
孔子께서 말씀하시기를 세 사람이 길을 감에 반드시 나의 스승이 있나니 그 善한 것은 골라서 따르고 그 不善한 것은 고치는 것이니라

三人同行에其一은我也요彼二人者一善一惡이면則我從其善而
改其惡焉이니是二人者는皆我師也라○尹氏曰見賢思齊하고見
不賢而內自省이면則善惡이皆我之師니進善이其有窮乎아

세 사람이 함께 갈 적에 그 한 사람은 나이고 저 두 사람이 한 사람은 善하고 한 사람은 惡하면 나는 그 善을 따르고 그 惡은 고칠 것이니 이 두 사람은 모두 나의 스승이다. ○ 尹氏가 말하였다. "어진 것을 보고 가지런하기를 생각하고 어질지 못한 것을 보고 내

면으로 스스로 반성한다면 善과 惡이 모두 나의 스승일 것이니 善
에 나아감이 어찌 끝이 있겠느냐."

㉒子曰天生德於予시니桓魋ᵀ其如予何리오
孔子께서 말씀하시기를 하늘이 나에게 德을 부여해 주셨으니 桓魋^{환퇴}
가 나를 어떻게 하겠는가

桓魋는宋司馬向ᶳ魋也니出於桓公故로又稱桓氏라魋欲害孔子
러니孔子言天旣賦我以如是之德이면則桓魋其奈我何리오言必
不能違天害己라

—

桓魋는 宋나라 司馬 벼슬하는 向魋^{상퇴}이니 桓公에서 나왔기 때문
에 桓氏라고도 칭한다. 桓魋가 孔子를 해코지하고자 하였더니 孔
子께서 "하늘이 이미 나에게 이와 같은 德을 부여했으니 桓魋가
나를 어떻게 하겠는가."라고 말씀하신 것은 반드시 하늘의 이치를
어기고 자기를 해칠 수 없을 것임을 말씀하신 것이다.

㉓子曰二三者는以我爲隱乎아吾無隱乎爾로라吾無
行而不與二三子者是丘也니라
孔子께서 말씀하시기를 너희들은 나를 숨긴다고 여기느냐 나는 너희들
에게 숨김이 없다 나는 행동하고 너희들에게 보여주지 않음이 없는 사
람이 바로 나이다

諸弟子以夫子之道高深하여不可幾及故로疑其有隱이요而不知
聖人作止語黙이無非教也라故로夫子以此言으로曉之라與는猶示
也라○程子曰聖人之道는猶天然하여門弟子親炙而冀及之然
後에知其高且遠也니使誠以爲不可及이면則趨向之心이不幾於
怠乎아故로聖人之教는常俯而就之如此하니非獨使資質庸下者
로勉思企及이라而才氣高邁者도亦不敢躐易而進也니라呂氏曰
聖人은體道[38]無隱하여與天象昭然하여莫非至教라常以示人하되
而人自不察이니라

여러 제자들이 孔子의 道가 높고도 깊어서 미치기를 기대할 수 없다
고 여겼기 때문에 숨기는 것이 있는가 의심한 것이고, 聖人의 행동하
고 멈추고 말하고 침묵함이 가르침이 아님이 없다는 것을 알지 못하였
다. 그러므로 孔子께서 이 말을 가지고 깨우쳐 주신 것이다. 與는 보
여줌과 같다. ○ 程子가 말하였다. "聖人의 道는 자연과 같아서 문하
제자들이 직접 교육을 받아서 미치기를 바란 뒤에 그 聖人의 道가 높
고도 멀다는 것을 아는 것이니, 가령 진실로 미칠 수 없다고 여긴다면
바라보고 따르려는 마음이 태만에 가깝지 않겠는가. 그러므로 聖人의
가르침은 항상 굽혀서 진취시킴이 이와 같으니 타고난 자질이 보통보
다 낮은 사람으로 하여금 힘써 생각하여 미치기를 바라게 할 뿐만 아
니라 재주와 기상이 높고 뛰어난 사람이라도 역시 감히 등급을 뛰어넘
고 쉽게 여겨서 진보하지 못하게 하는 것이다." 呂氏가 말하였다. "聖
人은 모든 몸가짐이 숨김이 없어서 마치 하늘의 형상이 환히 밝은 것
과 같아서 지극한 가르침이 아님이 없는 것이다. 항상 사람들에게 보여

---

38) 體道 : 聖人이 행하고 멈추고 말하고 침묵하는 모든 몸가짐.

주는데도 사람들이 스스로 살피지 못하는 것이다."

㉔子以四教하시니文行忠信이니라

孔子께서는 네 가지로써 가르치시니 文과 行과 忠과 信이다

程子曰教人하되以學文으로脩行하여而存忠信也니忠信이本也니라

—

程子가 말하였다. "사람을 가르치되 글을 배운 것으로 행동을 닦아서 忠과 信을 마음에 두는 것이니 忠, 信이 근본이다."

㉕子曰聖人을吾不得而見之矣어든得見君子者면斯可矣니라

孔子께서 말씀하시기를 聖人을 내가 볼 수 없거든 군자를 볼 수 있으면 이에 괜찮겠다

聖人은神明不測之號요君子는才德出衆之名이라

—

聖人은 귀신도 잘 모르는 칭호이고, 군자는 재주와 德이 출중한 사람의 명칭이다.

子曰善人을吾不得而見之矣어든得見有恒者면斯可矣니라

孔子께서 말씀하시기를 善人을 내가 볼 수 없거든 恒心 있는 사람을
볼 수 있으면 괜찮으리라

子曰字는疑衍文이라恒은常久之意라張子曰有恒者는不二其心
이요善人者는志於仁而無惡[39]이니라

—

子曰이라는 글자는 아마도 衍文이다. 恒은 항상 하고 오래하는 뜻
이다. 張子가 말하였다. "恒心 있는 자는 그 마음을 두 갈래로 하
지 아니하고, 善人은 仁에 뜻을 두어서 악한 행위는 없는 자이다."

亡而爲有하며虛而爲盈하며約而爲泰면難乎有恒矣니라
없는데 있는 듯이 하며 비었는데 가득한 듯이 하며 가난한데 넉넉한
듯이 하면 恒心을 두기가 어렵다

三者는皆虛夸之事니凡若此者는必不能守其常也라○張敬夫
曰聖人君子는以學言이요善人有恒者는以質言이니라愚는謂有恒
者之與[40]聖人에高下固懸絶矣니然이나未有不自有恒而能至於
聖者也라故로章末에申言有恒之義하니其示人入德之門이可謂
深切而著明矣니라

—

세 가지는 모두 허풍스럽고 자랑하는 일이니 무릇 이와 같은 사람은

---

39) 志於仁而無惡 : 仁에 뜻을 두지만 仁에는 이르지 못하고 최소한 악한 일은 하지 않는다는
의미로써 善人을 정의하는 말이다.
40) 之與 : 비교사이다. 甲之與乙(甲이 乙에 대하여).

반드시 그 恒常心을 지킬 수 없다. ○ 張敬夫가 말하였다. "聖人
과 군자는 학문을 가지고 말한 것이고, 善人과 恒心이 있는 자는
바탕을 가지고 말한 것이다." 나는 생각하건대, 恒心이 있는 자가 聖
人에 대하여 높고 낮음은 진실로 현격하게 거리가 멀지만 그러나 恒
心을 지니는 것으로부터 하지 아니하고 聖人에 이를 수 있는 사람
은 있지 않다. 그러므로 章의 끝에 恒心을 지님의 의미를 거듭 말씀
하셨으니 사람들에게 德에 들어가는 문을 보여줌이 깊고 절실하면서
도 환하게 밝혔다고 말할 수 있다.

㉖子는釣而不綱하시며 弋不射^석宿이러시다

孔子께서는 낚시질은 하셔도 그물질은 하지 아니하시며 주살질은 하시
되 잠자는 새를 쏘지 아니하시었다

綱은以大繩으로屬^촉綱하여絶流而漁者也라弋은以生絲로繫矢하여
而射也라宿은宿鳥라○洪氏曰孔子少貧賤하여爲養與祭에或不
得已而釣弋이니如獵較^각41)이是也라然이나盡物取之와出其不意는
亦不爲也니此可見仁人之本心矣라待物如此하니待人可知요小
者如此하니大者可知니라

—

綱은 큰 노끈에 작은 그물을 매달아서 흐르는 물에 가로질러 고기

---

41) 獵較 : 魯나라에서 행하던 사냥하는 풍속이다. 孔子께서 魯나라에 처음 벼슬하였을 때에는
獵較 같은 좋지 못한 풍속에도 부득이 함께 행하였으나 나중에 孔子의 노력으로 이 풍속이
없어졌다. 孔子께서 낚시하고 주살질한 것이 부득이한 것이었음은 獵較의 경우와 같다. 『孟
子』, 「萬章下」, 四章 참고.

를 잡는 것이다. 弋은 生絲를 화살에 매어서 쏘는 것이다. 宿은 자는 새이다. ○ 洪氏가 말하였다. "孔子께서 어릴 때에 가난하고 미천해서 부모 봉양과 제사에 간혹 마지못해 낚시질도 하고 주살질도 했으니, 獵較의 경우도 바로 이런 것이다. 그러나 微物을 모조리 취하는 것이나 모르는 순간에 잡는 행위는 역시 하지 아니하시니, 이런 데에서 仁한 사람의 본심을 엿볼 수 있다. 微物을 대함이 이와 같으니 사람 대하는 것을 알 수 있고, 작은 것에도 이와 같으니 큰 것을 알 수 있다.

㉗子曰蓋有不知而作之者이我無是也로라多聞하여擇其善者而從之하며多見而識^지之知之次也니라

孔子께서 말씀하시기를 알지 못하고 일을 시작하는 사람이 있느냐 나는 이런 것이 없다 많이 들어서 그 좋은 점을 선택하여 따르며 많이 보아서 기억하는 것이 아는 것의 다음이다

不知而作은不知其理而妄作也라孔子自言未嘗妄作은蓋亦謙辭나然이나亦可見其無所不知也라識는記也라所從을不可不擇하고記則善惡이皆當存之하여以備參考리니如此者면雖未能實知其理라도亦可以次於知之者也라

—

알지 못하고 일을 시작함은 그 이치를 알지 못하고 함부로 시작하는 것이다. 孔子께서 함부로 시작한 적이 없다고 스스로 말씀하신 것은 역시 謙辭이지만 그러나 역시 알지 못하는 바가 없음을 알 수

있다. 識는 기억함이다. 종사하는 것을 가리지 아니해서는 안되고, 기억을 한다면 좋고 나쁜 것들이 모두 마음에 보존되어 참고에 대비될 수 있으니, 이와 같이 하는 자는 비록 실제로 그 이치를 알지 못한다 하더라도 역시 그것을 아는 것의 버금은 될 수 있을 것이다.

㉘互鄕은難與言이러니童子見커늘門人이惑한대

互鄕 사람들은 더불어 말하기가 어렵더니 童子가 뵙게 되었거늘 門人이 의혹하였는데

互鄕은鄕名이니其人이習於不善하여難與言善이라惑者는疑夫子不當見之也라

—

互鄕은 고을 이름이니 그 고을 사람들이 不善에 익숙해서 더불어 善을 말하기가 어렵다. 惑은 孔子께서 만나보시는 것이 부당한가를 의심한 것이다.

子曰與其進也요不與其退也니唯何甚이리오人이潔己以進이어든與其潔也요不保其往也며

孔子께서 말씀하시기를 사람이 자기 몸을 깨끗이 해서 나아오면 그 깨끗이 한 것만 인정하고 지나간 것은 마음에 두지 아니하며 그 나아오는 것만 인정하고 그가 물러난 뒤는 관여하지 않는 것이니 무엇을 그리 심하게 하리오

疑此章은有錯簡하니人潔로至往也十四字는當在與其進也之前이라潔은脩治也라與는許也라往은前日也라言人이潔己而來면但許其能自潔耳요固不能保其前日所爲之善惡也며但許其進而來見耳요非許其旣退而爲不善也라蓋不追[42]其旣往하고不逆[43]其將來하여以是心으로至면斯受之耳라唯字上下에도疑又有闕文이니大抵亦不爲已甚之意라○程子曰聖人待物之洪이如此니라

—

아마도 이 章은 錯簡이 있으니 人潔로부터 往也까지 열네 字는 당연히 與其進也의 앞에 있어야 한다. 潔은 자기 몸을 닦고 다스리는 것이다. 與는 인정함이다. 往은 전날이다. 사람이 몸을 깨끗이 하고 오면 단지 그가 스스로 깨끗이 할 수 있는 것만 인정할 뿐이고, 진실로 전날 소행의 善惡은 생각할 수 없는 것이며, 단지 그가 나아와서 만나보는 것만 인정할 뿐이고, 그가 이미 물러가고 나서 不善을 행하는 것은 인정하지 아니함을 말하는 것이다. 대체로 이미 지나간 것을 돌이켜서 생각하지 아니하고, 장차 올 것도 미리 생각하지 아니해서 이 마음을 가지고 오면 이에 받아들일 뿐이다. 唯 字의 위아래에도 의심컨대 또 빠진 글이 있는 듯하다. 대체로 역시 너무 심하게 하지 않는다는 뜻이다. ○ 程子가 말하였다. "聖人은 상대를 대하는 너그러움이 이와 같은 것이다."

㉙子曰仁遠乎哉아我欲仁이면斯仁이至矣니라

孔子께서 말씀하시기를 仁이 멀더냐 내가 仁을 하고자 하면 이에 仁

42) 追 : 지나간 것을 돌이켜 생각함.

43) 逆 : 미리 맞이해서 생각함.

이 이르느니라

仁者는心之德이니非在外也라放而不求故로有以爲遠者요反而
求之면則卽此而在矣리니夫豈遠哉리오○程子曰爲仁由己하니欲
之則至라何遠之有리오

—

仁이란 마음의 德이니 외부에 있는 것이 아니다. 놓아버리고 찾지
아니하기 때문에 멀다고 여김이 있고, 되돌려 찾으면 여기에 이르러
서 있게 될 것이니 대저 어찌 멀다고 하리오 ○ 程子가 말하였다.
"仁을 행하는 것은 자기로 말미암는 것이니 하고자 하면 이르는 것
이다. 무슨 멂이 있으리오"

㉚陳司敗問昭公이知禮乎잇가孔子曰知禮시니라

陳나라 司敗 벼슬하는 사람이 묻기를 昭公이 禮를 알았습니까 孔子
께서 말씀하시기를 禮를 알았다

陳은國名이요司敗는官名이니卽司寇也라昭公은魯君이니名은稠⁽ᵘ⁾라
習於威儀之節이면當時以爲知禮故로司敗以爲問이요而孔子答
之如此라

—

陳은 나라 이름이고 司敗는 벼슬 이름이니 바로 司寇이다. 昭公은
魯나라 임금이니 이름은 稠⁽ᵘ⁾이다. 몸가짐의 절차에 익숙하면 당시
에 禮를 안다고 여겼기 때문에 司敗가 그것을 가지고 물음을 삼았

고, 孔子께서 답하기를 이와 같이 하신 것이다.

孔子退거시늘 揖巫馬期而進之曰吾聞君子는 不黨이라
호니 君子도 亦黨乎아 君이 取於吳하니 爲同姓이라 謂之吳
孟子라하니 君而知禮면 孰不知禮리오

孔子께서 물러가시거늘 巫馬期를 揖하여 나오게 하여 말하기를 내가
들으니 군자는 偏黨하지 아니한다 하더니 군자도 역시 偏黨하는구나
昭公이 吳나라에 장가를 갔으니 同姓인지라 吳孟子라고 이르니 昭公
이 禮를 안다면 누가 禮를 알지 못하리오

巫馬는 姓이요 期는 字며 孔子弟子요 名은 施니 司敗揖而進之也라 相
助匿非曰黨이라 禮에 不取同姓이요 而魯與吳는 皆姬姓이니 謂之吳
孟子者는 諱之하여 使若宋女子姓者然[44]이라

—

巫馬는 성이요 期는 字이며 孔子의 제자이고 이름은 施니, 司
敗가 揖해서 나오게 한 것이다. 서로 도우며 잘못을 숨기는 것을
黨이라고 말한다. 禮에는 同姓에게 장가가지 않고, 魯나라와 吳나
라는 모두 姬姓이니 吳孟子라고 말한 것은 숨겨서 마치 宋나라
여자의 姓처럼 한 것이다.

巫馬期以告한대 子曰丘也幸이로다 苟有過어든 人必知之
온여

---

44) 若~然 : 마치 ~인 것처럼 하다.

巫馬期가 그 말을 고했는데 孔子께서 말씀하시기를 나는 다행이로다 진실로 허물이 있으면 사람이 반드시 아는구나

孔子不可自謂諱君之惡이요又不可以取同姓으로爲知禮故로受
以爲過而不辭라○吳氏曰魯는蓋夫子父母之國이요昭公은魯之
先君也며司敗又未嘗顯言其事하고而遽以知禮로爲問하니其對
之宜如此也요及司敗以爲有黨하얀而夫子受以爲過하니蓋夫子
之盛德은無所不可也라然이나其受以爲過也로되亦不正言其所
以過하여初若不知孟子之事者하니可以爲萬世之法矣로다

—

孔子께서 스스로 임금의 잘못을 숨겼다고 말할 수도 없고, 또 同姓에게 장가간 것을 禮를 앎이 된다고 할 수도 없기 때문에, 받아들여 허물로 여기면서 사양하지 아니하셨다. ○ 吳氏가 말하였다. "魯나라는 孔子 부모의 나라이고, 昭公은 魯나라의 先代 임금이며, 司敗가 또 그 일을 드러내놓고 말한 적이 없고, 갑자기 禮를 아느냐는 것으로 물음을 삼으니 그 대답이 의당 이와 같았으며, 司敗가 黨을 둔다고 말하는 데 미쳐서는 孔子께서 받아들여 허물로 여기시니, 孔子의 성대한 德은 옳지 않은 것이 없다. 그러나 받아들여 허물로 여기면서도 역시 허물이 되는 까닭은 바로 말하지 아니해서 처음에는 吳孟子의 일을 알지 못한 듯이 하셨으니 萬世의 법이 될 수 있을 것이다."

㉛子與人歌而善이어든必使反之하시고而後和之러시다

孔子께서 사람과 더불어 노래를 하심에 잘 하거든 반드시 반복하게 하시고 뒤에 화답하시었다

反은 復也니 必使復歌者는 欲得其詳而取其善也요 而後和之者는 喜得其詳而與其善也라 此에 見聖人은 氣象從容하고 誠意懇至하여 而其謙遜審密이요 不掩人善이 又如此하니 蓋一事之微로되 而衆善之集을 有不可勝旣者焉하니 讀者宜詳味之라

—

反은 반복하게 함이니, 반드시 다시 노래하게 함은 그 상세함을 깨달아서 잘하는 것을 취하고자 함이고, 뒤에 화답을 한 것은 그 상세함을 얻은 것을 기뻐해서 그 잘함을 인정해 주는 것이다. 이런 곳에서, 聖人은 氣像이 차분하고 정성스러운 뜻이 간절 지극해서 그가 겸손하고 자세하고 綢密하고 남이 잘 하는 것을 가리지 않음이 또 이와 같음을 엿볼 수 있다. 대체로 한 가지 일의 작은 것이지만 모든 善이 집합되어 있음을 이루 다 말할 수 없는 것이 있으니, 독자들은 의당 상세하게 음미해야 할 것이다.

㉜ 子曰 文莫吾猶人也이 躬行君子는 則吾未之有得호라

孔子께서 말씀하시기를 글은 내가 남과 같을지 모르겠지만 몸소 군자를 행함은 내가 깨달음이 있지 못하도다

莫은 疑辭라 猶人은 言不能過人이요 而尙可以及人이라 未之有得은 則全未有得이니 皆自謙之辭로되 而足以見言行之難易緩急하

여欲人之勉其實也라○謝氏曰文은雖聖人이라도無不與人同故
로不遜이요能躬行君子는斯可以入聖故로不居니猶言君子道者
三에我無能焉[45)]이니라

―

莫은 의문사이다. 남과 같음은 남보다 나을 수는 없고 오히려 남에게
미칠 수 있음을 말하는 것이다. 깨달음이 있지 못함은 완전히 깨달음이
있지 못한 것이니, 모두 스스로 겸손하는 말이지만 말과 행실의 어렵고
쉽고 천천히 하고 급히 해야 하는 것을 충분히 드러내어서 사람들로 하
여금 그 진실에 힘쓰게 하고자 하신 것이다. ○ 謝氏가 말하였다. "글
은 아무리 聖人이라 할지라도 다른 사람과 같지 아니함이 없기 때문에
사양하지 아니하였고, 몸소 군자를 행할 수 있음은 이것은 聖에 들어갈
수 있기 때문에 자처하지 아니하였으니 '군자의 道 세 가지에 내가 능
한 것이 없다.'라고 하신 말씀과 같다."

───────────

㉝子曰若聖與仁은則吾豈敢이리오抑爲之不厭하며誨
人不倦은則可謂云爾已矣니라公西華曰正唯弟子不
能學也로소이다

孔子께서 말씀하시기를 聖과 仁 같은 것은 내 어찌 감히 하리오 그러
나 하기를 싫어하지 아니하며 사람 가르침을 게을리 하지 아니함은 그
렇다고 말할 수 있을 뿐이니라 公西華가 말하기를 바로 제자들이 배울
수 없는 것입니다

───────────

45) 「憲問」篇, 三十章, 子曰 君子道者三 我無能焉 仁者不憂 知者不惑 勇者不懼 참고

此亦夫子之謙辭也라聖者는大而化之46)요仁則心德之全而人
道之備也라爲之는謂爲仁聖之道요誨人도亦謂以此로教人也라
然이나不厭不倦은非已有之면則不能이니所以弟子不能學也라○
鼂氏曰當時에有稱夫子聖且仁者라以故로夫子辭之요苟辭之
而已焉이면則無以進天下之材하여率天下之善일새將使聖與仁
으로爲虛器47)하여而人終莫能至矣라故로夫子雖不居仁聖이나而
必以爲之不厭과誨人不倦으로自處也라可謂云爾已矣者는無他
之辭也라公西華仰而歎之도其亦深知夫子之意矣니라

—

이 말도 역시 孔子의 謙辭이다. 聖은 大하고 化한 것이고, 仁은
心德이 완전하고 사람의 도리가 갖추어진 것이다. 爲之는 仁聖의
道를 행함을 말하고, 誨人도 역시 이것으로 사람을 가르침을 말한
다. 그러나 싫어하지도 아니하고 게을리 하지도 아니함은 이미 소유
하고 있지 아니하면 능치 못할 것이니, 제자가 배울 수 없다고 한
이유인 것이다. ○ 鼂氏가 말하였다. "당시에 孔子를 聖하고 또
仁한 자라고 칭함이 있었다. 이런 연고로 孔子께서 사양하신 것이
고, 진실로 사양만 하고 만다면 천하의 인재를 진취시켜 천하의 善
에 따르게 할 수 없기 때문에 장차 聖과 仁을 가상적인 인품으로
여기게 하여 사람들이 끝내 이를 수 없을 것이다. 그러므로 孔子께
서 비록 仁과 聖을 자처하지는 않았으나 반드시 하기를 싫어하지
아니하고 사람 가르치기를 게을리 하지 아니함을 가지고 자처하신

---

46) 聖者大而化之 : 사람이 聖과 神의 경지에 이르려면 善에서 시작해서 信, 美, 大까지는
차례로 노력하면 길 수 있고 大에서 聖으로 가려면 化가 필요하다. 그러나 化는 사람의 노력
으로 될 수 있는 것이 아니고 저절로 변화를 해야 한다. 『孟子』, 「盡心章句下」, 二十五章
참고.

47) 虛器 : 가상적인 인품, 없는 그릇.

것이다. '그렇다고 말할 수 있을 뿐'은 다름이 없다는 말이다. 公西華가 우러러 탄식한 것도 그 역시 孔子의 뜻을 깊이 알아서이다."

㉞子疾病이어시늘子路請禱한대子曰有諸^저아子路對曰有之하니誄⁴⁸⁾에曰禱爾于上下神祗⁴⁹⁾라하도소이다子曰丘之禱久矣니라⁵⁰⁾

孔子께서 병을 앓으시거늘 子路가 빌기를 요청했는데 孔子께서 말씀하시기를 있더냐 子路가 대답하여 말하기를 있으니 誄文에 너를 天地의 神祗에게 빈다고 하였습니다 孔子께서 말씀하시기를 내가 빈 지가 오래되었다

禱는謂禱於鬼神이라有諸는問有此理否라誄者는哀死而述其行之辭也라上下는謂天地니天曰神地曰祗라禱者는悔過遷善하여以祈神之佑也라無其理則不必禱요旣曰有之면則聖人은未嘗有過하니無善可遷이요其素行이固已合於神明이라故로曰丘之禱久矣라又士喪禮에疾病에行禱五祀는蓋臣子迫切之至情에有不能自已者하여初不請於病者而後禱也라故로孔子之於子路에不直拒之요而但告以無所事禱之意라

—

---

48) 誄 : 죽은 사람의 德을 칭송하는 글로 挽章, 祭文 등이 있다.

49) 祗 : 땅귀신 祗와 같이 쓰임. 『康熙字典』에 '與祗通'이라고 나온다.

50) 사람이 천지귀신에게 무엇을 빈다는 것은 자신이 저지른 잘못에 대해 용서를 구하고 다시는 하지 않겠다고 다짐하는 것이다. 聖人은 잘못한 것이 없으므로 孔子께서 빈 지가 오래되었다고 하신 것이다.

禱는 귀신에게 비는 것을 말한다. 有諸는 이런 이치가 있는지 없는지를 물은 것이다. 誄는 죽음을 슬퍼해서 죽은 자의 행적을 기술한 말이다. 上下는 天地의 귀신을 말하는 것이니, 하늘 귀신을 神이라 하고, 땅 귀신을 祇라 한다. 禱는 허물을 뉘우치고 善 쪽으로 옮겨가서 귀신의 도움을 바라는 것이다. 그런 이치가 없으면 비는 것이 필요치 않고, 이미 '있습니다.'라고 말했다면 聖人은 허물이 있은 적이 없으니 善 쪽으로 옮길 만한 것이 없고, 그 평소의 행실이 진실로 이미 神明과 부합되기 때문에 '내가 빈 지가 오래되었다.'라고 말한 것이다. 또 『士喪禮』에 사람이 병을 앓을 적에 五祀에 빌기를 행하는 것은 신하나 자식이 절박하고 지극한 심정에 스스로 그만둘 수 없는 것이 있기에 애당초 病者에게 요청한 뒤에 비는 것은 아니다. 그러므로 孔子께서 子路에 대하여 바로 거절하지 않고 단지 빎을 일삼을 바 없다는 뜻으로 告하신 것이다.

㉟子曰奢則不孫하고儉則固니與其不孫也론寧固니라
孔子께서 말씀하시기를 사치하면 遜順하지 못하고 검소하면 固陋하나니 遜順하지 못함보다는 차라리 固陋함이 나으니라

孫은順也요固는陋也라奢儉이俱失中이로되而奢之害大라○鼂氏曰不得已而救時之弊也니라

—

孫은 順함이요 固는 固陋함이다. 사치와 검소가 모두 中道를 잃은 것이지만 사치의 害가 더 크다. ○ 鼂氏가 말하였다. "부득이하여 당시의 폐단을 구제한 것이다."

㊱子曰君子는坦蕩蕩이요小人은長戚戚이니라

孔子께서 말씀하시기를 군자는 평탄스럽게 너그럽고 소인은 언제나 근심이 많으니라

坦은平也요蕩蕩은寬廣貌라程子曰君子는循理故로常舒泰요小人은役於物故로多憂戚이니라○程子曰君子坦蕩蕩은心廣體胖51)이니라
—

坦은 평평함이고 蕩蕩은 너그럽고 넓은 모습이다. 程子가 말하였다. "군자는 이치를 따르기 때문에 항상 펴져 있어서 태연하고, 소인은 물욕에 부려지기 때문에 근심 걱정이 많다." ○ 程子가 말하였다. "'군자는 평탄스럽게 너그럽다'는 것은 마음은 넓고 몸은 느긋한 것이다."

㊲子는溫而厲하시며威而不猛하시며恭而安이러시다

孔子께서는 온화하되 엄숙하시며 위엄스럽되 사납지 아니하시며 공손하되 자연스러우시다

厲는嚴肅也라人之德性이本無不備로되而氣質所賦라鮮有不偏이요惟聖人은全體渾然52)하고陰陽合德이라故로其中和之氣見於容貌之間者如此라門人이熟察而詳記之니亦可見其用心之密矣요抑非知足以知聖人而善言德行者면不能記라故로程子는以

---

51) 心廣體胖 : 마음은 한없이 너그럽고 몸은 위축되지 않고 느긋한 모습.

52) 渾然 : 순수하여 잡 것이 하나도 섞이지 않음.

爲曾子之言이라하니 學者所宜反復而玩心也니라

—

厲는 엄숙함이다. 사람의 德性이 본디는 갖추어지지 아니함이 없지만 氣質이 부여된 바인지라, 편벽되지 아니함을 소유한 사람이 드물고, 聖人만은 德性의 體를 온전히 하여 순수하고 내면과 외모가 德에 부합된다. 그러므로 그 中和의 기운이 용모 사이에 나타나는 것이 이와 같다. 門人들이 익숙하게 관찰해서 상세하게 기록하였으니, 역시 그들의 마음씀이 綢密하다는 것을 엿볼 수 있다. 대저 지혜가 충분히 聖人을 알아서 덕행을 잘 표현할 수 있는 자가 아니면 이렇게 기록할 수 없다. 그러므로 程子는 曾子의 말이라고 하니 학자들은 의당 반복해서 마음을 쏟아야 할 것이다.

[述而 第七]

泰伯第八

凡二十一章이라

—

합해서 이십일 章이다.

①子曰泰伯은其可謂至德也已矣로다三以天下讓하되
民無得而稱焉이온여

孔子께서 말씀하시기를 泰伯은 그 지극한 德이라고 말할 수 있겠도다
세 번 천하를 사양했는데 백성이 아무도 칭찬함이 없구나

泰伯은周大王之長子라至德은謂德之至極에無以復加者也
라三讓은謂固遜也라無得而稱은其遜隱微하여無迹可見也라蓋大
王三子에長은泰伯이요次는仲雍이요次는季歷이니大王之時에商道
浸衰하고而周日彊大러니季歷이又生子昌하니有聖德이라大王이因
有翦商之志로되而泰伯이不從이어늘大王이遂欲傳位季歷하여以
及昌하니泰伯이知之하고卽與仲雍으로逃之荊蠻이라於是에大王은
乃立季歷하여傳國이러니至昌하여而三分天下에有其二하니是爲文
王이요文王崩에子發이立하여遂克商而有天下하니是爲武王이라夫
以泰伯之德으로當商周之際하여固足以朝諸侯有天下矣어늘乃
棄不取하고而又泯其迹焉이면則其德之至極이爲如何哉아蓋其
心은卽夷齊扣馬之心이로되而事之難處有甚焉者하니宜夫子之
歎息而贊美之也라泰伯不從事는見春秋傳이라

—

泰伯은 周나라 太王의 長子이다. 至德은 德이 지극하여 다시 더
할 것이 없음을 이른다. 세 번 사양한 것은 진실로 사양한 것을 말
한다. 無得而稱은 그 辭讓이 隱微해서 볼 만한 흔적이 없는 것이
다. 太王의 세 아들에서 長子는 泰伯이고 次子는 仲雍이고 다음

이 季歷이니, 太王 당시에 商나라의 道는 차츰 쇠약해지고 周나라는 날로 강하고 커졌더니, 季歷이 또 아들 昌을 낳으니 聖德이 있었다. 太王이 그로 인해서 商나라를 베어버릴 뜻이 있었으되 泰伯이 따르지 아니하였다. 太王은 드디어 季歷에게 位를 전해서 昌에게 미치게 하고자 하니 泰伯이 그 뜻을 알고는 곧 仲雍과 더불어 荊蠻으로 도망갔다. 이에 太王은 마침내 季歷을 세워서 나라를 전했더니, 昌에 이르러서 천하의 3분의 2를 소유하니 이 분이 文王이시고, 文王이 돌아가시고 아들 發이 즉위하여 드디어 商나라를 이기고 천하를 소유하니 이분이 武王이시다. 대저 泰伯 같은 德을 가지고 商나라와 周나라의 즈음을 당해서 진실로 충분히 諸侯의 조회를 받아서 천하를 소유할 수도 있었거늘, 곧 버리고 취하지 아니하고 또 그 자취마저도 없애 버렸다면 그 德의 지극함이 어떠하였겠는가. 대체로 泰伯의 마음은 곧 伯夷·叔齊가 말고삐를 잡고 간하는 심정이지만 일이 난처하기가 더욱 심한 것이 있었으니, 孔子께서 탄식하고 찬미하신 것이 마땅하다. 泰伯이 (아버지의) 일을 따르지 아니한 것은 『春秋傳』에 나타난다.

②子曰恭而無禮則勞하고愼而無禮則蔥하고勇而無禮則亂하고直而無禮則絞니라
孔子께서 말씀하시기를 공손하나 禮 없으면 수고롭고 삼가나 禮 없으면 두렵고 용감하나 禮 없으면 紊亂하고 정직하나 禮 없으면 急迫하다

蔥는畏懼貌요絞는急切也라無禮則無節文故로有四者之弊라

—

葸는 두려워하는 모습이고, 絞는 급하고 절박한 것이다. 禮가 없으면 절차와 양식도 없기 때문에 네 가지의 폐단이 있는 것이다.

君子篤於親則民興於仁하고 **故舊**를**不遺則民不偸**니라
군자가 부모에게 후하게 하면 백성들이 仁에 일깨워지고 옛 친구를 버리지 아니하면 백성들이 야박해지지 아니한다

君子는謂在上之人也라興은起也라偸는薄也라○張子曰人道知
所先後면則恭不勞愼不葸勇不亂直不絞하여民化而德厚矣리라
○吳氏曰君子以下는當自爲一章이니乃曾子之言也라하니愚는按
此一節이與上文으로不相蒙하고而與首篇謹終追遠之意로相類
하니吳說이近是니라

—

君子는 윗자리에 있는 사람을 말한다. 興은 일깨워짐이다. 偸는 야박함이다. ○ 張子가 말하였다. "人道의 먼저하고 뒤에 할 바를 알면 공손하더라도 수고롭지 아니하고, 삼가더라도 겁내지 아니하고, 용감하더라도 문란하지 아니하고, 정직하더라도 급박하지 아니해서, 백성들이 감화되어 德이 두터워질 것이다." ○ 吳氏가 "君子 이하는 마땅히 나름대로 한 章이 되어야 하니, 곧 曾子의 말씀이다."라고 하니, 나는 고찰해 보건대, 이 一節이 윗글과는 서로 어울리지 아니하고 머리편[學而]의 謹終追遠의 뜻과 서로 비슷하니 吳氏의 설이 옳은 듯하다.

③曾子有疾하시어召門弟子曰啓予足하며啓予手하라
詩云戰戰兢兢하여如臨深淵하며如履薄冰이라하니而今
而後에아吾知免夫와라小子야

曾子가 病이 있으시어 門下 제자들을 불러 말씀하시기를 내 발을 열
어 보고 내 손을 열어 보아라 詩에 이르기를 늘 두려워하고 조심해서
마치 깊은 연못에 臨하듯 하며 얇은 얼음을 밟듯 한다 하니 지금이 된
뒤에야 나는 免한 줄 알았다 제자들아

啓는 開也라曾子平日에以爲身體는受於父母니不敢毀傷이라故
로於此에使弟子로開其衾而視之라詩는小旻之篇이라戰戰은恐懼요
兢兢은戒謹이라臨淵에恐墜하고履冰에恐陷也니曾子以其所保之
全으로示門人하여而言其所以保之之難이如此하니至於將死而後
에아知其得免於毀傷也라小子는門人也라語畢而又呼之는以致
反復丁寧之意니其警之也深矣라○程子曰君子曰終이라하고小
人曰死라하니君子는保其身以沒로爲終其事也라故로曾子는以全
歸1)로爲免矣니라尹氏曰父母全而生之라子全而歸之니曾子臨
終而啓手足은爲是故也니非有得於道면能如是乎아范氏曰身
體도猶不可虧也온況虧其行하여以辱其親乎아

啓는 여는 것이다. 曾子께서 평소에 신체는 부모에게서 받은 것이니

---

1) 全歸 : 부모가 나를 온전하게 낳아주셨기 때문에 나도 온전한 몸을 가지고 돌아가는 것을 말한다.

감히 훼상시켜서는 안된다고 여기셨기 때문에 여기에서 제자들로 하여금 이불을 열어서 보게 하신 것이다. 詩는 『詩經』「小旻篇」이다. 戰戰은 두려워함이고, 兢兢은 경계하고 조심하는 것이다. 연못에 臨했을 적에는 추락할까 두려워하고, 얼음을 밟았을 적에는 빠질까 두려워하는 것이니, 曾子는 (신체를) 보전한 바의 온전함을 가지고 문인들에게 보여 주어서 그 신체를 보전하는 조건의 어려움이 이와 같으니 장차 죽음에 이른 뒤에야 毁傷에서 免하였음을 알았다고 말씀하신 것이다. 小子는 門人이다. 말이 끝나고 나서 또다시 부른 것은 반복해서 알뜰하고 자상한 뜻을 극진히 한 것이니, 그 깨우쳐주는 것이 깊다. ○ 程子가 말하였다. "군자는 終이라 하고 소인은 死라 하니, 군자는 그 몸을 보전해서 죽는 것을 가지고 그 일을 마쳤다고 하는 것이다. 그러므로 曾子는 온전한 몸으로 죽는 것으로 免했다고 여기신 것이다." 尹氏가 말하였다. "부모가 온전하게 낳아주셨는지라 자식이 온전히 해서 돌아가야 하는 것이니, 曾子께서 죽음에 임해서 手足을 열어 보게 하신 것은 이것을 위한 때문이니 道에 깨달음이 있는 사람이 아니면 이와 같을 수 있겠는가." 范氏가 말하였다. "신체도 오히려 이지러지게 해서는 안되거늘, 하물며 그 행실을 이지러지게 해서 그 부모를 욕되게 하는 데 있어서랴."

---

④曾子有疾이어시늘 孟敬子問之러니
曾子께서 病이 있으시거늘 孟敬子가 問病하였더니

孟敬子는 魯大夫仲孫氏니 名은 捷이라 問之者는 問其疾也라

—

孟敬子는 魯나라 大夫 仲孫氏니, 이름이 捷이다. 問之는 그 病
을 물은 것이다.

曾子言曰鳥之將死에其鳴也哀하고人之將死에其言
也善이니라

曾子의 말씀에 새가 장차 죽으려 할 적에 그 울음소리가 슬프고 사람
이 장차 죽으려 할 적에 그 말이 善하다

言은自言也라鳥는畏死故로鳴哀하고人窮反本故로言善이라此는曾
子之謙辭니欲敬子로知其所言之善而識^지之也라

—

言은 스스로 말함이다. 새는 죽음을 두려워하기 때문에 울음소리가
슬프고, 사람이 궁하면 근본으로 돌아가는 것이므로 말이 善한 것이
다. 이 말은 曾子의 謙辭이니, 孟敬子로 하여금 말하는 바가 善함
을 알려서 그것을 기억시키고자 하신 것이다.

君子所貴乎道者三이니動容貌에斯遠暴^포慢矣며正顔
色에斯近信矣며出辭氣에斯遠鄙倍^패矣니籩豆之事則
有司存이니라

군자가 道에서 귀하게 여기는 것이 세 가지이니 모습을 움직임에 이에
포악하고 거만함을 멀리하며 안색을 바로잡음에 이에 信에 가깝게 하

며 소리나 말을 냄에 이에 비루하고 이치에 어긋남을 멀리할지니 邊豆
의 일은 맡은 사람이 있다

貴는猶重也라容貌는擧一身而言이라暴는粗厲也요慢은放肆也라
信은實也라正顏色而近信은則非色莊也라辭는言語요氣는聲氣也
라鄙는凡陋也요倍는與背*同이니謂背理也라籩은竹豆요豆는木豆라
言道雖無所不在나然이나君子所重者는在此三事而已니是皆脩
身之要요爲政之本이라學者所當操存省察하여而不可有造次顚
沛之違者也요若夫籩豆之事와器數之末은道之全體엔固無不
該나然이나其分則有司之守요而非君子之所重矣라程子曰動容
貌는擧一身而言也니周旋中禮면暴慢이斯遠矣며正顏色엔則不
妄이면斯近信矣며出辭氣엔正由中出이면斯遠鄙倍리니三者는正
身而不外求라故로曰籩豆之事則有司存이니라尹氏曰養於中이
면則見於外니曾子는蓋以脩己로爲爲政之本이요若乃器用事物
之細則有司存焉이니라

貴는 소중히 여김과 같다. 容貌는 온몸을 통틀어서 한 말이다. 暴는
거칠고 사나운 것이고 慢은 放肆함이다. 信은 진실이다. 안색을 바
로잡되 진실에 가깝게 함은 외모만 엄숙하고 단정하게 하는 것이 아
니다. 辭는 언어이고 氣는 소리의 기운이다. 鄙는 보통이며 倍는 저
버림과 같으니 이치에 어긋남을 말한다. 籩은 대로 만든 그릇이고,
豆는 나무로 만든 그릇이다. 道는 비록 있지 않는 곳이 없다. 그러나
군자가 중하게 여기는 것은 이 세 가지 일에 있을 뿐이다. 이것들은
모두 脩身의 요점이고 정치하는 근본이니 학자들은 마땅히 마음에

보존하여 반성하고 관찰해서 잠깐 넘어지는 순간에도 어김이 있어서는 안되는 것이다. 邊豆의 일과 그릇의 숫자와 같은 지엽적인 일은 道의 전체에는 진실로 포함되지 않음은 아니나, 그러나 그 분야는 有司가 지킬 것이고 군자가 중하게 여길 바는 아닌 것임을 말씀하신 것이다. 程子가 말하였다. "容貌를 움직임은 온몸을 통틀어서 한 말이니 일을 주선하는 것이 禮에 맞으면 포악하고 거만함이 멀어질 것이며, 안색을 바로잡을 적에는 경망하게 하지 아니하면 믿음에 가까울 것이며, 소리나 말을 낼 적에는 바로 마음으로부터 나오게 하면 비루하고 이치에 어긋남이 멀어질 것이니, 세 가지는 내 몸을 바로잡으면서도 외부에서 찾지 않는 것이므로 '邊豆의 일은 맡은 사람이 있다.'라고 말씀하신 것이다." 尹氏가 말하였다. "마음을 수양하면 외부에 드러나는 것이니 曾子는 대체로 자기 몸을 수양하는 것으로 정치를 하는 근본을 삼았고, 예컨대 그릇의 쓰임새나 사물의 세세함 같은 것은 맡은 사람이 있다는 것이다."

---

⑤曾子曰以能으로問於不能하며以多로問於寡하며有若無하며實若虛하며犯而不校를昔者吾友嘗從事於斯矣러니라

曾子께서 말씀하시기를 能으로써 不能에게 물으며 많음으로써 적음에 물으며 있어도 없는 듯이 하며 가득하면서도 빈 듯이 하며 남이 침범해도 따지지 아니하기를 예전에 나의 벗이 일찍이 이에 종사하였다

校는計校也라友는馬氏以爲顔淵이是也라顔子之心은惟知義理

之無窮하고不見物我之有間故로能如此라○謝氏曰不知有餘
在己하고不足在人하며不必得爲在己하고失爲在人하여非幾於無
我2)者면不能也니라

―

校는 계산하고 헤아림이다. 友는 馬氏가 顏淵이라고 하니 맞다.
顏子의 마음은 의리의 무궁함만 알고 상대와 나는 차이가 있다고
보지 않기 때문에 이와 같을 수 있다. ○ 謝氏가 말하였다. "넉넉
함은 나에게 있고 부족함은 다른 사람에게 있음을 알지 못하며, 할
수 있는 것은 나에게 있고 할 수 없는 것은 다른 사람에게 있음을
期必치 아니해서, 無我에 가까운 자가 아니면 능할 수 없다."

⑥曾子曰可以託六尺之孤3)하며可以寄百里之命4)이
요臨大節而不可奪也면君子人與아君子人也니라
曾子께서 말씀하시기를 六尺의 孤를 부탁할 수 있으며 百里의 命을
기탁할 수 있고, 죽음에 임하여 그 뜻을 빼앗을 수 없다면 군자다운 사
람인가 군자다운 사람이니라

其才可以輔幼君攝國政이요其節이至於死生之際5)而不可奪
이면可謂君子矣라與는疑辭요也는決辭니設爲問答은所以深著其
必然也라○程子曰節操如是면可謂君子矣니라

---

2) 無我:「子罕」篇, 四章, 毋意毋必毋固毋我 참고.
3) 六尺之孤 : 어린 아이. 여기서는 어린 임금을 뜻한다.
4) 百里之命 : 제후국은 사방 百里이므로 국가의 운명을 말한다.
5) 死生之際 : 죽고 사는 즈음이란 죽음 앞이란 뜻이다.

그 인품이 어린 임금을 보필하고 국정을 대신 할 수 있고, 그 절개가 죽고 사는 즈음에 이르러도 빼앗을 수 없다면 군자라고 말할 수 있을 것이다. 與는 의문사이고 也는 맺는말이다. 문답을 가설한 것은 반드시 그러함을 깊이 드러내려는 이유이다. ○ 程子가 말하였다. "절개와 지조가 이와 같다면 군자라고 말할 수 있다."

⑦曾子曰士不可以不弘毅니任重而道遠이니라

曾子께서 말씀하시기를 선비는 너그럽고 굳세지 아니할 수 없으니 짐은 무겁고 길은 멀다

弘은寬廣也요毅는强忍也니非弘이면不能勝其重이오非毅면無以致其遠이라

弘은 너그럽고 넓음이고 毅는 강하고 참을성 있음이니, 너그럽지 아니하면 그 무게를 이길 수 없고 굳세지 아니하면 그렇게 먼 데까지 이를 수 없다.

仁以爲己任이니不亦重乎아死而後已니不亦遠乎아

仁으로 자기의 짐을 삼으니 역시 무겁지 아니한가 죽은 뒤에 그만 두니 역시 멀지 아니한가

仁者는人心之全德이니而必欲以身으로體而力行之니可謂重矣
요一息이라도尙存此志하여不容少懈니可謂遠矣라○程子曰弘而
不毅면則無規矩而難立이요毅而不弘이면則隘陋而無以居之니
라又曰弘大剛毅然後에能勝重任而遠到니라

—

仁은 사람 마음의 완전한 德이니 반드시 몸으로 體得하여 힘써 행
하고자 하니 무겁다고 말할 수 있고, 한 순간이라도 항상 이 뜻을
마음에 보존하여 조금의 게으름도 용납하지 아니하니 멀다고 말할
수 있다. ○ 程子가 말하였다. "너그럽기만 하고 굳세지 못하면 법
도가 없어서 (仁의 대열에) 서기 어렵고, 굳세기만 하고 너그럽지 못
하면 좁고 비루하여 (仁에) 처할 수 없을 것이다." 또 말하였다. "너
그럽고 크고 강하고 굳센 연후에야 무거운 짐을 지고 멀리까지 도
달할 수 있을 것이다."

⑧子曰興於詩하며
孔子께서 말씀하시기를 詩에서 일깨워지며

興은起也라詩本性情이니有邪有正하여其爲言이旣易이知요而吟詠
之間에抑揚反覆하여其感人이又易入故로學者之初에所以興起
其好善惡ᅌ惡之心而不能自已者는必於此而得之라

—

興은 일깨워짐이다. 詩는 性과 情을 근본으로 하니, 邪慝한 것도 있
고 바른 것도 있어서 그 말됨이 이미 알기 쉽고, 읊조리는 사이에 억

양이 반복되어 그 사람을 감동시킴이 또 쉽게 파고든다. 그러므로 배우는 자가 처음에 善을 좋아하고 惡을 미워하는 마음이 일어나서 스스로 그만둘 수 없게 되는 조건은 반드시 詩에서 터득하는 것이다.

立於禮하며

禮에서 자립하며

禮는以恭敬辭遜으로爲本이요而有節文度數6)之詳하니可以固人肌膚之會와筋骸之束故로學者之中에所以能卓然自立而不爲事物之所搖奪者는必於此而得之라

—

禮는 공손하고 공경하고 사양하고 양보함을 근본으로 삼고 절차와 양식, 度數의 상세함이 있으니 사람 피부의 모임과 근육과 힘줄의 묶임을 견고하게 할 수 있기 때문에, 배우는 자가 도중에 우뚝하게 스스로 서서 사물에게 흔들리고 빼앗김을 당하지 아니할 수 있는 조건은 반드시 禮에서 터득하는 것이다.

成於樂이니라

음악에서 완성되느니라

---

6) 度數 : 예를 들자면, 절은 몇 번 하고 哭은 며칠간 하는 등의 횟수와 날짜 등의 정해져 있는 숫자.

樂有五聲十二律⁷⁾하니更^경唱迭和하여以爲歌舞八音⁸⁾之節이면可以養人之性情하여而蕩滌其邪穢하고消融其査滓라故로學者之終에所以至於義精仁熟而自和順於道德者는必於此而得之니是學之成也라○按內則⁹⁾컨대十歲에學幼儀¹⁰⁾하고十三에學樂誦詩하고二十而後에學禮라하니則此三者는非小學傳授之次라乃大學終身所得之難易이先後淺深也니라程子曰天下之英才不爲少矣로되特以道學不明故로不得有所成就라夫古人之詩는如今之歌曲하여雖閭里童稚라도皆習聞之하여而知其說故로能興起러니今엔雖老師宿儒라도尙不能曉其義온況學者乎아是不得興於詩也요古人은自灑掃應對로以至冠昏喪祭히莫不有禮러니今皆廢壞라是以로人倫이不明하고治家無法하니是不得立於禮也요古人之樂은聲音이所以養其耳하고采色이所以養其目하고歌詠이所以養其性情하고舞蹈所以養其血脉이러니今皆無之라是不得成於樂也라是以로古之成材也易하고今之成材也難이니라

—

음악에는 五聲과 十二律이 있으니 돌려가며 부르고 바꾸어 가며 화답하여 歌舞와 八音의 節度로 삼으면 사람의 性情이 길러져서 간사하고 더러운 것을 씻어내고 나쁜 찌꺼기를 녹여 없앨 수 있다. 그러므로 배우는 자가 마지막에 의리가 정밀하고 仁이 익숙해져서 저절로 도덕에 조화롭게 따름에 이르게 되는 조건은 반드시 음악에서 터득하는 것이니, 이것이 학문의 완성이다. ○「內則」을 고찰해

---

7) 五聲 : 宮商角徵羽. 十二律 : 陽律과 陰律이 각각 여섯 개가 있다.

8) 八音 : 金, 石, 絲, 竹, 匏, 土, 革, 木의 악기를 만드는 여덟 가지 재료.

9) 「內則」: 『禮記』 篇名.

10) 『幼儀』: 책 이름. 어린이가 지켜야 할 모범, 행동 등을 기술한 책.

보건대, '열 살에 『幼儀』를 배우고 열세 살에 음악을 배우고 시를 외우고 스무 살 이후에 禮를 배운다.'라고 하니, 이 세 가지는 小學에서 배우고 가르쳐주는 차례가 아니라 곧 大學에서 종신토록 터득하는 바의 어렵고 쉽고, 먼저하고 뒤에 하고, 얕고 깊은 것들이다.

程子가 말하였다. "천하의 영재가 적음이 되지 아니하나 단지 道學이 밝혀지지 못한 이유 때문에 성취되는 바가 있을 수 없는 것이다. 대저 옛날 사람의 詩는 오늘날 歌曲과 같아서, 비록 마을에 있는 어린아이라 할지라도 모두 익숙하게 들어서 그 내용을 알기 때문에 흥기될 수 있었더니, 오늘날에는 비록 노숙한 스승과 학식이 많은 선비라 할지라도 오히려 그 의미를 알지 못하거늘 하물며 배우는 자에 있어서랴. 이것이 詩에서 일깨워지지 못함이다. 옛날 사람들은 물 뿌리고 쓸고 응하고 대하는 데서부터 冠婚喪祭에 이르기까지 禮가 있지 아니함이 없었더니 오늘날에는 모두 폐기되고 파괴되었는지라, 이 때문에 人倫이 밝혀지지 못하고 집을 다스리는 데에 법도가 없으니, 이것이 禮에서 자립하지 못함이다. 옛날 사람의 음악은 소리가 그 귀를 양성할 수 있었고 채색이 눈을 양성할 수 있었고 노래하고 읊조리는 것이 그 性情을 양성할 수 있었고 춤추는 것이 그 혈맥을 양성할 수 있었더니, 오늘날에는 모두 없어졌는지라 이것이 음악에서 완성되지 못함이다. 이 때문에 옛날에 인재는 이루기 쉬웠고 오늘날 인재는 이루기 어려운 것이다."

⑨子曰民은 可使由之[11]요 不可使知之[12]니라

11) 可使由之 : 어떤 제도를 만들어서 그 제도를 따라가게 할 수 있다.
12) 不可使知之 : 그 제도의 원리를 사람마다 일일이 다 알게 할 수 없다.

孔子께서 말씀하시기를 백성은 말미암게 할 수 있고 알게 할 수 없다

民은可使之由於是理之當然이요而不能使之知其所以然也라
○程子曰聖人設教非不欲人家喩而户曉也나然이나不能使之
知요但能使之由之爾니若曰聖人이不使民知면則是는後世朝四
暮三之術也리니豈聖人之心乎아

—

백성들은 이 이치의 당연함에 말미암게 할 수는 있고, 그렇게 되는
까닭을 알게 할 수는 없는 것이다. ○ 程子가 말하였다. "聖人이
가르침을 베푸는 것이 사람들로 하여금 집집마다 깨우치게 하고 門
戶마다 알게 하고저 아니한 것은 아니다. 그러나 다 알게 할 수는
없고 단지 말미암게 할 수 있을 뿐이니, 만약에 '聖人이 백성들로
하여금 알지 못하게 한다.'라고 한다면 이것은 후세의 朝四暮三의
술수일 뿐이니 어찌 聖人다운 마음이겠느냐"

⑩子曰好勇疾貧이亂也요人而不仁을疾之已甚이亂
也니라

孔子께서 말씀하시기를 용기를 좋아하고 가난을 미워함이 亂이고 사람
이면서 仁하지 못한 이를 미워하기를 너무 심하게 함이 亂이다

好勇而不安分이면則必作亂이요惡불仁之人하되而使之無所容
이면則必致亂이니二者之心이善惡雖殊나然이나其生亂則一也라

—

용기를 좋아하면서 分數에 편안히 하지 못하면 반드시 亂을 일으키고 不仁한 사람을 미워하되 용납될 곳이 없게 하면 반드시 亂을 부르니, 두 가지의 마음이 善惡은 비록 다르더라도 그 난리가 생기는 것은 같다.

---

⑪子曰如有周公之才之美여도使驕且吝이면其餘는不足觀也已니라

孔子께서 말씀하시기를 만일에 周公의 재주의 아름다움을 소유하고도 가령 교만하고 또 인색하면 그 나머지는 볼 것도 없다

才美는謂智能技藝之美라驕는矜夸요吝은鄙嗇也라○程子曰此는甚言驕吝之不可也니蓋有周公之德이면則自無驕吝이로되若但有周公之才요而驕吝焉이면亦不足觀矣니라又曰驕는氣盈이요吝은氣歉이니라愚는謂驕吝이雖有盈歉之殊나然이나其勢常相因하니蓋驕者는吝之枝葉이요吝者는驕之本根이라故로嘗驗之컨대天下之人이未有驕而不吝하며吝而不驕者也니라

—

재주의 아름다움은 智慧, 能力, 技術, 藝能의 아름다움을 말한다. 驕는 뽐내고 자랑함이고, 吝은 비루하고 인색함이다. ○ 程子가 말하였다. "이 글은 교만과 인색의 불가함을 심하게 말한 것이니 아마도 周公의 德을 소유했다면 저절로 교만과 인색이 없을 것이지만, 만약 단지 周公의 재주를 소유하고도 교만하고 인색하다면 역시 볼 것도 없는 것이다." 또 말하였다. "교만은 기운이 가득한 것이고 인

색은 기운이 모자라는 것이다." 나는 생각하건대, 교만과 인색이 비록 차고 모자라는 것의 다름은 있다 하더라도 그러나 그 형세는 항상 서로 인연이 되는 것이니, 대체로 교만은 인색의 지엽이고 인색은 교만의 뿌리이다. 그러므로 일찍이 徵驗해 보건대, 천하 사람이 교만하면서 인색치 아니하며 인색하면서 교만치 아니한 사람은 있지 않다.

---

⑫子曰三年學에不至於穀을不易得也니라

孔子께서 말씀하시기를 삼 년을 배움에 祿에 뜻하지 아니하는 사람을 쉽게 만날 수 없다

穀은祿也요至는疑當作志라爲學之久而不求祿이니如此之人을不易得也라○楊氏曰雖子張之賢으로도猶以干祿爲問이온況其下者乎아然則三年學而不至於穀을宜不易得也니라

—

穀은 祿俸이다. 至는 아마도 志로 써야 할 듯하다. 학문한 지가 오래되어도 祿을 구하지 아니함이니, 이와 같은 사람을 만나기 쉽지 않다. ○ 楊氏가 말하였다. "비록 子張 같은 현명함으로도 오히려 祿 구하는 것으로 물음을 삼았거늘, 하물며 그보다 못한 사람에 있어서랴. 그렇다면 삼 년쯤 배우고서 祿에 뜻하지 아니할 이를 의당 만나기가 쉽지 않겠다."

---

⑬子曰篤信好學하며守死善道니라

孔子께서 말씀하시기를 돈독히 믿고 배우기를 좋아하며 죽음으로 지키고 道를 善히 해야 한다

篤은厚而力也니不篤信則不能好學이나然이나篤信而不好學이면則所信이或非其正이요不守死면則不能以善其道니然이나守死而不足以善其道면則亦徒死而已라蓋守死者는篤信之效요善道者는好學之功이라

—

篤은 후하게 힘을 씀이다. 돈독하게 믿지 못하면 학문을 좋아할 수 없다. 그러나 돈독하게 믿어도 학문을 좋아하지 아니하면 믿는 것이 어쩌면 그 正道가 아닐 수도 있고, 죽음으로써 지키지 아니하면 그 道理를 잘할 수 없다. 그러나 죽음으로 지키면서도 그 道理를 잘하지 못하면 역시 괜히 죽을 뿐이다. 대개 죽음으로써 지키는 것은 돈독하게 믿는 효과이고, 道理를 잘하는 것은 학문을 좋아하는 功效이다.

危邦不入하고亂邦不居하며天下有道則見^현하고無道則隱이니라

위태로운 나라에 들어가지 아니하고 문란한 나라에 살지 아니하며 천하에 道 있으면 나타나고 道 없으면 숨어야 한다

君子見危授命이면則仕危邦者는無可去之義어니와在外則不入이可也라亂邦은未危而刑政紀綱이紊矣라故로潔其身而去之라天下는擧一世而言이라無道則隱其身而不見^현也니此惟篤信好學

하고守死善道者야能之라

—

군자는 (나라가) 위태로움을 당해서 목숨을 주는 것이라면 위태로운 나라에서 벼슬하는 사람은 떠날 수 있는 의리가 없거니와 외부에 있다면 들어가지 않는 것이 옳다. 亂邦은 위태롭지는 않으나 刑政, 紀綱이 문란한 것이다. 그러므로 그 몸을 깨끗이 해서 떠나는 것이다. 천하는 한세상을 통틀어서 한 말이다. (천하에) 道가 없으면 그 몸을 숨겨서 나타나지 아니하는 것이니 이것은 오직 철저하게 믿고 학문을 좋아하고, 죽음으로 지키면서 도리를 잘하는 사람만이라야 그렇게 할 수 있다.

邦有道에貧且賤焉이恥也며邦無道에富且貴焉이恥也니라

나라에 道 있을 적에 貧하고 또 賤함이 부끄러움이며 나라에 道 없을 적에 富하고 또 貴함이 부끄러움이다

世治而無可行之道하고世亂而無能守之節이면碌碌庸人이니不足以爲士矣라可恥之甚也라○晁氏曰有學有守하여而去就之義潔하고出處13)之分이明然後에爲君子之全德也니라

—

세상이 잘 다스려지고 있는데도 행할 만한 道가 없고 세상이 문란한 데도 지킬 수 있는 절개가 없다면 보잘것없는 보통 사람이니 선비가

13) 出處 : 出은 벼슬에 나아가는 것이고, 處는 벼슬을 떠나는 것이다.

되기에는 부족한지라 부끄러워할 만함의 심함이다. ○ 鼂氏가 말하였다. "배운 것도 있고 지키는 것도 있어서 去就의 의리가 깨끗하고 出處의 명분이 분명한 뒤에 군자의 온전한 德이 되는 것이다."

---

⑭子曰不在其位하여는不謀其政이니라

孔子께서 말씀하시기를 그 지위에 있지 아니해서는 그 政事를 도모하지 아니하여야 한다

程子曰不在其位則不任其事也요若君大夫問而告者則有矣니라

—

程子가 말하였다. "그 지위에 있지 않다면 그 일을 맡지 아니한 것이고, 만약에 임금이나 大夫가 물으면 告해 주는 경우는 있다."

---

⑮子曰師摯之始에關雎14)之亂이洋洋乎盈耳哉라

孔子께서 말씀하시기를 樂師인 摯가 처음 벼슬하였을 때에 關雎의 마지막 章이 아름답고 성대하여 귀에 가득하구나

師摯는魯樂師이니名이摯也라亂은樂之卒章也라史記에曰關雎之亂으로以爲風始라洋洋은美盛意라孔子自衛反魯하여而正樂이러니適師摯在官之初故로樂之美盛이如此라

—

---

14) 關雎 : 『詩經』 「國風」의 關雎章을 말한다.

師摯는 魯나라 樂師로 이름이 摯이다. 亂은 음악의 마지막 章이다.
『史記』에 '關雎의 亂으로써 「國風」의 시작을 삼는다.'라고 기록되어
있다. 洋洋은 아름답고 성대하다는 뜻이다. 孔子께서 衛나라로부터 魯
나라에 돌아와서 음악을 바로잡으셨더니, 마침 樂師인 摯가 관직에 있
던 처음이기 때문에 음악의 아름답고 성대함이 이와 같았다.

---

⑯子曰狂15)而不直하며侗ᵀ而不愿하며悾悾而不信을
吾不知之矣로라

孔子께서 말씀하시기를 狂하되 곧지 못하며 侗하되 후하지 못하며 悾
悾하되 미덥지 못한 자를 나는 알지 못하노라

侗은無知貌요愿은謹厚也라悾悾은無能貌라吾不知之者는甚絶之
之辭니亦不屑之教誨16)也라○蘇氏曰天之生物이氣質不齊하여
其中材以下는有是德則有是病이요有是病이면必有是德이라故로
馬之蹄齧者는必善走하고其不善者는必馴이니有是病而無是德
이면則天下之棄才也니라

—

侗은 무지한 모습이고 愿은 삼가고 후함이다. 悾悾은 무능한 모습
이다. 나는 알지 못한다 함은 매우 그를 끊어버리는 말이니, 역시
달갑게 여겨주지 아니함의 가르침이다. ○ 蘇氏가 말하였다. "하늘
이 낸 萬物이 (타고난) 氣質이 가지런하지 못해서, 그 中等 재목

---

15) 狂 : 뜻이 높고 말은 크게 하면서도 행동은 따라가지 못함.

16) 不屑之教誨 : 가르치는 방법 중의 하나로, 달갑게 여겨주지 아니함으로 가르쳐 주는 것이
다. 『孟子』, 「告子下」, 十六章 참고.

이하는 어떤 德이 있으면 어떤 병폐가 있고, 어떤 병폐가 있으면 반드시 어떤 德이 있는 것이다. 그러므로 잘 차고 잘 무는 말은 반드시 잘 달리고, 잘 달리지 못하는 말은 반드시 馴한 것이니, 어떤 병폐만 있고 어떤 德이 없으면 천하에 버려질 재목이다."

⑰子曰學如不及이요猶恐失之니라

孔子께서 말씀하시기를 배움은 미치지 못할 듯이 하고 오히려 잃을까 두려워해야 한다

言人之爲學이旣如有所不及矣요而其心은猶悚然하여惟恐其或失之니警學者當如是也라○程子曰學如不及猶恐失之는不得放過17)니才18)說姑待明日이면便不可也니라

—

사람이 學問을 함이 처음부터 미치지 못할 바가 있는 듯이 하고 그 마음은 오히려 긴장하여 오직 혹시라도 잃어버릴까 두려워함을 말한 것이니 배우는 자가 당연히 이와 같아야 함을 깨우치신 것이다. ○ 程子가 말하였다. "배움은 미치지 못할 듯이 하고 오히려 잃을까 두려워해야 함은 放過해서는 안되는 것이니, 잠깐이라도 우선 내일을 기다린다고 말하면 곧 옳지 못한 것이다."

⑱子曰巍巍乎舜禹之有天下也而不與에焉이여

---

17) 放過 : 이럭저럭 지나가는 것.

18) 才 : 纔. 겨우, 잠깐.

孔子께서 말씀하시기를 높고 크도다 舜임금과 禹임금의 천하를 소유
하시되 關與하지 않으심이여

巍巍는高大之貌라不與는猶言不相關이니言其不以位爲樂也라

—

巍巍는 높고 큰 모습이다. 不與는 상관하지 않는다는 말과 같으니,
(天子의) 位를 가지고 즐거움으로 삼지 아니함을 말한다.

---

⑲子曰大哉라堯之爲君也여巍巍乎唯天이爲大어시늘
唯堯則^칙之하시니蕩蕩乎民無能名焉이로다

孔子께서 말씀하시기를 크도다 堯임금의 임금되심이여 높고 높은 하늘
만이 위대하시거늘 오직 堯임금만이 본받으셨으니 한없이 넓어서 사람
들이 이름 지을 수 없구나

唯는猶獨也라則은猶準也라蕩蕩은廣遠之稱也라言物之高大莫
有過於天者어늘而獨堯之德이能與之準故로其德之廣遠이亦如
天之不可以言語形容也라

—

唯는 오직과 같다. 則은 기준과 같다. 蕩蕩은 넓고도 멂을 칭함이
다. 事物 중에서 높고도 큼이 하늘보다 더 지나치는 것은 있지 아
니하거늘, 유독 堯임금의 德이 그 하늘과 더불어서 같을 수 있기
때문에 그 德의 넓고도 멂이 역시 하늘처럼 언어를 가지고 형용할
수 없음을 말한 것이다.

巍巍乎其有成功也여煥乎其有文章이여

높고도 높도다 그 功業을 이룸이여 찬란하도다 그 文章을 이룸이여

成功은事業也라煥은光明之貌요文章은禮樂法度也니堯之德을不可名이요其可見者는此爾라○尹氏曰天道之大無爲而成하니唯堯則칙之하여以治天下라故로民無得而名焉이요所可名者는其功業文章이巍然煥然而已니라

成功은 사업이다. 煥은 빛나고 밝은 모습이다. 文章은 禮樂과 법도이니 堯임금의 德은 이름 지을 수 없고, 볼 수 있는 것은 이것일 뿐이다. ○ 尹氏가 말하였다. "하늘의 道가 커서 아무 하는 것 없이 다 이루어지니 堯임금만이 그것을 본받아서 천하를 다스렸는지라 그러므로 백성들이 이름 지을 수 없고, 이름 지을 수 있는 것은 그 功業과 禮樂 법도 등이 높고도 찬란함 뿐인 것이다."

⑳舜이有臣五人而天下治하니라

舜임금은 신하 다섯 사람을 두고도 천하가 태평하였다

五人은禹稷契설皐陶요伯益이라

다섯 사람은 禹와 稷과 契설과 皐陶고요와 伯益이다.

武王이曰予有亂臣十人호라

武王이 말씀하시기를 나는 다스리는 신하 열 사람을 두었노라

書泰誓之辭라馬氏曰亂은治也라十人은謂周公旦召公奭太公
望畢公榮公太顚閎天散宜生南宮适이요其一人은謂文母[19]라劉
侍讀은以爲子無臣母之義니蓋邑姜[20]也니九人은治外하고邑姜은
治內니라或曰亂은本作乿니古治字也라

—

『書經』「泰誓」篇의 말이다. 馬氏는 "亂은 다스림이다. 十人은 周
公 旦, 召公 奭, 太公 望, 畢公, 榮公, 太顚, 閎天, 散宜生, 南
宮适이고, 그 한 사람은 武王의 어머니 文母이다."라고 하였다. 劉
侍讀은 "자식이 어머니를 신하로 삼는 의리는 없는 것이니 아마도
邑姜일 것이다. 아홉 사람은 바깥을 다스리고 邑姜은 안을 다스린
것이다."라고 하였다. 어떤 사람은 "亂은 본래 乿字로 쓴 것이니
옛날 治字이다."라고 하였다.

孔子曰才難[21]이不其然乎아唐虞[22]之際於斯爲盛하
니有婦人焉이라九人而已니라

---

19) 文母 : 文王의 부인이자 武王의 어머니이다. 文王이 諡號를 文을 사용하니 그의 부인도
   文을 쓴 것이다.
20) 邑姜 : 武王의 부인.
21) 才難 : 得人才之難, 인재 얻기가 어렵다.
22) 唐虞 : 堯唐 虞舜, 堯임금과 舜임금.

孔子께서 말씀하시기를 인재 얻기가 어렵다는 말이 그렇지 아니하냐 唐
虞 시대에는 이때보다 盛하였으나 부인이 있는지라 아홉 사람일 뿐이다

稱孔子者는上係武王君臣之際일새記者謹之라才難은蓋古語니
而孔子然之也라才者는德之用也라唐虞는堯舜有天下之號라際
는交會之間이라言周室人才之多惟唐虞之際야乃盛於此요降自
夏商으로皆不能及이라然이나猶但有此數人爾니是才之難得也라
—

孔子라고 칭한 것은 위로 武王·君臣 간의 시대와 연결되었기 때문
에 기록한 사람이 조심한 것이다. 才難은 아마도 옛날 말이니 孔子
께서 그 말을 긍정하신 것이다. 才는 德의 응용이다. 唐虞는 堯임
금, 舜임금이 천하를 소유함의 칭호이다. 際는 서로 만나는 즈음이
다. 周나라의 인재 많음이 오직 唐虞의 때만이 곧 이보다도 많았고
내려와서 夏나라, 商나라로부터는 모두 미칠 수 없었다. 그러나 오
히려 단지 이 몇 사람이 있었을 뿐이니 이것은 인재 얻기가 어려움
을 말한 것이다.

三分天下에有其二하시어以服事殷하시니周之德23)은其
可謂至德也已矣로다
천하를 三分하여 그 둘을 소유하여서 그것으로 殷나라에 심복하여 섬
기셨으니 周나라의 德은 지극한 德이라고 말할 수 있다

---

23) 周之德 : 文王의 德이다.

春秋傳에曰文王이率商之畔國하여以事紂라하니蓋天下에歸文王者六州니荊梁雍豫徐揚也요惟靑兗冀尙屬紂耳라范氏曰文王之德이足以代商이요天與之人歸之어늘乃不取而服事焉하니所以爲至德也라孔子因武王之言하여而及文王之德하고且與泰伯으로皆以至德으로稱之하니其指微矣니라或曰宜斷三分以下하여別以孔子曰로起之하여而自爲一章이니라

—

『春秋傳』에 '文王이 商나라에 배반한 나라들을 거느려서 紂를 섬겼다.'라고 기록되어 있으니 그 당시 천하에서 文王에게 돌아온 것이 여섯 州이니, 荊州, 梁州, 雍洲, 豫州, 徐州, 揚州이고 오직 靑州, 兗州, 冀州만이 아직 紂에게 속했을 뿐이었다. 范氏가 말하였다. "文王의 德이 충분히 商나라를 대신할 수 있었고, 하늘이 그에게 주었고 백성이 그에게 돌아왔거늘 그런데도 취하지 아니하고 심복하여 섬겼으니, 至德이 되는 이유이다. 孔子께서 武王의 말로 인해서 文王의 德을 언급하시고 또 泰伯과 함께 모두 至德으로 칭찬하셨으니 그 뜻이 隱微하다." 혹자가 말하였다. "당연히 三分天下 이하의 구절을 끊어서 별도로 孔子曰이라고 일으켜서 나름대로 一章을 만들어야 한다."

㉑子曰禹는吾無間然矣로다菲飮食而致孝乎鬼神하시며惡衣服而致美乎黻冕하시며卑宮室而盡力乎溝洫하시니禹는吾無間然矣로다

孔子께서 말씀하시기를 禹임금은 내 흠잡을 수 없도다 자기의 음식은

보잘것없게 하시고 귀신에게는 孝를 극진히 하시며 자기의 옷은 粗惡
하게 하시고 祭服인 黻冕은 아름다움을 극진하게 하시며 집은 낮게
하시고 농사의 물길에는 힘을 다하시니 禹임금은 내 흠잡을 수 없도다

間은 罅隙也니 謂指其罅隙하여 而非議之也라 菲는 薄也라 致孝鬼神
은 謂享祀豐潔이라 衣服은 常服이라 黻은 蔽膝也니 以韋爲之요 冕은 冠
也니 皆祭服也라 溝洫은 田間水道니 以正疆界備旱潦者也라 或豐
或儉을 各適其宜라 所以無罅隙之可議也라 故로 再言以深美之라
○楊氏曰 薄於自奉하고 而所勤者民之事요 所致飾者宗廟朝廷
之禮니 所謂有天下而不與^예也라 夫何間然之有리오

間은 틈이니 그 틈을 지적해서 나쁘게 거론함을 말한다. 菲는 엷음
이다. 귀신에게는 孝를 극진히 함은 제사를 풍성하고 깨끗하게 지냄
을 말한다. 衣服은 평소에 입는 옷이다. 黻은 무릎 가리개이니 가
죽으로 만들고 冕은 冠이니 모두 祭服이다. 溝洫은 전답 사이의
물길이니 경계를 바로잡고 가뭄과 장마에 대비하는 것이다. 때로는
풍성하게 하고 때로는 검소하게 하기를 각각 마땅함에 적합하게 하
는지라 하자를 거론할 수 없는 까닭이다. 그러므로 두 번이나 말씀
하시어 깊이 칭찬하신 것이다. ○ 楊氏가 말하였다. "스스로의 봉
양은 엷게 하고 부지런히 한 것은 백성의 일이고, 修飾을 극진히
한 것은 宗廟, 朝廷의 禮였으니 이른바 천하를 소유하고도 關與하
지 아니한 것이다. 대저 무슨 흠잡을 것이 있으리오"

子罕第九

凡三十章이라

—

합해서 삼십 章이다.

① 子는 罕言利與命與仁이러시다

孔子께서는 利와 命과 仁을 드물게 말씀하시었다

罕은 少也라 程子曰計利則害義요 命之理微하고 仁之道大하니 皆夫
子所罕言也시니라

—

罕은 적음이다. 程子가 말하였다. "이익을 계산하면 의리를 해치며,
天命의 이치는 隱微하고 仁의 道는 크니 모두가 孔子께서 드물게
말씀하신 것이다."

② 達巷黨人이 曰大哉라 孔子여 博學而無所成名이로다

達巷黨의 사람이 말하기를 대단하다 孔子여 학문은 넓으나 명예를 이
룰 것은 없도다

達巷은 黨1)名이니 其人姓名은 不傳이라 博學而無所成名은 蓋美其
學之博이로되 而惜其不成一藝之名也라

—

達巷은 鄕里[黨]의 명칭이니 그 사람의 성명은 전해지지 않는다.
학문은 넓으면서도 명예를 이룰 것은 없음은 대개 그 학문의 넓은
것은 칭찬하면서도 한가지 技藝로 명예를 이루지 못하였음을 애석
하게 여긴 것이다.

---

1) 黨 : 행정구역의 한 단위. 五百家를 黨이라 한다.

子聞之하시고謂門弟子曰吾何執고執御乎아執射乎아
吾執御矣로리라

孔子께서 들으시고 門下 弟子들에게 일러 말씀하시기를 내가 무엇을
행하리오 말 모는 것을 해 볼까 활쏘기를 해 볼까 내 말 모는 것을 행
하리라

執은專執也라射御皆一藝로되而御爲人僕이니所執이尤卑라言欲
使我로何所執以成名乎아然則吾將執御矣라하니聞人譽己를承
之以謙也라○尹氏曰聖人은道全而德備하여不可以偏長으로目
之也라達巷黨人이見孔子之大하고意其所學者博이로되而惜其不
以一善으로得名於世하니蓋慕聖人而不知者也라故로孔子曰欲
使我何所執而得爲名乎오然則吾將執御矣라호라

—

執은 오로지 행함이다. 활쏘기와 말 모는 것이 모두 한 가지 技藝
이지만 말 모는 것은 남의 종이 되는 것이니 행하는 것이 더욱 보
잘것없다. '나로 하여금 어떤 것을 행해서 이름을 이루게 하고자 하
는가. 그렇다면 내 장차 말 모는 것을 행하리라.'라고 말씀하시니 남
에게 소문이 나고 자신을 명예롭게 하기를 겸손으로써 이어받으신
것이다. ○ 尹氏가 말하였다. "聖人은 道가 완전하고 德이 완비되
어 한쪽의 장점만을 가지고 지목할 수는 없다. 達巷黨의 사람이 孔
子의 위대함을 보고 배운 것은 넓지만 한 가지 잘하는 것으로 세상
에 이름을 얻지 못한 것을 애석하게 생각하였으니 대체로 聖人을

사모하면서도 알지 못하는 사람이다. 그러므로 孔子께서 '나로 하여
금 어떤 것을 행해서 명예를 얻으라 하는가. 그렇다면 내 장차 말
모는 것을 행하리라.'라고 말씀하신 것이다."

---

③子曰麻冕2)이禮也어늘今也純하니儉이라吾從眾하리라

孔子께서 말씀하시기를 麻로 만든 冕이 禮이거늘 지금은 純으로 만드
니 검소한지라 내 大眾을 따르리라

麻冕은緇布冠也라純은絲也라儉은謂省約이라緇布冠은以三十升
布로爲之니升이八十縷면則其經이二千四百縷矣라細密難成하여
不如用絲之省約이라

—

麻冕은 緇布冠이다. 純은 면실이다. 儉은 생략된 것을 말한다. 緇
布冠은 30새3) 베로 만드니 한 새가 여든 올이면 그 날줄이 이천사
백 올이다. 가늘고 촘촘하여 만들기 어려우니 면실을 사용하여 생략
함만 같지 못하다.

拜下禮也어늘今拜乎上하니泰也라雖違眾이나吾從下하리라

堂下에서 절함이 禮이거늘 지금은 堂上에서 절하니 교만함이다 비록
대중을 어기나 내 堂下를 따르리라

---

2) 麻冕 : 삼베로 만든 緇布冠(선비가 평소에 집에서 쓰는 冠).
3) 새 : 베, 무명, 비단 등의 날을 세는 단위. 한 새는 날실 여든 올이다.

臣이與君行禮에當拜於堂下요君이辭之라야乃升成拜라泰는驕慢也라○程子曰君子處世에事之無害於義者면從俗이可也요害於義則不可從也니라

—

신하가 임금과 禮를 행할 적에 마땅히 堂下에서 절해야 하고, 임금이 사양하고서야 곧 올라가서 절을 이루는 것이다. 泰는 교만이다. ○ 程子가 말하였다. "군자가 처세할 적에 일이 의리에 방해됨이 없으면 풍속을 따르는 것도 괜찮으나 의리에 방해되면 따라서는 안된다."

———————

④子絶四러시니毋意毋必毋固毋我러시다

孔子께서는 네 가지가 없으셨으니 底意도 없으며 期必도 없으며 固執도 없으며 私己도 없으셨다

———————

絶은無之盡者라毋는史記에作無하니是也라意는私意也요必은期必也요固는執滯也요我는私己也니四者相爲終始하니起於意하여遂於必하고留於固하여而成於我也라蓋意必은常在事前하고固我는常在事後며至於我요又生意면則物欲牽引이循環不窮矣라○程子曰此毋字는非禁止之辭니聖人絶此四者에何用禁止리요張子曰四者에有一焉이면則與天地不相似니라楊氏曰非知足以知聖人하여詳視而黙識之면不足以記此니라

—

絶은 없음의 다함이다. 毋는 『史記』에 無로 쓰여 있으니 옳다. 意는 私意이고 必은 期必이고 固는 固執하여 막힘이고 我는 개인적

인 자기이다. 네 가지가 서로 시작과 끝이 되니, 私意에서 일어나서
期必을 이루고 固執에 얽매여서 私我를 이루는 것이다. 대개 意와
必은 언제나 일의 앞에 있고 固와 我는 항상 일의 뒤에 있는 것이
며, 我에까지 이르고 또 私意가 생기면 물욕의 끌어당김이 순환하
며 끝이 없다. ○ 程子가 말하였다. "여기의 毋는 금지사가 아니다.
聖人이 이 네 가지를 없게 하는 데 어찌 금지를 쓰겠는가." 張子
가 말하였다. "네 가지에서 한 가지라도 있으면 천지의 德과 더불
어 서로 같지 않다." 楊氏가 말하였다. "지혜가 충분히 聖人을 알
아서 상세히 보고 말없이 인식하지 않으면 이렇게 기록할 수 없다."

---

⑤子畏於匡이러시니

孔子께서 匡 땅에서 조심하시었더니

畏者는有戒心之謂라匡은地名이라史記云陽虎曾暴ᄝ於匡이러니夫
子貌似陽虎故로匡人이圍之라

—

畏는 경계하는 마음이 있음을 이름이다. 匡은 지명이다. 『史記』에
"陽虎가 일찍이 匡 땅에서 포악했는데 孔子의 모습이 陽虎와 흡
사했기 때문에 匡 땅 사람들이 孔子를 포위했다."고 기록되어 있다.

曰文王이旣沒하시니文不在玆乎아

말씀하시기를 文王이 이미 돌아가셨으니 그 文이 여기에 있지 아니하냐

道之顯者를謂之文이니蓋禮樂制度之謂라不曰道而曰文은亦謙
辭也라兹는此也니孔子自謂라

—

道가 드러난 것을 文이라고 말하니, 대개 禮樂制度를 이른다. 道
라고 말하지 아니하고 文이라고 말한 것은 역시 謙辭이다. 兹는
此이니 孔子께서 스스로를 말씀하신 것이다.

天之將喪斯文也신댄後死者不得與^예於斯文也어니와
天之未喪斯文也시니匡人이其如予^에何리오
하늘이 장차 이 文을 없애려 하실진댄 뒤에 죽을 자가 이 文에 참여할
수 없으려니와 하늘이 이 文을 없애지 아니하시니 匡 땅 사람들이 그
내게 어찌 하겠느냐

馬氏曰文王이旣沒故로孔子自謂後死者라言天若欲喪此文인댄
則必不使我로得與於此文이어니와今我旣得與於此文이면則是는
天이未欲喪此文也니天이旣未欲喪此文이면則匡人이其奈我何
리오言必不能違天害己也라

—

馬氏가 말하였다. "文王이 이미 돌아가셨기 때문에 孔子께서 스스
로를 뒤에 죽을 자라고 말씀하신 것이다." 하늘이 만약 이 文을 없
애고자 했을진대는 반드시 나로 하여금 이 文에 참여하지 못하게
했을 터이지만 지금 내가 이미 이 文에 참여하였으니 이는 하늘이
이 文을 없애고자 하지 아니하심이다. 하늘이 이미 이 文을 없애고

자 하지 아니하셨다면 匡 땅 사람들이 나를 어떻게 하겠느냐고 말씀하신 것이다. 반드시 하늘을 어기면서 자기를 해칠 수 없음을 말씀하신 것이다.

⑥大宰問於子貢曰夫子는聖者與아何其多能也오

太宰가 子貢에게 물어 말하기를 선생님은 聖者이신가 어떻게 그렇게 能한 것이 많으신고

孔氏曰大宰는官名이니或吳或宋을未可知也라與者는疑辭라大宰는蓋以多能으로爲聖也라

—

孔氏가 말하였다. "太宰는 벼슬이름이니 어쩌면 吳나라인지 어쩌면 宋나라인지는 알 수 없다." 與는 의문사이다. 太宰는 아마도 能한 것이 많음을 聖이라고 여긴 듯하다.

子貢이曰固天縱之將聖이시고又多能也시니라

子貢이 말하기를 진실로 하늘이 쏟아놓으신 거의 聖人이시고 또 能한 것이 많으시다

縱은猶肆也니言不爲限量也라將은殆也니謙若不敢知之辭라聖은無不通이요多能은乃其餘事라故로言又以兼之라

—

縱은 쏟아놓음과 같으니 量을 限界할 수 없음을 말한다. 將은 거의이니 겸손하여 마치 감히 알지 못하는 것처럼 한 말이다. 聖은 통하지 아니함이 없고 多能은 곧 聖의 나머지 일이다. 그러므로 又字를 써서 겸한 것임을 말하였다.

子聞之曰大宰知我乎인저**吾少也**에**賤故**로**多能鄙事**하니**君子**는**多乎哉**아**不多也**니라

孔子께서 들으시고 말씀하시기를 太宰가 나를 아는구나 내가 젊었을 적에 微賤하였기 때문에 자질구레한 일에 能한 것이 많으니 군자는 많은가 많지 않느니라

言由少賤故로**多能**이요**而所能者鄙事爾**니**非以聖而無不通也**요**且多能**이**非所以率人故**로**又言君子**는**不必多能**하여**以曉之**라

—

어려서 천한 이유 때문에 能한 것이 많고 能한 것도 비루한 일뿐이었음을 말씀하신 것이다. 聖이라서 통하지 못함이 없는 것이 아니고 또 能한 것이 많음이 사람을 거느리는 조건이 아니기 때문에 군자는 能한 것이 많을 필요가 없다고 다시 말씀하시어 깨우쳐 주신 것이다.

牢曰子云吾不試故로**藝**[4]라하시니라

---

[4] 藝 : 자질구레한 일에 多能함.

牢가 말하기를 孔子께서 이르시되 내가 쓰이지 못하였기 때문에 藝스럽다 하시었다

牢는 孔子弟子니 姓은 琴이요 字는 子開며 一字는 子張이라 試는 用也라 言由不爲世用故로 得以習於藝而通之라 ○吳氏曰弟子記夫子此言之時에 子牢因言昔之所聞이有如此者라하니 其意相近故로 幷記之니라

—

牢는 孔子 제자이니 성은 琴이고 字는 子開이며 또 다른 字는 子張이다. 試는 쓰임이다. 세상에 쓰임이 되지 못한 이유 때문에 藝를 익히어 통할 수 있었음을 말씀하신 것이다. ○ 吳氏가 말하였다. "제자들이 孔子의 이 말을 기록할 때에 子牢가 마침 '옛날에 들은 것이 이와 같은 말이 있다.'고 말을 하니 그 뜻이 서로 비슷하기 때문에 함께 기록하였다."

⑦子曰吾有知乎哉아 無知也로라 有鄙夫問於我하되 空空如也라도 我叩其兩端而竭焉하노라

孔子께서 말씀하시기를 내가 아는 것이 있느냐 아는 것이 없노라 어떤 보잘것없는 남자가 있어 나에게 묻되 텅텅 빈 듯하여도 나는 그 양쪽 端緖를 설명하면서 최선을 다 하노라

孔子謙言己無知識이로되 但其告人엔 雖於至愚라도 不敢不盡耳라 叩는 發動也라 兩端은 猶言兩頭니 言終始本末上下精粗를 無所

不盡이라 ○程子曰聖人之敎人은俛就[5]之若此하여猶恐衆人이以
爲高遠而不親也요聖人之道는必降而自卑하니不如此면則人不
親이요賢人之言은則引而自高하니不如此則道不尊이니觀於孔子
孟子에可見矣니라尹氏曰聖人之言은上下兼盡하여卽其近이면衆
人도皆可與[예]知요極其至면則雖聖人이라도亦無以加焉이니是之謂
兩端이니如答樊遲之問仁智하여兩端竭盡이요無餘蘊矣니라若夫
語上而遺下하고語理而遺物이면則豈聖人之言哉리요

—

孔子께서 겸손하게 말씀하시면서 자기는 지식은 없으나 단지 남에
게 告해 줄 적에는 비록 (그 사람이) 지극히 어리석다 할지라도 감
히 극진히 하지 아니함이 없으셨다. 叩는 始動을 거는 것이다. 兩
端은 兩頭와 같은 말이니 마지막과 시작, 뿌리와 끝, 위와 아래, 정
밀하고 거친 것을 극진히 하지 아니함이 없음을 말하는 것이다. ○
程子가 말하였다. "聖人의 사람 가르침은 굽혀서 나아가기를 이와
같이 해서 오히려 사람들이 높고 멀다고 여겨 가까이하지 못할까
두려워하는 것이다. 聖人의 道는 항상 내리고 스스로 낮추니 이와
같이 하지 아니하면 사람들이 친근하지 못하고, 현인의 말은 끌어올
리고 스스로 높이니 이와 같이 하지 아니하면 道가 높아지지 아니
하는 것이니 孔子와 孟子에서 관찰해 보면 알 수 있다." 尹氏가
말하였다. "聖人의 말씀은 위아래가 겸해서 극진하여 가까운 곳으
로 나아가면 衆人들도 모두 아는 데에 참여할 수 있고 최고의 이치
를 끝까지 하면 비록 聖人이라 하더라도 역시 더할 수가 없으니 이
것을 兩端이라고 말하는 것이다." 예를 들면 樊遲의 仁과 智의 물

---

5) 俛就 : 가르치는 사람이 자신의 수준을 낮추어 상대의 수준과 맞추어 이야기하는 것.

음에 대답하는 것과 같아서 양쪽 끝을 다 말해주고 남겨 쌓아 둔 것이 없다. 만약에 높은 이치는 말하고 낮은 이치는 빠뜨리고, 원리는 이야기하면서 대상은 빠뜨리면 어찌 聖人다운 말이겠느냐.

---

⑧子曰鳳鳥不至하며河不出圖하니吾已矣夫인저
孔子께서 말씀하시기를 鳳새도 이르지 아니하며 河水에 그림도 나오지 아니하니 나는 끝이로다

鳳은靈鳥니舜時來儀6)요文王時에鳴於岐山이라河圖는河中龍馬負圖요伏羲時出하니皆聖王之瑞也라已는止也라○張子曰鳳至圖出은文明之祥이니伏羲舜文之瑞요不至則夫子之文章7)이知其已矣니라

—

鳳은 신령스러운 새이니 舜임금 때 와서 모습을 보였고 文王 때 岐山에서 울었다. 河圖는 河水 가운데에서 龍馬가 그림을 짊어지고 나온 것이다. 伏羲 때에 나왔으니 모두 聖王의 吉兆이다. 已는 그침이다. ○ 張子가 말하였다. "鳳새가 이르고 그림이 나오는 것은 文明의 吉祥이니 伏羲, 舜임금, 文王 때의 좋은 徵兆이고, 이르지 아니하면 孔子의 文章은 끝임을 아는 것이다."

---

⑨子見齊衰8)者와冕衣裳者와與瞽者하시고見之에雖少

---

6) 來儀 : 『書經』「虞書」益稷篇의 '簫韶九成 鳳凰來儀' 참고.
7) 文章 : 禮樂·制度 등을 가리킨다.

나 必作하시며 過之必趨러시다

孔子께서 齊衰 입은 사람과 冕을 쓰고 衣裳을 갖춘 사람과 장님을 보시고 보심에 비록 젊다 할지라도 반드시 일어서시며 지나심에 반드시 빨리 가시었다

齊衰는 喪服이라 冕은 冠也라 衣는 上服이요 裳은 下服이니 冕而衣裳은 貴者之盛服也라 瞽는 無目者라 作은 起也라 趨는 疾行也라 或曰少는 當作坐라○范氏曰聖人之心은 哀有喪尊有爵矜不成人하니 其 作與趨는 蓋有不期然而然者니라 尹氏曰此는 聖人之誠心이 內外 一者也니라

齊衰는 喪服이다. 冕은 冠이고 衣는 윗옷이고 裳은 아래옷이니 冠을 쓰고 윗옷 아래옷을 차려입었음은 귀한 자의 盛裝이다. 瞽는 눈이 없는 사람이다. 作은 일어남이다. 趨는 빨리 감이다. 어떤 사람은 "少는 坐로 써야 한다."고 하였다. ○ 范氏가 말하였다. "聖人의 마음은 喪 당한 사람을 슬퍼하고 벼슬이 높은 사람을 존경하고 완전치 못한 사람을 불쌍하게 여기니 그 일어나고 빨리 가는 것은 대체로 그렇기를 기약하지 아니해도 그렇게 됨이 있는 것이다." 尹氏가 말하였다. "이는 聖人의 진실된 마음이 안팎이 같아서이다."

⑩顔淵이 喟然歎曰仰之彌高하며 鑽之彌堅하며 瞻之在

---

8) 齊衰 : 喪服의 일종으로 斬衰보다는 덜 거친 삼베로 만들며 옷의 가장자리를 꿰맨다. 斬衰는 가장 거친 삼베로 만들며 옷의 가장자리를 꿰매지 않고 그대로 두어서 옷 끝이 너덜너덜하다.

前이러니 忽焉在後로다

顔淵이 소리내어 탄식하며 말하기를 우러름에 더욱 높으며 뚫으려 함
에 더욱 견고하며 바라봄에 앞에 있더니 문득 뒤에 있도다

喟는 歎聲이라 仰彌高는 不可及이요 鑽彌堅은 不可入이요 在前在後는
恍惚不可爲象이라 此는 顔淵이 深知夫子之道無窮盡無方體하고
而歎之也라

—

喟는 탄식하는 소리이다. 우러름에 더욱 높음은 미칠 수 없는 것이고
뚫음에 더욱 견고함은 들어갈 수 없는 것이고 앞에 있다 뒤에 있다
함은 황홀해서 형상할 수 없는 것이다. 이 말은 顔淵이 孔子의 道가
끝도 없고 形體도 없음을 깊이 알고 탄식한 것이다.

夫子循循然善誘人하시어 博我以文하시고 約我以禮하시
니라

선생님께서는 차례차례 사람을 잘 인도하시어 나를 文으로써 넓히시고
나를 禮로써 約하게 하시었다

循循은 有次序貌라 誘는 引進也라 博文約禮는 敎之序也라 言夫子
道雖高妙로되 而敎人有序也라 ○侯氏曰 博我以文은 致知格物
也요 約我以禮는 克己復禮也니라 程子曰 此는 顔子稱聖人最切當
處니 聖人敎人은 唯此二事而已니라

—

循循은 차례와 질서가 있는 모습이다. 誘는 이끌어서 나아가게 함이다. 博文約禮는 가르치는 순서이다. 孔子의 道는 비록 높고도 오묘하지만 사람을 가르침에는 순서가 있음을 말한 것이다. ○ 候氏가 말하였다. "나를 文으로써 넓히심은 致知와 格物이고 나를 禮로써 約하게 하심은 私欲을 극복하여 본연의 禮를 회복하는 것이다." 程子가 말하였다. "이는 顏子가 聖人을 일컬음이 가장 절실하고 합당한 곳이니 聖人이 사람을 가르치는 것은 오직 이 두 가지 일일 뿐이다."

欲罷不能하여旣竭吾才하니如有所立이卓爾라雖欲從之나末由也已로다

그만두고자 하나 능치 못하여 이미 나의 재주를 다하니 마치 서 있는 것이 우뚝하게 있는 듯한지라 아무리 따르고자 하나 말미암을 데가 없도다

卓은立貌라末은無也라此는顏子自言其學之所至也니蓋悅之深而力之盡에所見이益親이로되而又無所用其力也라吳氏曰所謂卓爾는亦在乎日用行事之間이요非所謂窈冥昏默9)者니라程子曰到此地位에工夫尤難하니直是峻絶이요又大段著力不得이니라楊氏曰自可欲之謂善으로充而至於大10)는力行之積也요大而

---

9) 窈冥昏默 : 黃帝가 道敎의 전설적 신선인 廣成子와 나눈 대화에서 유래하여, 道는 아득하고 깊고 어둑하면서 조용함에서 나옴을 말한다. 『莊子』, 「在宥」篇, 至道之精 窈窈冥冥, 至道之極 昏昏黙黙 참고.

10) 可欲之謂善 充而至於大 : 孟子가 樂正子에 대해 浩生不害와 나눈 대화에 나온 말로서 학자가 聖人의 경지에 이르는 과정을 이른다. 『孟子』, 「盡心章句下」 참고.

化之則非力行所及矣라此顏子所以未達一間也니라○程子曰
此는顏子所以爲深知孔子而善學之者也니라胡氏曰無上事而
喟然嘆이니此는顏子學旣有得故로述其先難之故와後得之由하
여而歸功於聖人也라高堅前後는語道體也요仰鑽瞻忽은未領其
要也라惟夫子는循循善誘하여先博我以文하여使我로知古今達事
變이요然後에約我以禮하여使我로尊所聞行所知11)하여如行者之
赴家하고食者之求飽라是以로欲罷而不能하고盡心盡力하여不少
休廢라然後에見夫子所立之卓然하고雖欲從之나末由也已니是
蓋不息所從하여必求至乎卓立之地也니라抑斯歎也는其在請事
斯語12)之後어나三月不違13)之時乎인저

—

卓은 서 있는 모습이다. 末은 없음이다. 이 글은 顏子가 그 학문의
이른 바를 스스로 말한 것이다. 대체로 기뻐하기를 깊이 하고 힘쓰기
를 다함에 보이는 것이 더욱 가까워졌지만 또 그 힘을 쓸 곳이 없는
것이다. 吳氏가 말하였다. "이른바 卓爾는 역시 일상생활 속 일을
행하는 사이에 있는 것이지 이른바 캄캄하고 어두운 침묵 속에 있다
는 것은 아니다." 程子가 말하였다. "이런 지위에 도착하면 공부가
더욱 어려운 것이니 바로 깎아지른 절벽이고 또 큰 단계라 힘을 붙일
수 없는 것이다." 楊氏가 말하였다. "可欲之謂善으로부터 확충하여
大에 이르도록까지는 힘써 행함의 쌓임이고 大에서 化를 하는 것은
힘써 행함의 미치는 바가 아니다. 이것이 顏子가 한 칸 미달한 까닭

---

11) 尊所聞行所知 : 듣는 수준을 높여 주고 아는 바를 행하게 하다.

12) 請事斯語 : 孔子와 顏淵이 仁에 대해 대화를 나눌 때 孔子께서 克己復禮하는 조목을
　　말씀하시자 顏淵이 한 대답이다.「顏淵」篇, 一章 '顏淵曰 回雖不敏 請事斯語矣' 참고.

13) 三月不違 : 孔子께서 顏子를 칭찬하여 하신 말씀이다.「雍也」篇, 五章 '回也 其心 三
　　月不違仁' 참고.

이다." ○ 程子가 말하였다. "이는 顔子가 孔子를 깊이 알아서 잘 배우게 된 이유이다." 胡氏가 말하였다. "위로 일삼을 것이 없어서 소리내어 탄식한 것이니 이것은 顔子의 학문이 이미 깨달은 것이 있기 때문에 어려운 것을 먼저 하는 이유와 얻는 것은 뒤로 여기는 이유를 기술해서 聖人에게 功을 돌린 것이다. 높고 견고하고 앞에 있다가 뒤에 있다고 한 것은 道의 본체를 말한 것이고 우러르고 뚫고 바라보고 갑자기라고 한 것은 그 요점을 이해하지 못한 것이다. 오직 孔子께서는 질서 있게 잘 誘導하여 먼저 나를 文을 가지고 넓혀서 나로 하여금 옛날과 오늘날 일어난 일의 변화를 알게 하고 그렇게 한 뒤에 나를 禮를 가지고 요약해서 나로 하여금 듣는 수준을 높여주고 아는 바를 행하게 해서 마치 여행하는 사람이 집으로 돌아가고 밥 먹는 사람이 배부르기를 구하는 것과 같이 하게 하셨다. 이 때문에 그만두고자 해도 能치 못하고, 마음을 다하고 힘을 다해서 조금도 쉬거나 폐하지 않았다. 연후에 孔子께서 서 있는 것이 우뚝함을 발견하고는 아무리 따르려 하나 말미암을 데가 없었다. 이런 것은 대체로 좇는 바에 게을리하지 아니해서 반드시 우뚝한 곳에 이르기를 원하는 것이다. 아마도 이 탄식은 請事斯語의 뒤에 있었거나 三月不違의 시기에 있었을 것이다."

⑪子疾病이어시늘 子路使門人으로 爲臣이러니
孔子께서 병을 앓으셨거늘 子路가 門人으로 하여금 家臣이 되게 하였더니

夫子時已去位하여無家臣일새子路欲以家臣으로治其喪하니其意
實尊聖人이로되而未知所以尊也라

—

孔子께서 당시에 이미 벼슬에서 떠나 家臣이 없었기 때문에 子路가
家臣으로써 그 喪을 치르게 하고자 했으니 그 뜻은 실제로 聖人을
존대하려 하였으나 존대하는 방법을 알지 못한 것이다.

病間曰久矣哉라由之行詐也여無臣而爲有臣하니吾
誰欺오欺天乎인저
병이 조금 차도가 있으심에 말씀하시기를 오래되었구나 由의 속임을
행함이여 신하가 없어야 할 것인데 신하가 있게 하였으니 내가 누구를
속일고 하늘을 속일까

病間은少差也라病時에不知라가旣差에야乃知其事故로言我之不
當有家臣을人皆知之하니不可欺也어늘而爲有臣이면則是欺天而
已라人而欺天이莫大之罪니引以自咎하여其責子路深矣라

—

病間은 조금 차도가 있는 것이다. 아플 때에는 알지 못하다가 이미
조금 차도가 있고서야 곧 그 일을 아셨기 때문에, 내가 家臣을 두
는 것이 부당함을 사람마다 다 알고 있으니 속일 수 없는 것이거늘
그런데도 家臣을 둔다면 이것은 하늘을 속일 뿐임을 말씀하신 것이
다. 사람이면서 하늘을 속이는 것이 막대한 죄이니 이끌어서 스스로
허물하시어 子路 꾸짖기를 깊이 하신 것이다.

且予與其死於臣之手也론無寧死於二三子之手乎아
且予縱不得大葬이나予死於道路乎아

또 내가 家臣의 손에 죽는 것보다는 너희들의 손에 죽음이 차라리 낫지
아니하랴 또 내 비록 大葬은 얻지 못하나 내 道路에서 죽으랴

無寧은寧也라大葬은謂君臣禮葬이라死於道路는謂棄而不葬이라
又曉之以不必然之故라○范氏曰曾子將死에起而易簀[14]曰吾
得正而斃焉이면斯已矣라하니子路欲尊夫子로뒤而不知無臣之不
可爲有臣이라是以로陷於行詐하여罪至欺天하니君子之於言動에
雖微나不可不謹이라夫子深懲子路는所以警學者也니라楊氏曰
非知至而意誠이면則用智自私하여不知行其所無事[15]하여往往
自陷於行詐欺天而莫之知也하니其子路之謂乎인저

—

無寧은 寧이다. 大葬은 君臣의 禮葬을 말한다. 도로에서 죽음은
버려져서 장사지내지 아니함을 말한다. 또 그럴 필요가 없는 이유를
가지고 깨우쳐 준 것이다. ○ 范氏가 말하였다. "曾子께서 돌아가
시려 할 적에 일어나서 자리를 바꾸라고 하면서 '내가 正道를 얻어
서 죽으면 이에 끝나는 것이다.'라고 말씀하셨으니, 子路가 孔子를
높이고자 하였으나 家臣이 없어야 하는데 家臣을 있게 해서는 불

---

14) 易簀 : 曾子가 臨終에 깔고 누운 자리가 大夫가 쓰는 자리임을 알고 이를 자신의 지위에
맞는 자리로 바꾸라고 한 것이다. 자리를 바꾸고는 곧 돌아가시니, 이로 인하여 학식과 덕망이
높은 사람의 죽음을 이르는 말로 쓰인다. 『禮記』,「檀弓上」참고.

15) 行其所無事 : 禹王이 治水를 할 적에 자연의 형세를 따라 함으로써 뒤에 사고가 없었음을
말한다.『孟子』,「離婁章句下」참고.

가함을 알지 못하였다. 이 때문에 속임을 행함에 빠져서 죄가 하늘을 속임에까지 이르렀으니 군자가 말과 행동에 대하여 아무리 작더라도 삼가지 아니해서는 안되는 것이다. 孔子께서 子路를 깊이 징계하심은 학자들을 깨우치려는 이유이다." 楊氏가 말하였다. "아는 것이 지극하고 뜻이 정성스럽지 않으면 지혜를 씀이 저절로 사사로워져서 그 뒷일 없는 바를 행할 줄 알지 못해서 이따금 스스로 속임을 행하고 하늘을 속이는 데 빠지면서도 알지 못하니 아마도 子路를 이름이로다."

---

⑫子貢이曰有美玉於斯하니韞匵而藏諸^저잇가求善賈而沽諸^저잇가子曰沽之哉沽之哉니我는待賈者也로라

子貢이 말하기를 아름다운 옥이 여기에 있으니 궤짝에 감추어 간수하시겠습니까 좋은 값을 구하여 파시겠습니까 孔子께서 말씀하시기를 팔 것이나 팔 것이나 나는 값을 기다리는 사람이다

韞은藏也요匵은匱也라沽는賣也라子貢이以孔子有道不仕故로設此二端以問也하니孔子言固當賣之로되但當待賈요而不當求之耳라○范氏曰君子未嘗不欲仕也로되又惡不由其道니士之待禮는猶玉之待賈也라若伊尹之耕於野와伯夷太公之居於海濱에世無成湯文王이면則終焉而已리니必不枉道以從人하고衒玉而求售也니라

—

韞은 간수함이다. 匵는 궤짝이다. 沽는 파는 것이다. 子貢이 孔子께

서 道를 지니고 있으면서도 벼슬하지 아니하신다고 여겼기 때문에 이 두 단서를 가설해서 물으니, 孔子께서 진실로 당연히 팔 것이로되 단지 값을 기다려야 하고 요구해서는 부당하다고 말씀하시었다. ○ 范氏가 말하였다. "군자가 일찍이 벼슬하고 싶지 아니한 적이 없으되 또 正道를 말미암지 아니하는 것을 싫어하니, 선비가 禮遇를 기다리는 것은 玉이 값을 기다리는 것과 같다. 예를 들면 伊尹이 들에서 농사를 지은 것과 伯夷와 太公이 바닷가에서 살 적에 그 당시에 成湯과 文王이 없었더라면 거기에서 끝났을 뿐이니, 반드시 道를 굽혀서 남을 따르지도 아니하고 玉을 宣傳해서 팔리기를 원하지도 않았을 것이다."

⑬子欲居九夷러시니

孔子께서 九夷 땅에 살고자 하셨더니

東方之夷에有九種이라欲居之者는亦乘桴浮海[16]之意라

—

東方의 夷族에는 아홉 種族이 있다. 거기에 살고 싶어 하신 것은 역시 '뗏목을 타고 바다에 뜨고 싶다.'는 의미이다.

或曰陋커니如之何잇고子曰君子居之면何陋之有리오

어떤 사람이 말하기를 누추할 것이니 어떻게 하시겠습니까 孔子께서 말씀하시기를 군자가 居하면 무슨 누추함이 있으리오

---

16) 乘桴浮海 : 孔子께서 세상에 道가 행해지지 않으니 뗏목을 타고 바다에 뜨고 싶다고 탄식하신 것이다. 「公冶長」篇, 六章 '道不行 乘桴 浮于海' 참고.

君子所居則化리니何陋之有리오

—

군자가 거처하는 곳이라면 감화될 것이니 무슨 누추함이 있으리오

---

⑭子曰吾自衛反魯然後에樂正하여雅頌[17]이各得其所하니라

孔子께서 말씀하시기를 내가 衛나라로부터 魯나라에 돌아온 연후에 음악이 바로잡혀서 雅와 頌이 각각 제자리를 얻었다

魯哀公十一年冬에孔子自衛反魯러니是時에周禮在魯나然이나詩樂이亦頗殘缺失次러니孔子周流四方에參互考訂하여以知其說이요晩知道終不行故로歸而正之라

—

魯나라 哀公 11년 겨울에 孔子께서 衛나라로부터 魯나라로 돌아오셨다. 이 당시에 周나라 禮는 魯나라에 남아 있었으나 詩와 樂이 역시 퍽이나 이지러져서 완전하지 못하고 순서를 잃었더니 孔子께서 천하사방을 돌아다니실 적에 서로 비교하여 잘못된 것을 살펴서 그 출처와 내용을 아셨고 晩年에는 道가 끝내 행해지지 아니할 것임을 아셨기 때문에 돌아와서 바로잡으신 것이다.

---

⑮子曰出則事公卿하고入則事父兄하며喪事를不敢不

---

17) 『詩經』에는 詩를 내용별로 보아 크게 風, 雅, 頌으로 나눈다. 風은 周나라 각 제후국들의 일반적인 민요이고 雅는 朝會나 宴饗 때 연주하는 노래이고 頌은 宗廟 祭禮 등에 쓰이며 先賢을 기리는 노래이다.

勉하며不爲酒困이何有於我哉오

孔子께서 말씀하시기를 나가면 公卿을 섬기고 들어오면 父兄을 섬기며 喪事를 감히 힘쓰지 아니하지 아니하며 술에 困함이 되지 아니함이 무엇이 나에게 있으리오

說見^현第七篇¹⁸⁾이라然이나此則其事愈卑而意愈切矣라

—

설명이 第七篇에 나타났다. 그러나 이 글은 그 일은 더욱 낮고 뜻은 더욱 절실하다.

---

⑯子在川上曰逝者如斯夫인저不舍晝夜로다

孔子께서 시냇가에 계시면서 말씀하시기를 가는 것이 이와 같구나 밤낮으로 그치지 아니하도다

天地之化往者過來者續하여無一息之停하니乃道體之本然也라然이나其可指而易이見者는莫如川流라故로於此에發以示人하여欲學者로時時省察하여而無毫髮之間斷也라○程子曰此는道體也니天運而不已하여日往則月來하고寒往則暑來하며水流而不息하고物生而不窮하니皆與道爲體하여運乎晝夜하여未嘗已也라是以로君子法之하여自强不息하여及其至也하얀純亦不已¹⁹⁾焉이니라又曰

---

18) 第七篇 : 「述而」篇, 二章, '子曰 黙而識之 學而不厭 誨人不倦 何有於我哉'의 설명을 가리킨다.

19) 純亦不已 : 순수해서 조금도 멈추지 않음. 天道와 聖人에게만 쓰이는 말이다.

自漢以來로儒者皆不識此義하니此에見聖人之心이純亦不已也라純亦不已는乃天德也요有天德이면便可語王道요其要는只在謹獨[20]이니라愚는按自此로至終篇히皆勉人進學不已之辭니라

—

천지의 조화는 가는 것은 지나가고 오는 것은 계속되어서 한순간도 그침이 없으니 곧 道의 體制가 본디 그런 것이다. 그러나 그것을 지적해서 쉽게 볼 수 있는 것은 시내의 흐름만 같음이 없다. 그러므로 여기에 밝혀서 사람들에게 提示하여 학자들로 하여금 때때로 반성하고 살펴 털끝만큼도 중간에 단절됨이 없게 하고자 하신 것이다. ○ 程子가 말하였다. "이는 道의 本體이니 하늘의 운행이 멈추지 아니하여 날이 가면 달이 오고 추위가 가면 더위가 오며 물이 흘러 그치지 아니하고 만물이 태어나서 끝나지 아니하니, 모두 道와 더불어 한 덩이가 되어 밤낮으로 운행되어 그친 적이 없다. 이 때문에 군자가 본받아서 스스로 노력하고 그치지 아니해서 최고의 경지에 미쳐서는 純亦不已가 되는 것이다." 또 말하였다. "漢나라로부터 그 이후로 선비들이 모두 이 의미를 알지 못하였으니 여기에서 聖人의 마음이 純亦不已함을 발견한다. 純亦不已는 곧 天德이고 天德을 소유하면 문득 王道를 말할 수 있고 그 요점은 오로지 謹獨에 있다." 나는 고찰해 보건대, 이 글로부터 종편에 이르도록까지 모두 사람들에게 학문에 나아가서 그치지 말 것을 勸勉하는 말이다.

⑰子曰吾未見好德이如好色者也케라

孔子께서 말씀하시기를 나는 德을 좋아함이 色을 좋아함같이 하는 사

20) 謹獨 : 혼자 있을 때 삼감. 愼其獨.

람을 보지 못하였다

謝氏曰好好色惡惡臭는誠也니好德을如好色이면斯誠好德矣라
然이나民鮮能之니라○史記에孔子居衛에靈公이與夫人同車하고
使孔子爲次乘하여招搖市過之하니孔子醜之故로有是言이라

—

謝氏가 말하였다. "好色을 좋아하고 惡臭를 싫어함은 진실이니 德
좋아하기를 色 좋아함같이 한다면 이것은 진실로 德을 좋아하는 것
이다. 그러나 그럴 수 있는 사람이 드물다." ○『史記』에는 孔子께
서 衛나라에 계실 적에 靈公이 부인과 더불어 한 수레를 타고 孔
子로 하여금 다음 수레에 타게 하고는 저자거리를 이리저리 돌아다
니게 하니 孔子께서 추하게 생각하셨기에 이런 말이 있다.

⑱子曰譬如爲山에未成一簣하여止도吾止也며譬如平
地에雖覆一簣나進도吾往也니라

孔子께서 말씀하시기를 비유하건대 산을 만들 적에 한 삼태기를 이루
지 못해서 그침도 내가 그침과 같으며 비유하건대 平地에 비록 한 삼
태기를 엎었으나 나아감도 내가 감과 같다

簣는土籠也라書曰爲山九仞에功虧一簣라하니夫子之言이蓋出於
此라言山成而但少一簣하여其止者도吾自止耳며平地而方覆一
簣나其進者도吾自往耳라蓋學者自强不息이면則積少成多요中
道而止면則前功盡棄리니其止其往이皆在我요而不在人也라

簣는 흙을 담는 거적이다. 『書經』에 "산을 아홉 길을 만들 적에
성공에 한 삼태기가 부족하다."라고 하니 孔子의 말씀이 아마도 여
기에서 나온 듯하다. 산이 완성되는 데 단지 한 삼태기가 적을 때에
멈추는 것도 내가 스스로 멈추는 것이고, 平地에 바야흐로 한 삼태
기를 엎었지만 그 나아가는 것도 내가 스스로 가는 것임을 말한 것
이다. 대개 학자들이 스스로 노력하고 멈추지 아니하면 적은 것을
쌓아서 많은 것을 이룰 것이고 中途에서 멈추면 앞날의 성공을 다
버리게 될 것이니 그 멈추고 감이 모두 나에게 있고 남에게 있지
아니한 것이다.

⑲子曰語之而不惰者는其回也與인저

孔子께서 말씀하시기를 말해 주어서 게을리하지 아니하는 사람은 아마
도 回일 것이다

惰는懈怠也라范氏曰顔子는聞夫子之言하고而心解力行하여造次
顚沛에도未嘗違之하여如萬物이得時雨之潤하여發榮滋長하니何
有於惰리오此輩弟子所不及也니라

—

惰는 게으름이다. 范氏가 말하였다. "顔子는 孔子의 말씀을 듣고
마음으로 이해하고 힘써 행해서 잠깐 동안이나 엎어지고 자빠지는
순간에도 어긴 적이 없다. 마치 萬物이 알맞은 때 내리는 비에 적
심을 얻어 꽃을 피우고 불어나고 자람과 같으니 무슨 게을리함이

있으리오 이런 점이 여러 제자들이 미치지 못하는 것이다."

⑳子謂顏淵曰惜乎라吾見其進也오未見其止也호라

孔子께서 顏淵을 일러 말씀하시기를 애석하구나 내 그 나아감을 보았
고 그침을 보지 못하였노라

進止二字는說見^현上章²¹⁾이라顏子旣死로되而孔子惜之하여言其
方進而未已也라

—

進, 止 두 글자는 설명이 윗 章에 나타났다. 顏子가 이미 죽었으되
孔子께서 애석하게 여기셔서 그 한창 나아가고 그만두지 아니함을
말씀하신 것이다.

㉑子曰苗而不秀者有矣夫며秀而不實者有矣夫인저

孔子께서 말씀하시기를 싹이 나도 꽃 피우지 못하는 것도 있으며 꽃
피우고 열매 맺지 못하는 것도 있는 것이다

穀之始生曰苗요吐華曰秀요成穀曰實이라蓋學而不至於成이有
如此者라是以로君子는貴自勉也라

—

곡식이 처음 난 것을 苗라 하고 꽃을 吐하는 것을 秀라 하고 곡식
을 이루는 것을 實이라 한다. 대개 배우되 성공에 이르지 못하는

---

21) 바로 위 十八章을 말함.

것이 이와 같음이 있다. 이 때문에 군자는 <u>스스로</u> 노력하는 것을 귀하게 여긴다.

㉒子曰後生이可畏니焉知來者之不如今也리오四十五十而無聞焉이면斯亦不足畏也已니라

孔子께서 말씀하시기를 後生이 두려워할 만하니 어찌 그들의 장래가 오늘날 같지 못할 줄을 알리오 사십 오십이 되어서도 칭찬하는 말이 없으면 이 또한 足히 두려워할 만도 못하다

孔子言後生은年富力彊하여足以積學而有待하니其勢可畏라安知其將來不如我之今日乎아然이나或不能自勉하여至於老而無聞이면則不足畏矣라言此以警人하여使及時勉學也라曾子曰五十而不以善聞이면則不聞矣라하니蓋述此意라尹氏曰少而不勉하고老而無聞이면則亦已矣요自少而進者는安知其不至於極乎아是可畏也니라

—

孔子께서 '後生은 나이도 넉넉하고 힘도 강해서 충분히 학문을 쌓아서 기대가 있으니 그 형세가 두려워할 만한지라 그들의 장래가 우리들의 오늘만 같지 못할 줄을 어찌 알겠느냐. 그러나 혹시라도 스스로 힘쓰지 못하여 늙음에 이르러도 명망이 없으면 두려워할 만한 것이 못됨'을 말씀하신 것이다. 이것을 말씀하시어 사람들을 깨우쳐서 때에 미쳐 학문에 힘쓰게 하신 것이다. 曾子께서 말씀하시기를, "나이 오십에 잘한다는 所聞이 나지 못하면 所聞이 없는 것

이다."라고 하니 대체로 이 의미를 말씀하신 것이다. 尹氏가 말하였
다. "젊어서 힘쓰지 아니하고 늙어서 소문남이 없으면 역시 끝나는
것이고 젊을 때부터 매진하는 사람은 그들이 최고에 이르지 아니할
줄 어찌 알리오 이것이 두려워할 만한 것이다."

㉓ 子曰法語之言은能無從乎아改之爲貴니라巽與之
言은能無說열乎이繹之爲貴니라說而不繹하며從而不改
면吾末如之何也已矣니라

孔子께서 말씀하시기를 바르게 해주는 말은 따름이 없을 수 있겠느냐
고침이 귀하다 공손히 해주는 말은 기쁨이 없을 수 있겠느냐 거슬러
봄이 귀하다 기뻐만 하고 거슬러 보지 아니하며 따르기만 하고 고치지
아니하면 나도 어떻게 할 수 없다

法語者는正言之也요巽言者는婉而導之也라繹은尋其緒也라法
言은人所敬憚故로必從이나然이나不改면則面從而已요巽言은無
所乖忤故로必說이나然이나不繹이면則又不足以知其微意之所在
也라○楊氏曰法言은若孟子論行王政之類22)是也요巽言은若其
論好貨好色之類是也라語之而不達이면拒之而不受는猶之可
也어니와其或喩焉이면則尙庶幾其能改繹矣어늘從且說矣오而不
改繹焉이면則是終不改繹也已니雖聖人이라도其如之何哉리오
―

---

22) 孟子論行王政之類:『孟子』「梁惠王章句上」의 내용을 말한다. 다음 구절의 '論好貨好
色之類'도 역시 이 篇에 나오는 내용이다.

法語는 바르게 말해 줌이고 巽言은 완곡하게 인도함이다. 繹은 그 실마리를 찾는 것이다. 法言은 사람들이 존경하면서도 두려워하기 때문에 반드시 따르지만 그러나 고치지 아니하면 얼굴만 따를 뿐이다. 巽言은 마음에 맞지 않거나 거슬리는 바가 없기 때문에 반드시 기뻐하지만 그러나 거슬러 보지 아니하면 역시 그 숨겨진 뜻이 있는 곳을 알 수 없다. ○ 楊氏가 말하였다. "法言은 예컨대 孟子가 王道政治의 시행을 논하는 따위가 이런 것이고 巽言은 예컨대 孟子가 好貨나 好色을 논하는 따위가 이런 것이다. 말을 해주어서 깨닫지 못하면 거절하고 받아들이지 아니하는 것은 오히려 괜찮거니와 혹시라도 깨닫는다면 오히려 고치고 실마리를 찾음을 기대할 만하거늘, 따르고 기뻐하기만 하고 고치거나 거슬러 보지 아니한다면 이는 끝내 고치거나 거슬러 보지 않고 말 것이니 아무리 聖人이라 할지라도 그 어떻게 하리오"

㉔子曰主忠信하며毋友不如己者요過則勿憚改니라

孔子께서 말씀하시기를 忠과 信을 위주로 하며 자기만 같지 못한 사람을 벗하지 말고 허물이 있으면 고치기를 꺼려하지 말 것이니라

重出23)而逸其半이라

—

거듭 나오면서 그 반이 빠져 있다.

---

23) 「學而」篇 八章의 내용과 중복된다. 章의 첫 구 '君子不重則不威 學則不固'는 빠져 있다.

㉕子曰三軍은可奪帥也어니와匹夫는不可奪志也니라

孔子께서 말씀하시기를 三軍은 將帥를 빼앗을 수 있으려니와 匹夫는
뜻을 빼앗을 수 없느니라

侯氏曰三軍之勇은在人하고匹夫之志는在己故로帥可奪而志不
可奪이니如可奪이면則亦不足謂之志矣니라

—

侯氏가 말하였다. "三軍의 용기는 사람에 있고 匹夫의 뜻은 자기
몸속에 있기 때문에 將帥는 빼앗을 수 있어도 뜻은 빼앗을 수 없으
니 만일 빼앗을 수 있다면 역시 뜻이라고 말할 수 없다."

㉖子曰衣敝縕袍하여與衣狐貉者로立而不恥者는其
由也與인저

孔子께서 말씀하시기를 해어진 縕袍를 입고 狐貉을 입은 사람과 더불
어 서서 부끄러워하지 아니할 사람은 아마도 由일 것이다

敝는壞也요縕은枲著也며袍는衣有著者也니蓋衣之賤者요狐貉은
以狐貉之皮로爲裘니衣之貴者라子路之志如此면則能不以貧富
로動其心이요而可以進於道矣라故로夫子稱之라

—

敝는 해어짐이고 縕은 삼베이며 袍는 삼베로 만든 옷이니 대체로

의복의 천한 것이고 狐貉은 여우와 담비의 가죽으로 만든 갖옷이니 의복의 귀한 것이다. 子路의 뜻이 이와 같으면 貧富 때문에 그 마음이 동요되지 아니할 수 있고 道에 나아갈 수 있다. 그러므로 孔子께서 칭찬하신 것이다.

不忮不求면何用不臧이리오
해치지 아니하며 탐내지 아니하면 어찌 착하지 아니하리오

忮는害也요求는貪也라臧은善也라言能不忮不求면則何爲不善乎아此는衛風雄雉之詩니孔子引之하여以美子路也라呂氏曰貧이與富交면彊者必忮하고弱者必求니라

—

忮는 해침이고 求는 탐함이다. 臧은 착함이다. 남을 해치지 아니하고 남의 것을 탐내지 아니할 수 있으면 어찌 착하지 아니함이 되겠느냐는 말이다. 이 글은 『詩經』「衛風」雄雉詩이니 孔子께서 인용하여 子路를 칭찬하신 것이다. 呂氏가 말하였다. "가난한 사람이 富者와 사귀면 강한 자는 반드시 해코지하고 약한 자는 반드시 얻으려 한다."

子路終身誦之한대子曰是道也何足以臧이리오
子路가 終身토록 이 말을 되뇌거늘 孔子께서 말씀하시기를 이런 행동이 어찌 족히 善이리오

終身誦之면則自喜其能하여而不復求進於道矣라故로夫子復言此以警之라○謝氏曰恥惡衣惡食은學者之大病이니善心不存이蓋由於此라子路之志如此면其過人이遠矣나然이나以衆人而能此면則可以爲善矣어니와子路之賢으로宜不止此어늘而終身誦之면則非所以進於日新也라故로激而進之니라

—

終身토록 외운다면 스스로 그 능력을 기뻐해서 다시는 道에 나아감을 원하지 아니할 것이다. 그러므로 孔子께서 다시 이것을 말씀하시어 깨우치신 것이다. ○ 謝氏가 말하였다. "나쁜 옷 험한 음식을 부끄러워함은 학자의 큰 병폐이니 착한 마음을 보존하지 못함이 대체로 여기에서 말미암는 것이다. 子路의 의지가 이와 같다면 남보다 뛰어남이 크다. 그러나 보통 사람으로서 이럴 수 있으면 잘한다고 할 수 있지만 子路의 훌륭함으로 의당 여기에 멈추지 말아야 할 것이거늘 終身토록 그것을 외운다면 날마다 새로워짐에 나아가는 방법이 아니다. 그러므로 격려하여 (道에) 나아가게 하신 것이다."

㉗子曰歲寒然後에知松柏之後彫也니라

孔子께서 말씀하시기를 해가 추워진 연후에 松柏이 뒤에 시드는 줄을 아는 것이다

范氏曰小人之在治世或與君子로無異나惟臨利害遇事變然後에야君子之所守를可見也니라○謝氏曰士窮에見節義하고世亂에識忠臣이니欲學者로必周24)于德이니라

范氏가 말하였다. "소인이 태평세대에 있을 적에는 혹시 군자와 다를 것이 없으나 오직 利害에 임하고 사변을 만난 연후에야 군자가 지키는 바를 알 수 있는 것이다." ○ 謝氏가 말하였다. "선비는 궁할 적에 절개와 의리가 드러나고 세상이 문란할 적에 忠臣을 식별하는 것이니 學者로 하여금 반드시 德을 갖추게 하고자 한 것이다."

㉘子曰知者는 不惑하고 仁者는 不憂하고 勇者는 不懼니라

孔子께서 말씀하시기를 지혜로운 사람은 의혹지 아니하고 仁한 사람은 근심하지 아니하고 용감한 사람은 두려워하지 아니한다

明足以燭理故로 不惑하고 理足以勝私故로 不憂하고 氣足以配道義故로 不懼라 此는 學之序也라

—

(지혜의) 밝음이 충분히 이치를 밝혀낼 수 있기 때문에 의혹하지 아니하고, (밝혀낸) 이치가 충분히 私欲을 이겨낼 수 있기 때문에 걱정하지 아니하고, 용기가 충분히 道義와 짝할 수 있기 때문에 두려워하지 아니하는 것이다. 이는 學問하는 순서이다.

㉙子曰可與共學이어도 未可與適道며 可與適道여도 未可與立이며 可與立이어도 未可與權이니라

---

24) 周 : 備. 갖추다.

孔子께서 말씀하시기를 더불어 함께 배울 수 있어도 더불어 道에 갈 수 없으며 더불어 道에 갈 수 있어도 더불어 自立할 수 없으며 더불어 自立할 수 있어도 더불어 權道를 행할 수 없다

可與者는言其可與共爲此事也라程子曰可與共學은知所以求之也요可與適道는知所往也요可與立者는篤志固執而不變也라權은稱錘也니所以稱物而知輕重者也라可與權은謂能權輕重하여使合義也라○楊氏曰知爲己[25]則可與共學矣요學足以明善[26]然後에可與適道요信道篤然後에可與立이요知時措之宜[27]然後에可與權이니라洪氏曰易九卦[28]終의於巽以行權에權者는聖人之大用이라하니未能立而言權은猶人未能立而欲行하여鮮不仆矣니라程子曰漢儒以反經合道로爲權故로有權變權術[29]之論하니皆非也라權은只是經也니自漢以下로無人識權字니라愚는按先儒誤以此章이連下文偏其反而로爲一章故로有反經合道之說하니程子非之是矣나然이나以孟子嫂溺援之以手[30]之義로推之면則權與經은亦當有辨이니라

可與는 더불어 함께 이 일을 할 수 있음을 말하는 것이다. 程子가 말하였다. "더불어 함께 배운다 함은 추구하는 조건을 아는 것이고 함께 道에 갈 수 있음은 갈 곳을 아는 것이고 더불어 자립할 수 있

---

25) 爲己之學 : 자기 발전을 위한 학문.

26) 明善: 善의 所在를 밝히다.

27) 時措之宜: 그때그때 措處하는 것이 정의에 맞음.

28) 九卦 : 『周易』에서 인간에게 유익하다고 추려 놓은 아홉 괘. 履·謙·復·恒·損·益·困·井·巽.

29) 權變權術 : 臨時變通과 權謀術數

30) 孟子嫂溺援之以手 : 『孟子』, 「離婁章句上」 참고.

음은 뜻을 돈독히 하고 굳게 지켜서 변하지 아니하는 것이다. 權은 저울추를 맞추는 것이니 물건을 달아서 輕重을 아는 수단이다. 더불어 權道를 행할 수 있음은 輕重을 저울질해서 의리에 맞게 할 수 있음을 말하는 것이다." ○ 楊氏가 말하였다. "爲己之學을 알면 더불어 함께 배울 수 있고, 학문이 충분히 善의 소재를 밝힌 연후에 더불어 道에 갈 수 있고, 道를 믿기를 돈독하게 한 연후에 함께 설 수 있고, 時措之宜를 안 연후에 함께 權道를 행할 수 있다." 洪氏가 말하였다. "『周易』에서 간추린 아홉 개의 卦 마지막에 '巽으로써 權道를 행한다.'의 註에 權은 聖人의 큰 응용이라 하니, 자립하지도 못하면서 權道를 말하는 것은 사람이 서지도 못하면서 걷고자 하는 것과 같아서 넘어지지 아니할 이가 드물 것이다." 程子가 말하였다. "漢나라 선비들이 經道(正道)에는 위배되지만 道에 附合하는 것을 權道라고 하였기 때문에 權變·權術의 논리가 있게 된 것이니 모두 잘못이다. 權道는 오로지 經道이니 漢나라부터 이후로는 權字를 아는 사람이 없다." 나는 고찰해 보니, 先儒들이 이 章을 아랫 글의 '偏其反而'와 연결하여 一章이 된다고 오인했기 때문에 經道에 위배되나 道에는 부합한다는 설이 있게 되었으니 程子가 잘못되었다고 한 것이 옳다. 그러나 孟子의 '형수가 물에 빠지면 손으로 건진다.'는 의미를 가지고 미루어 보면 權道와 經道에는 역시 마땅히 分辨이 있어야 한다.

㉚唐棣之華여偏其反^번而로다豈不爾思리오마는室是遠而니라

唐棣의 꽃이여 한들한들 나부끼도다 어찌 너를 생각지 아니하리오마는
집이 이 멀음이니라

唐棣는郁李也라偏은晉書作翩하니然則反도亦當與翻同이니言華
之搖動也라而는助語也라此는逸詩也요於六義31)에屬興하니上兩
句無意義요但以起下兩句之辭耳라其所謂爾도亦不知其何所
指也라

—

唐棣는 산앵두이다. 偏은 晉書에는 翩으로 쓰여 있으니 그렇다면
反도 역시 翻과 뜻이 같아야 하니 꽃이 흔들리어 움직임을 말한 것
이다. 而는 어조사이다. 이 詩는 『詩經』에서 빠진 詩이고 六義에
서 興에 속하니 위의 두 글귀는 의미가 없고 단지 아래 두 글귀의
가사를 일으킬 뿐이다. 이른바 爾도 역시 어떤 것을 가리키는지 알
지 못한다.

子曰未之思也언정夫何遠之有리오
孔子께서 말씀하시기를 생각하지 아니해서일지언정 어찌 멂이 있으리오

夫子借其言而反之니蓋前篇仁遠乎哉32)之意라○程子曰聖人
은未嘗言易以驕人之志하고亦未嘗言難以阻人之進이며但曰
未之思也夫何遠之有라하니此言이極有涵蓄하여意思深遠이니라

---

31) 六義 : 『詩經』의 여섯 가지 문체. 風, 雅, 頌, 興, 比, 賦를 말한다.
32) 前篇仁遠乎哉 : 「述而篇」, 二十九章, '子曰 仁遠乎哉 我欲仁 斯仁至矣' 참고.

孔子께서 그 詩의 내용을 빌려서 되돌린 것이니 대체로 전편 仁遠乎哉의 뜻이다. ○ 程子가 말하였다. "聖人은 말을 쉽게 해서 사람들의 뜻을 교만하게 한 적도 없고 또한 말을 어렵게 해서 사람들의 進展을 막은 적도 없으며, 단지 '생각하지 아니해서일지언정 어찌 멂이 있으리오'라고 하시니 이 말씀이 극도로 함축성이 있어서 의미가 깊고 멀다."

[子罕 第九]

鄉黨第十

楊氏曰聖人之所謂道者는不離乎日用之間也라

故로夫子之平日一動一靜을門人이皆審視而詳記之니라

尹氏曰甚矣라孔門諸子之嗜學也여於聖人之容色言動에

無不謹書而備錄之하여以貽後世하니今讀其書卽其事에

宛然如聖人之在目也라雖然이나聖人이豈拘拘而爲之者哉아

蓋盛德之至에動容周旋이自中乎禮耳니

學者欲潛心[1]於聖人인댄宜於此求焉이니라

舊說에凡一章을今分爲十七節이라

—

楊氏가 말하였다. "聖人이 말씀하신 바의 道는
일상생활 속에서 벗어나지 아니하는 것이다.
그러므로 孔子께서 평소에 한 번 움직이고, 한 번 그치는 것을
門人들이 모두 자세히 보고 상세하게 기록하였다."
尹氏가 말하였다. "심하다, 孔子 門下 제자들의 학문 좋아함이여!
聖人의 용모와 안색과 말씀과 행동을 조심스럽게 쓰고

---

1) 潛心 : 마음을 가라앉히다, 자세히 살펴보다.

갖추어 기록해서 그것을 후세에까지 끼쳐주지 아니함이 없으니,
지금 그 책을 읽고 그 일에 나아감에 환하게
聖人이 눈앞에 계신 듯하다.
비록 그러하나 聖人이 어찌 억지로 노력해서 하신 것이겠는가.
대체로 성대한 德이 지극함에 모습을 움직이고
모든 일을 주선하는 것이 저절로 禮에 맞았을 뿐이니,
배우는 사람들이 聖人을 자세히 살펴보고자 한다면
의당 이 章에서 찾아야 할 것이다."
舊說에는 전부 한 章이었으나,
지금은 나누어 십칠 節로 만들었다.

①孔子於鄉黨에恂恂如也하시어似不能言者러시다

孔子께서 鄉黨에서 恂恂하듯 하시어 말을 잘하지 못하는 사람 같으시
었다

恂恂은信實之貌라似不能言者는謙卑遜順하여不以賢知로先人
也라鄉黨엔父兄宗族之所在故로孔子居之에其容貌辭氣如此라
—

恂恂은 信實한 모습이다. 말을 잘하지 못하는 사람 같으심은 겸손하
고, 낮추고, 공손하고, 순해서 현명함과 지혜로움으로 남을 앞서려 하
지 아니하는 것이다. 鄉黨은 부모, 형제, 宗族들이 있는 곳이기 때문
에 孔子께서 居하실 적에 그 용모와 말하는 품위가 이와 같았다.

其在宗廟朝廷하시어는便便言하시되唯謹爾러시다

宗廟와 朝廷에 계실 적에는 능숙하게 말씀을 하시되 오직 삼가시었다

便便은辯也라宗廟엔禮法之所在요朝廷엔政事之所出이니言不可
以不明辯故로必詳問而極言之로되但謹而不放爾라○此一節은
記孔子在鄉黨宗廟朝廷에言貌之不同이라
—

便便은 말을 잘하는 것이다. 宗廟는 禮法이 있는 곳이고, 朝廷은
政事가 나오는 곳이니, 말을 분명하고 정확하게 아니할 수 없기 때

문에 반드시 상세하게 묻고 분명하게 말씀하셨지만, 단지 삼가고 함부로 하지 아니하셨을 뿐이다. ○ 이 一節은 孔子께서 鄕黨과 宗廟와 朝廷에 계실 적에 말씀하시는 모습이 같지 아니함을 기록한 것이다.

---

②朝에與下大夫言에侃侃如也하시며與上大夫言에誾誾如也러시다

朝廷에서 下大夫와 더불어 말씀하실 적에 剛直하듯 하시며 上大夫와 더불어 말씀하실 적에 溫和하듯 하셨다

此는君이未視朝時也라王制에諸侯의上大夫는卿이요下大夫는五人[2]이라許氏說文[3]에侃侃은剛直也요誾誾은和悅而諍也라

—

이는 임금이 아직 朝會를 보지 아니할 때이다. 『王制』에 "諸侯 나라의 上大夫는 卿이고, 下大夫는 다섯 사람이다."라고 하였고 許氏 『說文』에 "侃侃은 강직함이고, 誾誾은 온화하고 기뻐하면서도 할 말은 하는 것이다."라고 하였다.

君在어시든踧踖如也하시며與與如也러시다

임금이 계시거든 踧踖하듯 하시며 與與하듯 하시었다

---

2) 王制 諸侯上大夫卿 下大夫五人 :『禮記』,「王制」, '諸侯之上大夫 卿 下大夫 上士 中士 下士 凡五等' 참고.

3) 許氏說文 : 後漢의 許愼이 지은 『說文解字』.

君在는 視朝也라 踧踖은 恭敬不寧之貌요 與與는 威儀中適之貌라 ○張子曰 與與는 不忘向君也라하니 亦通이라 ○此一節은 記孔子在 朝廷에 事上接下之不同也라

—

君在는 朝會를 보는 것이다. 踧踖은 공경하고 어려워하는 모습이 고, 與與는 威儀가 알맞은 모습이다. ○ 張子가 말하였다. "與與 는 임금을 향하는 마음을 망각하지 아니함이다."라고 하니 역시 말 이 된다. ○ 이 一節은 孔子께서 朝廷에 계실 적에 윗사람을 섬기 고 아랫사람을 대하는 것이 같지 아니함을 기록한 것이다.

③君이 召使擯이어시든 色勃如也하시며 足躩如也러시다

임금이 불러 擯하라 하시거든 안색이 긴장하듯 하시며 발이 머뭇거리 듯 하시었다

擯은 主國之君所에 使出接賓者라 勃은 變色貌요 躩은 盤辟貌니 皆敬 君命故也라

—

擯은 본국의 임금이 있는 곳에 나가서 손님을 맞이하게 하는 것이 다. 勃은 안색이 변하는 모습이고, 躩은 머뭇거리는 모습이니, 모두 임금의 명령을 공경하기 때문이다.

揖所與立하시되 左右手러시니 衣前後襜如也러시다

더불어 서 있는 사람에게 揖하시되 손을 왼쪽으로 하며 오른쪽으로 하
시니 옷의 앞뒤를 가지런히 하듯 하시었다

所與立은謂同爲擯者也라擯用命數之半4)이니如上公九命이면則
用五人하여以次傳命이라揖左人則左其手하고揖右人則右其手5)
라襜은整貌라

—

더불어 서 있는 사람은 함께 擯이 된 자를 말한다. 擯은 命數의
반을 쓰는 것이니, 예를 들어 上公이 命數가 아홉이면 다섯 사람을
써서 순서대로 命을 전하는 것이다. 왼쪽 사람에게 揖할 때는 그 손
을 왼쪽으로 하고, 오른쪽 사람에게 揖할 때는 그 손을 오른쪽으로
하는 것이다. 襜은 단정한 모습이다.

趨進에翼如也러시다

趨蹌하여 나아가실 때는 날개를 편 듯하시었다

疾趨而進에張拱端好하여如鳥舒翼이라

—

빠르게 趨蹌해서 나아갈 적에 손을 맞잡은 것이 단정하고 보기 좋
아서 마치 새가 날개를 편 듯한 것이다.

---

4) 命數之半 : 命數는 天子의 命으로 그 사람의 지위를 나타내는 숫자이고, 半은 强半이다.
예를 들면, 외국 사신의 규모가 아홉 사람이면 接賓하는 사신의 숫자는 그 반에 해당하는 4.5
명이다. 그러나 사람은 반이라는 것이 없으므로 반올림[强半]해서 다섯 명이 된다.

5) 揖左人則左其手 揖右人則右其手 : 上擯이 되어 임금의 명령을 전달하려 할 적에는 下擯
인 왼쪽 사람에게 揖할 때 그 손을 왼쪽으로 揖하고, 下擯이 되어 손님의 말을 전달하려 할
적에는 그 손을 上擯이 있는 오른쪽으로 揖하는 것이다.

賓退어든必復命曰賓不顧矣라하더시다

賓이 물러가거든 반드시 復命하여 말씀하시기를 손님이 돌아보지 아니
하였다 하시었다

紓君敬也라○此一節은記孔子爲君擯相之容이라

—

임금의 조심하는 마음을 풀어주는 것이다. ○ 이 一節은 孔子께서
임금을 위하여 擯으로 돕는 모습을 기록한 것이다.

④入公門6)하실새鞠躬如也하시어如不容이러시다

公門에 들어가실 적에 몸을 구부리듯 하시어 마치 容納되지 못할 듯
하시었다

鞠躬은曲身也라公門은高大而若不容은敬之至也라

—

鞠躬은 몸을 굽히는 것이다. 公門은 높고 큼에도 마치 許容되지
못하듯 하신 것은 조심함의 지극이다.

立不中門하시며行不履閾이러시다

---

6) 公門 : 궁궐의 문.

서심에 문의 가운데 하지 아니하시며 걸으심에 문지방을 밟지 아니하시었다

中門은 中於門也니 謂當棖闑之間이니 君出入處也라 闑은 門限也라 禮에 士大夫出入公門에 由闑右요 不踐閾7)이라 謝氏曰 立中門則當尊8)이요 行履閾則不恪이니라

中門은 문의 가운데에 서는 것이다. 문설주와 闑의 사이에 해당되는 곳을 말하니, 임금이 출입하는 곳이다. 閾은 문지방이다. 『禮記』에 "士大夫가 公門을 출입할 적에는 闑의 오른쪽을 經由하고, 문지방은 밟지 아니한다."라고 하였다. 謝氏가 말하였다. "문 한가운데에 서면 至尊에 해당되고, 걷되 문지방을 밟으면 조심스럽지 못한 것이다."

過位하실새 色勃如也하시며 足躩如也하시며 其言이 似不足者러시다
位를 지나실 적에는 안색이 긴장하듯 하시며 발이 머뭇거리듯 하시며 그 말씀이 부족한 사람 같으시었다

位는 君之虛位니 謂門屛之間에 人君寧立之處니 所謂宁9)也라 君

---

7) 士大夫出入公門 由闑右 不踐閾 : 『禮記』, 「曲禮上」, '大夫士 出入君門 由闑右 不踐閾' 참고.
棖은 문설주이고 闑은 문 가운데 세워놓은 짧은 막대기이며 閾은 문지방이다.
8) 尊 : 至尊, 임금.
9) 宁 : 外屛과 宮門 사이의 뜰로, 임금이 조회받던 곳.

雖不在나過之必敬이요不敢以虛位而慢之也라言似不足은不敢
肆也라

—

位는 임금의 빈자리이다. 문과 가리개 사이에 임금이 서는 곳을 말하
니, 이른바 宁이다. 임금은 비록 있지 아니하나 지나칠 적에는 반드시
공경하고, 감히 빈자리라고 해서 漫忽히 하지 않는 것이다. 말씀이
부족하듯 함은 감히 함부로 하지 아니하는 것이다.

攝齊^자升堂하실새鞠躬如也하시며屛氣하시어似不息者러시다
옷 아래 자락을 걷고 堂에 오르실 적에 몸을 구부리듯 하시며 기운을
감추시어 숨 쉬지 않는 사람 같으시었다

攝은摳也라齊는衣下縫也라禮에將升堂에兩手摳衣하되使去地
尺[10]은恐躡之而傾跌失容也라屛은藏也오息은鼻息出入者也라
近至尊에氣容肅也라

—

攝은 걷어 올림이다. 齊는 옷 아래 자락이다. 『禮記』에 "장차 堂
에 오르려 할 적에는 두 손으로 옷을 걷어 올리되 땅과의 거리가
한 자 되게 한다."라고 하니 밟아서 기울어지거나 미끄러져서 모습
을 잃을까 두려워해서이다. 屛은 감춤이고, 息은 코로 숨을 들이쉬
고 내쉬는 것이다. 임금을 가까이 할 적에 기운과 모습을 엄숙하게
하는 것이다.

---

10) 兩手摳衣 使去地尺 : 『禮記』, 「曲禮上」, '將卽席 容毋怍　　　　衣毋撥
足毋蹶' 참고.

兩手摳衣 去齊尺

出降一等하시어는逞顔色하시어怡怡如也하시며沒階하시어
는趨進翼如也하시며復其位하시어는踧踖如也러시다
나오셔서 한 계단 내리셔서는 안색을 펴시어 기쁜 듯하시며 계단을 다
내려오셔서는 걸음을 빨리 하시는데 날개를 편 듯하시며 그 자리에 돌
아가셔서는 踧踖하듯 하시었다

陸氏曰趨下에本無進字니俗本有之는誤也니라○等은階之級也
라逞은放也라漸遠所尊에舒氣解顔이라怡怡는和悅也라沒階는下
盡階也라趨는走就位也라復位踧踖은敬之餘也라○此一節은記
孔子在朝之容이라

—

陸氏가 말하였다. "趨字 아래에 본디 進字가 없으니, 俗本에 있는
것은 잘못된 것이다." ○ 等은 계단의 등급이다. 逞은 풀림이다. 점
점 至尊에서 멀어지니 기운을 펴고 안색도 푸는 것이다. 怡怡는 평
화롭고 기쁨이다. 沒階는 계단을 다 내려옴이다. 趨는 뛰어서 자리
에 나아감이다. 그 자리에 돌아가셔서는 踧踖하듯 하심은 조심스러
움이 남아서이다. ○ 이 一節은 孔子께서 朝廷에 계실 때의 모습
을 기록한 것이다.

⑤執圭하시되鞠躬如也하시어如不勝하시며上如揖하시고
下如授하시며勃如戰色하시며足蹜蹜如有循이러시다
圭를 잡으시되 몸을 구부리듯 하시어 이기지 못할 듯하시며 위로는 揖

하듯 하시고 아래로는 주듯 하시며 긴장하기를 두려워서 떠는 기색 같으시며 발은 작게 떼어서 따라감이 있는 듯하시었다

圭는 諸侯命圭11)니 聘問鄰國則使大夫執以通信이라 如不勝은 執主器에 執輕이나 如不克은 敬謹之至也라 上如揖下如授는 謂執圭平衡하고 手與心齊하여 高不過揖하고 卑不過授也라 戰色은 戰而色懼也라 蹜蹜은 擧足促狹也라 如有循은 記所謂擧前曳踵12)이니 言行不離地하여 如緣物也라

—

圭는 제후들이 잡는 命圭이니, 이웃나라에 방문하여 問安할 적에 大夫로 하여금 잡게 해서 信任을 통하게 하는 것이다. 이기지 못할 듯함은 임금이 내려준 器物을 잡을 적에는 가벼운 것을 잡더라도 마치 이기지 못하듯 하는 것은 공경하고 삼감의 지극이다. 위로는 揖하듯 하시고 아래로는 주듯 하심은 圭 잡기를 平衡하게 하고, 손은 심장과 가지런히 해서 높게는 揖하는 손높이를 지나지 아니하고 낮게는 줄 때의 손높이를 지나지 않게 하는 것이다. 戰色은 전쟁 때 두려워하는 안색이다. 蹜蹜은 발 들기를 자주 하고 좁게 하는 것이다. 따라감이 있는 듯함은 『禮記』에 이른바 "앞은 들고 발꿈치는 끈다."는 것이니, 걷되 땅에서 떨어지지 않게 하여 물건에 이끌려 가는 듯함을 말한다.

---

11) 命圭 : 임금이 하사한 圭. 임금이 하사한 수레는 命車, 임금이 하사한 옷은 命衣라고 한다. 임금이 내린 물건은 앞에 命을 붙여 칭한다.

12) 擧前曳踵 : 『禮記』, 「玉藻」, '執龜玉 擧前曳踵 蹜蹜如也' 참고.

享禮_에有容色_{하시며}

享禮를 할 적에는 얼굴에 和色이 있으시며

享_은獻也_니旣聘而享_에用圭璧¹³⁾有庭實¹⁴⁾_{이라}有容色_은和也_니儀
禮曰發氣滿容_{이라}

—

享은 바침이니, 이미 聘問을 하고 享禮를 할 적에 圭璧도 쓰고
庭實도 있다. 얼굴에 和色이 있음은 和氣이니, 『儀禮』에 "和氣가
發하여 얼굴에 가득하다."라고 나온다.

私覿_에愉愉如也_{러시다}

사사로이 만나볼 적에는 愉愉하듯 하시었다

私覿_은以私禮_로見^현也_라愉愉則又和矣_라○此一節_은記孔子爲
君聘於鄰國之禮也_라晁氏曰孔子定公九年_에仕魯_{하여}至十三
年適齊_히其間_에絶無朝聘往來之事_{하니}疑使擯執圭兩條_는但孔
子嘗言其禮_를當如此爾_{니라}

—

私覿은 사사로운 禮로 뵙는 것이다. 愉愉라면 더욱 和한 것이다.
○ 이 一節은 孔子께서 임금을 위해서 이웃 나라에 聘問하는 禮

---

13) 圭璧 : 구슬, 보배 등 堂 위에 가지고 올라가서 주는 선물.
14) 庭實 : 堂 위에 오를 수 없는 말, 비단, 布帛 등을 실은 수레를 마당에서 선물하는 것.

를 기록한 것이다. 罍氏가 말하였다. "孔子께서 魯나라 定公 9년에 벼슬해서 定公 13년에 齊나라에 가실 때까지 그 사이에 朝會하거나 聘問하여 다른 나라에 왕래한 일이 한 번도 없었으니, 아마도 使擯, 執圭 두 글귀는 단지 孔子께서 일찍이 그 禮를 마땅히 이와 같이 해야 한다고 말씀하신 듯하다."

⑥君子는不以紺緅로飾하시며

君子는 紺色과 緅色으로 飾하지 아니하시며

君子는謂孔子라紺은深靑揚赤色이니齊服也라緅는絳色이니三年之喪에以飾練服15)也라飾은領緣也라

—

君子는 孔子를 이름이다. 紺은 짙은 푸른색에 붉은색을 머금은 것이니, 齋戒할 때 입는 옷이다. 緅는 붉은색이니, 三年喪에 練服에 선을 두른다. 飾은 옷깃에 선을 두르는 것이다.

紅紫로不以爲褻服이러시다

紅色과 紫色으로 褻服도 만들지 아니하시었다

紅紫는間色不正16)이요且近於婦人女子之服也라褻服은私居服

---

15) 練服 : 三年喪을 지내는 중, 일년이 지나면 喪服을 빨아서 입는다. 이때를 小祥이라 하고 練祭라고도 부르며, 이때부터 禫祭까지 입는 옷을 말한다.
16) 間色不正 : 正色은 靑, 黃, 赤, 黑, 白이고 間色은 綠, 紅, 碧, 紫, 騮이다.

也라言此則不以爲朝祭之服을可知라

—

紅色과 紫色은 間色이며 正色이 아니고 또 부인이나 여자의 복식에 가깝다. 褻服은 사사로이 집에 있을 때 입는 옷이다. 이처럼 말했다면 이 색으로 朝服과 祭服을 만들지 아니했음을 알 수 있다.

當暑하시어袗絺綌을必表而出之러시다

더위를 당해서는 홑 絺와 綌을 반드시 겉에 입어 드러내시었다

袗은單也라葛之精者曰絺요麤者曰綌이라表而出之는謂先著裏衣하고表絺綌而出之於外하여欲其不見體也니詩所謂蒙彼縐絺17)是也라

—

袗은 홑옷이다. 갈포의 정밀한 것을 絺라 하고, 거친 것을 綌이라 한다. 겉에 입어 드러내심은 먼저 속옷을 입고, 絺와 綌을 겉에 입어 바깥에 드러나게 하여 몸이 보이지 않게 하고자 함을 말한 것이니,『詩經』에 이른바 '저 고운 갈포를 입고'가 이것이다.

緇衣엔羔裘요素衣엔麑裘요黃衣엔狐裘러시다

검은 옷에는 염소가죽 옷을 입고 흰 옷에는 새끼사슴가죽 옷을 입고 누른 옷에는 여우가죽 옷을 입으시었다

---

17) 蒙彼縐絺 :『詩經』「鄘風」에 나오는 君子偕老詩의 시구이다.

緇는黑色이라羔裘는用黑羊皮라麛는鹿子니色白이라狐는色黃이라
衣以裼裘는欲其相稱이라

—

緇는 검은색이다. 羔裘는 검은 양의 가죽을 사용한다. 麛는 새끼사
슴이니, 색이 희다. 狐는 색이 누르다. 裼衣와 裘衣를 입을 적에
색이 서로 걸맞게 하고자 한 것이다.

褻裘는長하되短右袂러시다
집에서 입는 갖옷은 길게 하되 오른쪽 소매는 짧게 하시었다

長은欲其溫이요短右袂는所以便作事라

—

長은 따뜻하게 하고자 함이고, 오른쪽 소매를 짧게 하는 것은 일하
기 편리하게 하려는 이유이다.

必有寢衣하시니長이一身有半이러라
반드시 寢衣를 두시니 길이가 한 길 반이었다

齊主於敬이니不可解衣而寢이요又不可著明衣18)而寢故로別
有寢衣라其半은蓋以覆足이라程子曰此는錯簡이니當在齊必有
明衣布之下라하니愚는謂如此則此條與明衣變食으로旣得以類

---

18) 明衣 : 齋戒할 때 입는 옷.

相從이로되而褻裘狐貉도亦得以類相從矣니라

—

齋戒는 敬을 위주로 하니, 옷을 벗고 잠을 자서는 안되고, 더구나
明衣를 입고 자서도 안되기 때문에 별도로 잠옷이 있다. 그 반은
아마도 발을 덮은 것인 듯하다. 程子가 말하였다. "이 글은 편집이
잘못된 것이니 당연히 '齊必有明衣布'의 아래에 있어야 된다." 나
는 생각하건대, 이와 같다면 이 조목이 明衣條와 變食條와 더불어
類대로 서로 따르게 되고, 褻裘條와 狐貉條도 역시 類대로 서로
따르게 된다.

狐貉之厚로以居러시다
狐貉의 두터운 것으로 居處하시었다

狐貉은毛深溫厚하니私居에取其適體라

—

여우와 담비의 가죽은 털이 많고 따뜻하고 두터우니, 집에서 居處
할 적에 몸에 알맞은 점을 취한 것이다.

去喪하시어는無所不佩러시다
喪을 벗으시어서는 차지 아니한 것이 없으시었다

君子無故면玉不去身이니觿礪之屬도亦皆佩也라

—

군자가 緣故가 없으면 玉을 몸에서 제거하지 아니하니, 송곳과 줄 등속도 역시 모두 몸에 찼다.

非帷裳19)**이어든 必殺**쇄**20)之**러시다

帷裳이 아니면 반드시 殺하시었다

朝祭之服은**裳用正幅**이니**如帷**는**要有襞積**이요**而旁無殺縫**이며**其餘若深衣**는**要半下**하고**齊**지**倍要**니**則無襞積而有殺縫矣**라

—

朝會와 祭祀 때 입는 正服은 치마에는 正幅을 사용하니, 예컨대 帷는 허리에 주름이 있고 곁에는 줄여가며 깁는 것이 없으며, 그 나머지 深衣 같은 것은 허리는 아랫자락의 반이고 아랫자락은 허리의 배가 되니, 주름은 없고 줄여가며 깁는 것은 있다.

羔裘玄冠으로**不以弔**러시다

염소가죽 옷과 검은 冠으로는 조문하지 아니하시었다

喪主素吉主玄이니**弔必變服**은**所以哀死**라

—

19) 帷裳 : 朝服, 祭服 등 正服의 下衣
20) 殺 : 深衣 제도 중 하나로, 허리 부근은 점차 줄여서 아랫단의 반이 되게 하는 것이다.

喪禮에는 흰색을 위주로 하고 吉禮에는 검은색을 위주로 하니, 弔喪할 때에 반드시 복장을 바꾸는 것은 죽음을 슬퍼하기 때문이다.

吉月에必朝服而朝러시다

吉月에는 반드시 朝服을 입고 朝會하시었다

吉月은月朔也라孔子在魯致仕時如此라○此一節은記孔子衣服之制라蘇氏曰此孔氏遺書21)의雜記曲禮요非特孔子事也니라
—

吉月은 매월 초하루이다. 孔子께서 魯나라에 계시면서 벼슬에서 물러나셨을 때에 이와 같이 하셨다. ○ 이 一節은 孔子 의복의 제도를 기록한 것이다. 蘇氏가 말하였다. "이 글들은 孔氏 집 벽 속에서 나온 글 중에서 雜記와 曲禮에 기록되어 있는 것이고, 특별히 孔子의 일만은 아니다."

---

⑦齊필必有明衣러시니布러라

齋戒하실 적에 반드시 明衣를 두셨으니 베로 만들었다

齊必沐浴이요浴竟에卽著명明衣는所以明潔其體也니以布爲之라此下에脫前章寢衣一簡이라
—

---

21) 孔氏遺書 : 秦始皇의 焚書坑儒가 지난 뒤, 한참 후에 孔氏 집 벽속에서 나온 책을 말한다.

齋戒에는 반드시 목욕하고, 목욕이 끝났을 적에 바로 明衣를 입는 것은 그 몸을 밝고 깨끗하게 하려는 이유 때문이니, 베로 만들었다. 이 아래에 앞장 寢衣條의 한 簡冊이 빠졌다.

齋^재必變食하시며居必遷坐러시다

齋戒하실 적에 반드시 음식을 바꾸시며 居處는 반드시 자리를 옮기시었다

變食은謂不飲酒不茹葷[22]이요遷坐는易常處也라○此一節은記孔子謹齋之事라楊氏曰齋는所以交神故로致潔變常하여以盡敬이니라

—

變食은 술을 마시지 아니하고 葷菜를 먹지 아니함을 말함이고, 遷坐는 평소에 있던 곳을 바꾸는 것이다. ○ 이 一節은 孔子께서 삼가고 齋戒하신 일을 기록한 것이다. 楊氏가 말하였다. "齋戒는 神을 만나는 조건이기 때문에 깨끗한 것을 이루고 平常을 바꾸어서 敬을 극진히 하는 것이다."

---

⑧**食^사不厭精하시며膾不厭細러시다**

밥은 精米한 것을 싫어하지 아니하시며 회는 가늘게 썬 것을 싫어하지 아니하시었다

---

22) 葷 : 마늘, 파처럼 맵거나 냄새가 강한 채소.

食은飯也라精은鑿也라牛羊與魚之腥을聶而切之爲膾라食精則
能養人이요膾麤則能害人이라不厭은言以是爲善이요非謂必欲如
是也라

—

食는 밥이다. 精은 쌀을 찧음이다. 소나 양과 물고기의 날것을 저미
어 썬 것이 膾가 된다. 밥이 精하면 사람을 기를 수 있고, 膾가 굵
으면 사람을 해칠 수 있다. 不厭은 이것을 좋게 여김을 말한 것이
고, 반드시 이와 같고자 함을 말한 것은 아니다.

食饐而餲와魚餒而肉敗를不食하시며色惡不食하시며
臭惡不食하시며失飪不食하시며不時不食이러시다

밥이 쉬어 맛이 변한 것과 물고기가 문드러지고 고기가 부패한 것을
먹지 아니하시며 색이 나쁜 것을 먹지 아니하시며 냄새가 나쁜 것을
먹지 아니하시며 익히기를 잘못하였거든 먹지 아니하시며 때가 아니거
든 먹지 아니하시었다

饐는飯傷熱濕也요餲는味變也라魚爛曰餒요肉腐曰敗라色惡臭
惡은未敗而色臭變也라飪은烹調에生熟之節也라不時는五穀不
成과果實未熟之類니此數者는皆足以傷人故로不食이라

—

饐는 밥이 열이나 습기에 상함이고, 餲는 맛이 변함이다. 물고기가
문드러진 것을 餒라고 하고, 고기가 부패한 것을 敗라고 한다. 색이
나쁘고 냄새가 나쁨은 아직 부패하지는 않았지만 색깔이나 냄새가 변

한 것이다. 飪은 삶아서 조리할 적에 날것과 익은 것의 조절이다. 不時는 五穀이 여물지 못한 것과 과실이 익지 않은 따위이니, 이 몇 가지는 모두가 사람을 손상시킬 수 있기 때문에 먹지 아니하시었다.

割不正이어든 不食하시며 不得其醬이어든 不食이러시다
자른 것이 方正하지 아니하거든 먹지 아니하시며 그 醬을 얻지 못하거든 먹지 아니하시었다

割肉不方正者不食은 造次不離於正也라 漢陸續之母切肉에 未嘗不方이요 斷蔥에 以寸爲度는 蓋其質美니 與此로 暗合也라 食肉用醬에 各有所宜니 不得則不食은 惡其不備也라 此二者는 無害於人이로되 但不以嗜味而苟食耳라

—

고기를 썰되 반듯하지 아니한 것을 먹지 아니하심은 잠깐 동안이라도 正道에서 떠나지 아니하는 것이다. 漢나라 陸續의 어머니가 고기를 썰 적에 반듯하지 아니한 적이 없고, 파를 자를 적에도 한 치로 법도를 삼은 것은 대체로 그 바탕이 아름다워서이니, 이 글과 더불어 은근히 부합한다. 고기를 먹을 적에 醬을 씀은 각각 적절한 바가 있는 것이니, 얻지 못하거든 먹지 아니하심은 완비하지 못한 것을 싫어하신 것이다. 이 두 가지는 사람에게 해 되는 것은 없으나 단지 맛을 즐겨서 구차하게 먹지 아니하셨을 뿐이다.

肉雖多나 不使勝食ㅅ氣하시며 唯酒無量하시되 不及亂이러시다

고기가 비록 많으나 밥 기운을 이기게 아니하시며 오직 술은 量 없이 하시되 亂에 미치게 아니하시었다

食는以穀爲主故로不使肉勝食⁴氣라酒는以爲人合懽故로不爲量이로되但以醉爲節이요而不及亂耳라程子曰不及亂者는非唯不使亂志라雖血氣라도亦不可使亂이요但浹洽而已可也니라

—

食는 곡식을 위주로 하는 것이기 때문에 고기로 하여금 밥 기운을 이기지 못하게 하는 것이다. 술은 사람을 즐거움에 부합되게 하는 것이기 때문에 量을 정하지 않지만 단지 취함으로 조절을 삼고 亂에는 미치지 않게 하시었다. 程子가 말하였다. "亂에 미치게 아니하심은 뜻을 문란하지 않게 할 뿐만 아니라, 비록 혈기라 할지라도 역시 문란하게 해서는 안되며, 단지 몸에 가득 배면 멈추는 것이 옳다."

沽酒市脯를不食하시며
받아온 술과 사온 포를 먹지 아니하시며

沽市는皆買也라恐不精潔하여或傷人也니與不嘗康子之藥²³⁾으로同意라

—

沽와 市는 모두 사는 것이다. 정결치 못해서 어쩌면 사람을 상하게 할까 두려워해서이니, 季康子가 보내준 약을 맛보지 아니함과 뜻이 같다.

---

23) 不嘗康子之藥 : 아래 十一章 참고.

不撤薑食하시며

생강 먹는 것을 그만두지 아니하시며

薑은通神明去穢惡故로不撤이라

—

생강은 정신을 통하게 하고 더러운 냄새를 제거시키기 때문에 그만
두지 아니하시었다.

不多食이러시다

많이 먹지 아니하시었다

適可而止요無貪心也라

—

알맞으면 멈추고 貪心이 없는 것이다.

祭於公에不宿肉하시며祭肉은不出三日하더시니出三日이
면不食之矣니라

公所에서 제사를 지내심에 고기를 묵히지 아니하시며 제사 지낸 고기
는 삼 일을 넘기지 아니하시었더니 삼 일을 넘기면 먹지 아니하시었다

助祭於公에所得胙肉은歸卽頒賜하고不俟經宿者는不留神惠也

라家之祭肉則不過三日하여皆以分賜는蓋過三日則肉必敗而
人不食之리니是는褻鬼神之餘也라但比君所賜胙면可少緩耳라

—

公所에서 제사를 도왔을 적에 얻은 제사 고기는 돌아오면 즉시 나
누어주고, 하룻밤 지나기를 기다리지 아니함은 귀신의 은혜를 묵히
지 아니함이다. 집에서 제사 지낸 고기는 삼 일을 넘기지 아니해서
모두 나누어주는 것은 대체로 삼 일을 넘기면 고기가 반드시 부패
하여 사람이 먹지 못할 것이니, 이것은 귀신의 남김을 별것 아니게
여기는 것이다. 단지 임금이 계신 곳에서 내려준 제사 고기에 비하
면 조금 늦출 수 있을 뿐이다.

食不語하시며寢不言이러시다
드실 때는 답하지 아니하시며 주무실 때는 말씀하지 아니하시었다

答述曰語요自言曰言이라范氏曰聖人은存心不他니當食而食當
寢而寢이요言語는非其時也니라楊氏曰肺爲氣主而聲出焉이니寢
食則氣窒而不通이니語言은恐傷之也라하니亦通이라

—

답하는 말을 語라 하고, 스스로 말하는 것을 言이라 한다. 范氏가 말
하였다. "聖人은 마음을 먹으면 다른 것을 생각하지 않으니, 먹을 때를
당해서는 먹고 잘 때를 당해서는 자는 것이고, 말하고 답하기에 적당한
때가 아니다." 楊氏가 "폐는 숨 쉬는 것을 위주로 하고 소리가 나오는
곳이니, 잠잘 때와 먹을 때는 공기가 막히고 통하지 못하니, (이때) 말하

는 것은 폐가 상할까 두렵다."라고 하니 역시 말이 된다.

雖疏食^사菜羹이라도 瓜祭하시되 必齊^재如也러시다

비록 성근 밥 나물국이라 할지라도 반드시 고수레하시되 반드시 齋戒
하듯 하시었다

陸氏曰魯論에瓜는作必이라○古人飮食에每種을各出少許하여置
之豆間之地하여以祭先代始爲飮食之人하니不忘本也라齊는嚴敬
貌니孔子雖薄物이나必祭요其祭에必敬은聖人之誠也라○此一節
은記孔子飮食之節이라謝氏曰聖人飮食이如此요非極口腹之
欲24)이라蓋養氣體하되不以傷生이當如此라然이나聖人之所不食을
窮口腹者25)或反食之는欲心勝而不暇擇也니라

—

陸氏는 "魯나라 『論語』에 瓜는 必로 쓰여 있다."라고 하였다. ○
옛날 사람이 마시고 먹을 적에 매 종류를 각각 조금씩 떼어 내어
그릇 사이의 지점에 놓아서, 先代에 처음으로 음식을 만든 사람에
게 고수레를 하니 근본을 잊지 아니함이다. 齊는 엄숙하고 공경한
모습이니, 孔子께서 아무리 보잘것없는 음식이라 할지라도 반드시
고수레를 하셨고, 고수레를 하실 적에 반드시 공경함은 聖人의 진
실이다. ○ 이 一節은 孔子의 飮食 예절을 기록한 것이다. 謝氏가
말하였다. "聖人이 마시고 먹는 것이 이와 같고 口腹의 욕심을 끝

---

24) 口腹之欲 : 먹고 싶고 배부르고 싶은 욕심.
25) 窮口腹者 : 입이나 배를 실컷 채우는 사람.

까지 하지 아니한다. 대체로 氣體를 보호하되 위생을 손상시키지 아니함이 마땅히 이와 같아야 된다. 그러나 聖人이 먹지 아니하시는 바를, 먹고 싶은 욕심을 끝까지 하는 사람이 혹시 도리어 먹는 것은 욕심이 지나쳐서 선택을 겨를치 못해서이다."

---

⑨席不正이어든不坐러시다

자리가 반듯하지 아니하거든 앉지 아니하시었다

謝氏曰聖人은心安於正故로於位之不正者엔雖小나不處니라

—

謝氏가 말하였다. "聖人은 마음이 바른 것을 편하게 여기시기 때문에 자리가 반듯하지 못한 것에는 비록 些少한 것이라도 처하지 아니하셨다."

---

⑩鄕人飮酒에杖者出이어든斯出矣러시다

고을 사람이 술을 마실 적에 지팡이를 짚은 사람이 나가면 이에 나가시었다

杖者는老人也니六十에杖於鄕이라未出에不敢先이요旣出에不敢後라

—

杖者는 노인이니, 예순 살이면 고을에서 지팡이를 짚는다. (노인이)

나가지 아니했을 적에 먼저 나가지 아니하고, 이미 나갔는데 뒤에 남지도 아니하시는 것이다.

鄕人儺에 朝服而立於阼階러시다
고을 사람이 儺할 적에 朝服을 입으시고 阼階에 서 계시었다

儺는 所以逐疫이니 周禮方相氏[26] 掌之라 阼階는 東階也라 儺雖古禮而近於戱나 亦朝服而臨之者는 無所不用其誠敬也라 或曰恐其驚先祖五祀之神하여 欲其依己而安也라 ○ 此一節은 記孔子居鄕之事라

—

儺는 역귀를 쫓는 행위[것]이니, 『周禮』에는 方相氏가 관장하였다. 阼階는 동쪽 계단이다. 儺는 비록 옛날 禮이면서 演戱에 가까우나, 역시 朝服을 입고 임하는 것은 그 정성과 공경을 쓰지 아니함이 없어서이다. 혹자는 "先祖의 귀신이나 五祀의 신이 놀랄까 두려워서 그들로 하여금 자기 몸에 의존하여 편안하게 하고자 함이다."라고 하였다. ○ 이 一節은 孔子께서 고을에 계실 때의 일을 기록한 것이다.

---

⑪ 問人於他邦하실새 再拜而送之러시다
사람을 보내 다른 나라에 물으실 적에 두 번 절하여 보내시었다

---

26) 方相氏 : 鬼神이나 疫疾 등을 물리치는 의식을 담당하는 周代 官名.

拜送使者^시는如親見^현之敬也라

—

심부름하는 사람을 절하고 보내는 것은 직접 뵙는 정성과 같이 하신 것이다.

康子饋藥이어늘拜而受之曰丘未達이라不敢嘗이라하시다

康子가 약을 보내주었거늘 절하고 받으시면서 말씀하시기를 내가 알지 못하는지라 감히 맛보지 못하노라 하시었다

范氏曰凡賜食에必嘗以拜로되藥은未達則不敢嘗이니受而不食이면則虛人之賜故로告之如此라然則可飮而飮不可飮而不飮은皆在其中矣니라楊氏曰大夫有賜에拜而受之는禮也요未達에不敢嘗은謹疾也니必告之直也니라○此一節은記孔子與人交之誠意라

—

范氏가 말하였다. "무릇 음식을 보내주었을 적에 반드시 맛보고 절하는 것이지만 藥은 알지 못하면 감히 맛보지 못하니, 받기만 하고 먹지 아니하면 남의 선물을 헛되게 하는 것이기 때문에 이와 같이 고하신 것이다. 그렇다면 마실 만하면 마시고 마실 수 없으면 마시지 않는 것은 모두 그 음식 속에 달려 있는 것이다." 楊氏가 말하였다. "大夫가 선물을 줄 적에 절하고 받는 것은 禮이고, 알지 못했을 적에 감히 맛보지 못하는 것은 병을 조심해서이니, 반드시 정직하게 告하는 것이다." ○ 이 一節은 孔子께서 다른 사람과 교제하는 성의를 기록한 것이다.

⑫廐焚이어늘子退朝曰傷人乎아하시고不問馬하시다

마구간이 불탔거늘 孔子께서 朝廷에서 退하시어 말씀하시기를 사람이
상하였느냐 하시고 말을 묻지 아니하시었다

非不愛馬나然이나恐傷人之意多故로未暇問이니蓋貴人賤畜이理
當如此니라

—

말을 아끼지 않는 것은 아니나 그러나 사람이 상했는가 두려워하는
뜻이 많았기 때문에 물을 겨를이 없었으니, 대체로 사람을 귀하게 여
기고 짐승을 천하게 여기는 것이 이치상 이와 같아야 한다.

---

⑬君이賜食이어시든必正席先嘗之하시고君이賜腥이어시
든必熟而薦之하시고君이賜生이어시든必畜^흌之러시다

임금이 음식을 내려주시면 반드시 자리를 바르게 하고 먼저 맛보시고
임금이 날 것을 내려주시면 반드시 익히어 薦하시고 임금이 살아 있는
것을 내려주시면 반드시 기르시었다

食은恐或餕餘27)故로不以薦이요正席先嘗은如對君也라言先嘗
則餘當以頒賜矣라腥은生肉이니熟而薦之祖考는榮君賜也라畜
之者는仁28)君之惠하여無故不敢殺也라

---

27) 餕餘 : 제사 물리고 난 뒤 남은 음식.
28) 仁 : 생각하다, 사랑하다.

食은 혹시 餕餘일까 두렵기 때문에 조상에게 올릴 수 없고, 자리를 바르게 하고 먼저 맛보심은 임금을 대함과 같이 하는 것이다. 먼저 맛본다고 말했다면 나머지는 응당 나누어주는 것이다. 腥은 생고기 이니, 익혀서 조상에게 올리는 것은 임금의 선물을 영광스럽게 여겨서이다. 畜之는 임금의 혜택을 생각해서 이유 없이 감히 죽이지 않는 것이다.

侍食於君에君祭어시든先飯이러시다
임금을 모시고 드실 적에 임금이 고수레하시거든 먼저 밥을 드시었다

周禮에王은日一擧[29]요膳夫[30]는授祭를品嘗食하고王이乃食故로 侍食者君이祭則己不祭而先飯은若爲君嘗食然이요不敢當客 禮也라

—

『周禮』에 "임금은 하루에 한번 큰 밥을 먹는데, 膳夫가 고수레할 것을 드리고 하나하나 맛 봐서 먹으면, 임금이 그때서야 먹는다."라고 하였다. 그러므로 임금을 모시고 먹는 자가 임금이 고수레를 하면 자기는 고수레하지 않고 밥을 먼저 먹는 것은 마치 임금을 위해서 음식을 맛보는 것처럼 하는 것이고 감히 손님의 禮를 감당하지 않는 것이다.

---

29) 擧 : 큰 밥을 먹다. 임금은 하루에 한번 세 마리 짐승을 잡아 큰 밥을 먹는다.
30) 膳夫 : 임금의 식사를 관장하는 관리.

疾에君이視之어시든東首하시고加朝服拖紳이러시다

病들었을 적에 임금이 보러 오시거든 동쪽으로 머리를 두시고 朝服을 덮으시고 띠를 걸쳐 놓으시었다

東首는以受生氣也라病臥에不能著ʰ衣束帶요又不可以褻服[31]으로見君故로加朝服於身하고又引大帶於上也라

—

東首는 생기를 받으려 해서이다. 病들어 누웠을 적에 옷을 입고 띠를 묶을 수 없고, 또 褻服으로 임금을 만나볼 수 없기 때문에 朝服을 몸에 덮고 또 큰 띠를 그 위에 걸치신 것이다.

君이命召어시든不俟駕行矣러시다

임금이 命하여 부르시면 멍에 하는 것을 기다리지 아니하시고 가시었다

急趨君命이니行出而駕車隨之라○此一節은記孔子事君之禮라

—

임금의 명령에 급히 달려가는 것이니, 길을 나서면 멍에 한 수레가 따라오는 것이다. ○ 이 一節은 孔子께서 임금을 섬기는 禮를 기록한 것이다.

---

31) 褻服 : 집에서 입는 옷.

入太廟하시어每事를問이러시다
太廟에 들어가시어 일마다 물으시었다

重出32)이라

—

거듭 나왔다.

⑭朋友死하여無所歸어든曰於我殯33)이라하더시다
朋友가 죽어서 돌아갈 곳이 없으면 말씀하시기를 우리 집에 殯하라 하
시었다

朋友는以義合이니死無所歸라도不得不殯이라

—

朋友는 의리로써 부합된 것이니 죽어서 돌아갈 곳이 없다 할지라도
殯은 아니할 수 없는 것이다.

朋友之饋는雖車馬라도非祭肉이어든不拜러시다
朋友의 선물은 비록 수레나 말이라 할지라도 제사 고기가 아니면 절하
지 아니하시었다

---

32) 「八佾」篇, 十五章 참고.
33) 殯 : 가매장하는 것.

朋友는有通財之義故로雖車馬之重이라도不拜요祭肉則拜者는敬
其祖考를同於己親也라○此一節은記孔子交朋友之義라

—

朋友는 재물을 돌려쓰는 의리가 있기 때문에 비록 수레나 말처럼
소중한 것일지라도 절하지 아니하고, 제사 고기에 절하는 것은 그
조상 공경하기를 자기의 부모와 같이 한 것이다. ○ 이 一節은 孔
子께서 朋友 사귀는 의리를 기록한 것이다.

⑮寢不尸하시며居不容이러시다
잠잘 때 죽은 듯 아니하시며 거처할 때 엄숙한 모습을 짓지 아니하시었다

尸는謂偃臥하여似死人也라居는居家요容은容儀라范氏曰寢不尸
는非惡其類於死也라惰慢之氣를不設於身體니雖舒布其四體
나而亦未嘗肆耳요居不容은非惰也라但不若奉祭祀見賓客而
已니申申夭夭[34)]是也니라

—

尸는 엎드려 누워서 죽은 사람과 흡사함을 말한다. 居는 집에 거하
는 것이고, 容은 법도에 알맞은 거동이다. 范氏가 말하였다. "잠잘
때 죽은 듯 아니하심은 죽은 사람과 같이하는 것을 싫어해서가 아
니라 거만하고 게으른 기운을 몸에 베풀지 아니하는 것이니, 비록
사지를 펴더라도 역시 放肆하게 한 적은 없을 뿐이고, 거처할 때
엄숙한 모습을 짓지 아니하심은 게으르게 하는 것이 아니라 단지

---

34) 申申夭夭 : 申申은 몸을 쭉 펴는 것이고 夭夭는 화기가 있는 모습이다. 「述而」篇, 四章
참고.

제사를 받들거나 賓客을 만날 때처럼 하지 아니할 뿐이니, 申申夭夭가 바로 이것이다."

見齊衰^최者하시고雖狎이나必變하시며見冕者35)與瞽者하시고雖褻이나必以貌러시다

喪服 입은 사람을 보시고 비록 친한 사이라도 반드시 모습을 바꾸시며 면류관 쓴 자와 장님을 보시고는 비록 허물없는 사이라도 반드시 모습을 달리 하시었다

狎은謂素親狎이요褻은謂燕見이요貌는謂禮貌라餘見^현前篇이라

—

狎은 평소에 친근하고 가까운 사이를 말하고, 褻은 편하게 만나는 사이를 말하고, 貌는 예의를 갖춘 모습을 말한다. 나머지는 前篇에 나타났다.

凶服者를式之하시며式負版者러시다

喪服을 입은 사람을 보면 式하시며 판을 짊어진 사람을 보면 式하시었다

式은車前橫木이니有所敬則俯而憑之라負版은持邦國圖籍者라式此二者는哀有喪重民數也니人惟萬物之靈이요而王者之所

---

35) 冕者 : 벼슬이 높고 귀한 사람으로 正服을 입은 사람.

天也라故로周禮에獻民數於王이면王이拜受之온況其下者敢不敬乎아

—

式은 수레 앞에 가로지른 나무이니, 공경할 사람이 있으면 구부려서 거기에 의지하는 것이다. 負版은 나라의 地圖와 戶籍을 가진 것이다. 이 두 가지에 式을 하는 것은 喪中인 사람을 슬퍼하고 백성의 숫자[호적]를 소중하게 여기는 것이니, 사람은 만물의 영장이고, 王者가 하늘로 여기는 바이다. 그러므로 『周禮』에 "왕에게 호적을 바치면 왕은 절하고 받는다."라고 하니 하물며 그 아랫사람이야 감히 공경하지 아니하겠는가.

有盛饌이어든必變色而作이러시다
성대한 饌이 있으면 반드시 안색을 바꾸시고 일어나시었다

敬主人之禮요非以其饌也라

—

주인의 禮遇를 존경함이고, 그 饌 때문은 아니다.

迅雷風烈에必變이러시다
빠른 우레와 바람이 매서울 적에 반드시 안색을 바꾸시었다

迅은疾也요烈은猛也라必變者는所以敬天之怒라記曰若有疾風

迅雷甚雨면則必變하시고雖夜나必興하여衣服冠而坐라○此一節
은記孔子容貌之變이라

—

迅은 빠름이고 烈은 사나움이다. 必變은 하늘의 노여움을 공경하는
까닭이다. 『禮記』에 "만약에 빠른 바람과 맹렬한 우레와 심한 비가
있으면 반드시 모습을 바꾸고, 비록 밤중이라도 반드시 일어나서 옷
을 입고 冠을 쓰고 앉는다."라고 하였다. ○ 이 一節은 孔子께서
모습이 변하시는 것을 기록한 것이다.

⑯升車하시어必正立執綏러시다
수레에 오르시어 반드시 바로 서시어 끈을 잡으시었다

綏는挽以上車之索이라范氏曰正立執綏則心體無不正이요而
誠意肅恭矣니蓋君子莊敬36)이無所不在일새升車則見於此也
니라

—

綏는 당겨서 수레에 오르는 끈이다. 范氏가 말하였다. "바로 서고
끈을 잡는다면 마음이나 몸이 바르지 아니함이 없고, 뜻을 정성스럽
게 하고 공손을 엄숙하게 하는 것이니, 대개 군자의 莊敬이 있지
아니한 곳이 없기 때문에 수레를 탈 때면 이런 데에서도 나타난다."

車中에不內顧하시며不疾言하시며不親指러시다

---

36) 莊敬 : 얼굴이 엄숙 단정하고, 마음속에 敬을 지니고 있는 것이다.

수레 속에서는 돌아보지 아니하시며 빨리 말씀하지 아니하시며 직접 가리키지 아니하시었다

內顧는回視也니禮에曰顧不過轂이라三者는皆失容이요且惑人이라 ○此一節은記孔子升車之容이라

—

內顧는 돌아봄이니, 『禮記』에 "돌아보더라도 수레바퀴를 지나치지 아니한다."라고 하였다. 이 세 가지는 모두 모습을 잃은 것이고, 또 남을 의혹하게 하는 것이다. ○ 이 一節은 孔子께서 수레를 타시는 모습을 기록한 것이다.

---

⑰ **色斯擧矣하여翔而後集이니라**
안색을 보고 이에 일어나서 빙빙 돈 뒤에 내려앉는다

言鳥見人之顔色不善則飛去回翔하여審視而後下止니人之見幾而作과審擇所處도亦當如此라然이나此上下에必有闕文矣라

—

새가 사람의 안색이 좋지 못함을 보면 날아가 빙빙 돌면서 자세히 본 뒤에 내려와서 앉음을 말하는 것이니, 사람이 幾微를 보고 일어나는 것과 처할 곳을 상세하게 선택하는 것도 역시 마땅히 이와 같아야 된다. 그러나 이 글의 위나 아래에 반드시 빠진 글이 있을 것이다.

曰山梁雌雉時哉時哉인저子路共之한대三嗅而作하시다

말씀하시기를 산 다리목의 암꿩이 때이구나 때이구나 子路가 잡아 바
치니 세 번 냄새 맡으시고 일어나시었다

邢氏曰梁은橋也라時哉는言雉之飲啄[37]이得其時어늘子路不達하
여以爲時物[38]而共具之한대孔子不食하고三嗅其氣而起라晁氏
曰石經[39]에嗅는作戞하니謂雉鳴也라하고劉聘君이曰嗅는當作臭이
니古闃反[40]이니張兩翅也니見爾雅라하니愚는按如後兩說則共字
는當爲拱執之義라然이나此必有闕文이니不可強爲之說이요姑記
所聞하여以俟知者라

—

邢氏가 말하였다. "梁은 다리이다. 時哉는 꿩의 생활이 알맞은 때
를 얻었음을 말하는 것이거늘 子路가 깨닫지 못해서 時物이라고
여겨 잡아서 바쳤는데, 孔子께서 먹지 아니하시고 세 번 그 냄새를
맡고 일어나셨다." 晁氏가 말하였다. "'石經에 嗅字는 戞字로 되어
있으니 꿩 울음소리이다.'라고 기록되어 있다." 劉聘君이 말하였다.
"嗅字는 당연히 臭字로 써야 하니, 古闃의 反切이다. 양쪽 날개를
펼치는 것이니 『爾雅』에도 나타난다." 나는 고찰해 보건대, 뒤의 두
사람의 說과 같다면 共字는 당연히 잡는다[拱執]는 뜻이 되어야 한

---

37) 飲啄 : 마시고 쪼는 것, 즉 생활.

38) 時物 : 그 때 알맞은 물건, 제철에 나는 물건.

39) 石經 : 經書를 새긴 돌.

40) 反 : 反切. 한자의 독음을 표시하기 위하여 두 한자의 음을 반씩 합치는 표기법. 앞 글자의
聲母와 뒷 글자의 韻母를 조합하여 읽는다.

다. 그러나 여기에는 틀림없이 빠진 글이 있으니 억지로 설명할 수
없고, 우선 들은 바를 기록해서 아는 사람을 기다린다.

[鄕黨 第十]

저자와의
협의에 의해
인지 생략

清溪古典叢書 001

뿌리 깊은 論語 上冊

초판 인쇄 2023년 7월 17일

초판 발행 2023년 7월 31일

집주 주희 │ **역주** 노상복 │ **펴낸이** 신철호

교정 김성일, 김송자, 백기란, 신철호

펴낸곳 ㈜이스턴퍼블리싱 │ **등록** 2013년 09월 13일 제2013_000164호

주소 서울특별시 서초구 서초대로42길 69 4층

전자우편 shcomm01@gmail.com │ **전화번호** 02-522-9117 │ **팩스** 02-6280-1917

ISBN 979-11-953728-3-6(04140)